KB153061

씽크 어게인

: 논쟁의 기술

THINK

HOW TO REASON AND ARGUE

씽크 어게인
: 논쟁의 기술

월터 시넛 암스트롱 지음 | 이영래 옮김

AGAIN

해냄

—

스테이시 메이어스, 리사 올즈, 다이앤 마스터즈,
그리고 내가 원하는 걸 할 수 있게 해준
모든 영웅들에게 감사의 마음을 담아

차례

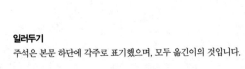

일러두기
주석은 본문 하단에 각주로 표기했으며, 모두 옮긴이의 것입니다.

왜 이 책을 쓰는가

나는 다트머스대학과 듀크대학에서 35년 넘게 추론과 논증에 대한 강의를 해왔다. 많은 학생들은 내 강의가 삶의 여러 영역에서 도움이 되었다고 말한다. 학생들의 이런 이야기는 이 일을 계속 해나갈 동기가 된다.

학생들이 학교에서 논쟁의 방법을 배우는 동안 바깥세상은 점점 그 기술과 멀어졌다. 정치적으로는 물론 일상생활에서 담론과 소통의 수준은 완전히 바닥까지 떨어졌다. 대선 기간 동안이면 나는 강의에서 후보자들의 토론에서 나온 논증들에 대해 학생들과 논의하곤 한다. 1980년대에는 토론의 양측 모두에게서 어렵지 않게 논증을 찾을 수 있었다. 오늘날 정치 토론이라 이름 붙인 것들에서 찾아볼 수 있는 것은 슬로건, 주장, 농담, 조롱뿐이다. 진정한 논증은 극히 드물다. 문제에 대한 실질적인 갑론을박보다는 묵살, 중상, 비난, 회피들만이 보인다. 1960년대와 달리 오늘날의 거리에서는 시위를 찾아보기가 힘들다. 하지만 함께 논의하고 서로를 이해하려는 진지한 시도는 그보다 더 적어 보인다.

수업에 참석했던 학생들과 마찬가지로, 우리 문화 역시 추론과 논쟁의 방법을 고용량으로 처방해야 건강을 되찾을 수 있다. 2010년 듀크대학으로 옮겼을 즈음 MOOC*라는 아주 특별한 매체를 통해 좀 더 광범위한 청중과 만날 기회를 얻었다. 나는 친구 람네타와 함께 150개 이상의 나라에서 80만 이상의 학생들이 등록한 코세라**에서 '씽크 어게인Think Again' 강좌를 진행했다. 나는 이 놀라운 반응을 통해 추론과 논쟁의 방법에 대한 전 세계적인 갈망이 있다고 확신했다. 물론 등록한 학생 모두가 강좌를 끝마치는 것은 아니며 논쟁의 방법을 제대로 배우는 사람은 훨씬 적다. 하지만 해내는 학생들도 많다. 그들이 이렇게 습득한 새로운 기술을 통해 이웃을 이해하고 타인과 함께 일하는 데 도움이 되길 희망한다.

지금 당신이 손에 들고 있는 이 책은 그 방향으로 향하는 또 다른 발걸음이다. 내 목표는 논쟁이란 무엇이며 그것이 얼마나 이로운지를 보여주는 것이다. 이 책은 논쟁에서 이기거나 상대를 항복시키는 일에 대한 것이 아니다. 그보다는 서로를 이해하고 강력한 증거를 인정하는 일에 대한 것이다. 이 책은 수사적 기교가 아닌 논리를 가르친다.

이 책은 논쟁(혹은 논증)의 방법을 지도하는 책으로 시작했지만, 왜 논쟁이 필요한지 설명하는 일부터 시작해야 한다는 것이 내 생각이다. 동기를 부여하는 논의가 1부 '왜 논쟁을 해야 하는가'에서

---

*   massive open online course, 온라인 공개 강좌.

**   Coursera, 2012년 개설한 세계 최대의 온라인 강의 사이트.

이루어진다. 이후 2부 '어떻게 논쟁할 것인가'에서 논쟁의 방법에 대해 가르치고 이어 논쟁을 하지 않는 방법에 대한 3부 '어떻게 논쟁을 피할 것인가'로 마무리된다. 이 책을 마칠 때쯤에는 당신이 논증을 펼치고 논증을 평가하는 능력을 갖출 뿐만 아니라, 거기에서 더 나아가 다른 사람에게 건설적인 논쟁에 참여하게 하는 동기이자 본보기가 되길 희망한다. 이런 기술은 당신의 삶뿐 아니라 우리가 공유하는 사회까지 개선시킬 수 있다.

우리의 문화적 함정

각종 재앙이 우리 세계를 위협하고 있다. 전쟁이 끊이지 않으며 도처에서 테러가 일어나고 고국을 떠나 도피처를 찾는 난민들이 넘쳐난다. 가난은 극에 달하고 불평등이 심화되고 있다. 인종 간 긴장이 고조되고 여성들은 학대받으며 기후 변화의 영향이 확대되고 질병이 만연한다. 의료 비용이 치솟는 반면 학교 교육의 질은 낮아지고 있다. 이런 소식들은 우리를 답답하고 우울하게 만든다.

이런 위기들은 그 범위와 규모가 엄청나다. 방대한 성격 때문에 광범위한 협력 없이는 해결할 수 없는 문제들인 것이다. 진정한 해결을 위해서는 상충하는 신념과 가치를 지닌 다양한 집단들 간의 협력이 필요하다. 전쟁광들이 싸움을 멈추고, 인종 차별주의자들이 차별을 멈추고, 무지한 자들이 기본적 사실을 배우는 것만으로는 부족하다. 전쟁광도, 인종 차별주의자도, 무지한 바보도 아닌 우리 같은 사람들이 서로의 차이와 의견의 불일치를 뛰어넘어 힘을 합쳐야 한다. 난민 문제는 이질적인 목표를 갖고 있으며 서로 다른 가정을 하고 있는 여러 나라들이 문제의 본질과 그 해법에 대해 뜻을 모으고 모두가 자기 몫을 하게끔 설득하는 데 힘을 모으지 않는 한 해결되지 않을 것이다. 기후 문제는 전 세계의 나라들이 문제에 동의하고 온실가스 발생을 줄이지 않는 한 해결되지 않을 것이다. 테러는 모든 나라가 테러리스트들의 은신처가 되길 거부하지 않는 한 근절되지 않을 것이다. 한 사람 혹은 한 나라가 무엇을 할지 결정하고 홀로 실행하는 것으로는 턱도 없는 일이다. 다른 사람, 다른 나라도 동조하도록 설득해야만 한다.

너무나 당연한 일인데도 남들을 위해 일한다는 똑똑한 사람들은 그런 일을 하지 않고 있다. 왜 힘을 합쳐서 공통의 문제를 해결하지 않는 것일까?

현대 과학은 우리에게 배우고, 소통하고, 미래를 통제하는 놀라운 힘을 선사한다. 하지만 우리는 이런 능력을 좋은 곳에 쓰지 못하고 있다. 위태로운 일이 이렇게나 많은데도 아무런 조치도 취하지 않는다. 이런 문제들은 분쟁의 양편 모두에게 손해이다. 물론 더 많은 피해를 입는 집단이 있기는 하겠지만 말이다.

그럼에도 여러 나라의 정치인들은, 심지어 한 나라의 정치인들도 협력하기보다는 서로 트집을 잡고, 지지하기보다는 상대의 기반을 약화시키고, 귀를 기울이기보다는 말을 가로막고, 상호 합의를 이끌어낼 수 있는 타협을 제안하기보다는 편을 가르는 데 골몰한다. 정치인들은 문제를 해결하기보다는 문제를 가중시키거나 상대에게 바로 거절당할 법한 해법을 내놓는다. 몇몇 예외적인 상황(기후 변화에 대한 파리 조약 같은)은 국가 간의 협력이 가능하다는 걸 보여주기도 하지만 그러한 협력이 얼마나 드문가도 보여준다.

정치만이 아니다. 페이스북, 스카이프, 스냅챗, 스마트폰, 인터넷은 전 세계적인 소통을 그 어느 때보다 수월하게 만든다. 많은 사람들이 친구들과 이야기하면서 많은 시간을 보낸다. 그럼에도 이런 교류는 거의 항상 비슷한 세계관을 가진 동류들의 울타리 내에서 일어난다. 더구나 인터넷상에서 벌어지는 담론의 수준은 역대 최저를 갱신하고 있다. 복잡한 사안들이 280자 이내의 트윗이나 더 짧은 해시태그, 구호로 줄어든다. 심지어 깊이가 있는 트윗이나 블로그 포스트는 인터넷 트롤*들의 모욕과 조롱, 놀림, 욕설을 받는다. 온건하고 중도적인 의견도 마찬가지로, 재치로 가장한 채 상대의 뜻을 의도적으로 오역해서 퍼뜨리는 모욕에 직면한다. 웹은 비판적인 사람들이 즉각적이고 잔혹하며 배려라고는 없는 공격을 좀 더 쉽게 할 수 있게 만든다. 이 새로운 매체와 문화는 겸손과 단정함보다는 허세와 호통에 보상을 주며 배려나 관심, 공정함이나 사실, 신뢰나 사려 깊음은 격려하지 않는다. 사람들은 과장된 웅변에 '좋아요' 버튼을 누른다. 이성理性은 미움을 받는다. 도구의 역할을 해야 하는 매체가 우리의 행동과 목표를 형성한다.

이 암울한 그림이 현실과 정확하게 일치하는 것은 아니다. 하지만 일치하는 경우가 너무 잦다. 이런 이질적인 문제의 대부분은 주로 같은 근원에서, 즉 상호 이해의 부족에서 비롯된다. 때로 사람들은 서로 대화를 피한다. 대화를 할 때에도 중요한 문제에 대한 생각의 교류는 거의 없다. 그 결과 사람들은 다른 사람들이 왜 그런 말

---

*   internet troll, 부정적이거나 선동적인 글 및 댓글을 인터넷에 게재하는 사람.

을 하며 그런 걸 믿는지 알지 못한다. 정치인들은 힘을 합치지 못한다. 서로를 이해하지 못하는 것이 거기에 큰 몫을 한다. 왜 부담을 져야 하는지 그 이유를 납득하지 못한다면 상대편은 자기 몫의 부담을 떠안으려 할 리 없다.

이런 이해의 부족은 비교 불가능한 세계관이나 상충하는 가정이 상호 이해를 막은 결과로 나타나는 경우가 있다. 그렇지만 정적^{政敵}들은 서로 이해하려는 시도조차 하지 않을 때가 너무나 많다. 손을 내밀고 공정하게 군다고 해서 어떤 사적, 정치적 이득도 볼 수 없기 때문이다. 오히려 손을 내밀지 않고 공정함을 버리는 일에 강력한 동기가 부여되는 경우가 잦다. 트위터나 블로그를 하는 인터넷 트롤들은 인터넷 활동에 열중한다. 그들의 목표는 농담과 조롱을 통해서 '좋아요' 수를 높이는 것이다. 논쟁의 양편을 바라보려는 균형 잡힌 시도는 인터넷에서 보상을 얻지 못한다. 왜 적을 이해하려고 노력해야 한단 말인가? 그런 시도는 실패로 이어질 뿐이며 그것을 통해 아무것도 얻지 못한다는 걸 알면서 말이다. 트위터나 인터넷에서도 흥미롭고 견식 있는 대화들이 많이 이루어진다는 것은 인정한다. 하지만 엄청난 수의 인터넷 트롤들이 잠재적인 참여자들을 겁먹게 하고 있는 것도 사실이다.

인터넷 트롤들은 이해를 포기하고 의도적인 오해와 오역으로 눈을 돌린다. 뜻이 맞지 않는 논쟁의 양편에 선 사람들은 남이 하지도 않은 말을 했다고 우기면서 콧방귀를 뀌거나 '도대체 어떻게 그런 생각을 할 수 있지?'라고 쏘아붙인다. 상대가 왜 그런 생각을 하는지 알지 못하는 것이 당연하다. 스스로가 상대의 견해를 멍청하게 보이도록 만들었기 때문이다. 자신이 상대의 생각을 왜곡하고 있다는 걸 알지만 개의치 않는다. 그들의 목표는 상대를 설득하거나 상대의 입장을 파악하는 것이 아니다. 그들의 유일한 목표는 상대를 깎아내려서 동지들에게 즐거움을 주는 것이다.

이런 태도에는 상대에 대한 존중이 자리할 곳이 없다. 오히려 상호 유대와 협력을 방해한다. 당신에게는 당신의 입장이 있고 나에게는 나의 입장이 있다. 나는 당신이 어째서 그렇게 맹목적인지 이해하지 못한다. 당신은 내가 어째서 이렇게 완고한지 이해하지 못한다. 나는 당신의 견해를 존중하지 않는다. 당신도 마찬가지이다. 우리는 서로에게 욕을 하고 서로를 멸시한다. 나는 당신과 만나고 싶지 않다. 당신과 나는 서로를 상대하려 하지 않는다. 나는 타협을 거절한다. 당신도 마찬가지이다. 아무도 협력의 가능성을 열어두지 않는다. 어떤 진전도 없다. 맙소사!

어떻게 이런 상황까지 오게 되었을까

우리는 어떻게 이런 문화적 함정에 빠지게 되었을까? 어떻게 여기에서 빠져나올 수 있을까? 복잡한 이야기이다. 문화처럼 광범위하고 복잡한 것들에는 여러 측면이 있고 이들은 갖가지 영향들을 낳을 수밖에 없다. 이런 문제들을 지나치게 단순화해서는 안 된다.

하지만 이 복잡한 것들을 한 번에 다룬다는 건 너무나 벅찬 일이다. 때문에 이 짧은 책은 문제의 한 부분만을 집중적으로 탐구할 것이다. 이 한 부분에만 초점을 맞추는 것은 내 전문 분야에 속하기도 하고, 그것이 지나치게 자주 간과되는 동시에 너무나 근본적이고 중요하기 때문이다. 또한 정치가나 문화계의 선도자들이 앞서 행동하길 기다릴 필요 없이 우리 각자가 개인의 삶 속에서 직접 조치를 취할 수 있기 때문이다. 우리 모두가 당장이라도 이 문제에 달려들 수 있다.

내가 찾은 답은 이렇다. 사람들이 자신이 가진 이유를 설명하고 상대의 이유를 찾아보려는 시도를 중단한 탓이다. 또는 자신의 이유를 제시하거나 상대의 이유를 들을 때에도 편견과 무비판적인 태도를 고수한다. 때문에 어떤 쪽의 이유도 이해하지 못하는 것이다. 이런 사람들은 자신의 입장이 너무나 확실하고 명백하다고 생각하는 나머지 자신이 하는 말을 알아듣기만 하면 누구나 동조할 것이라고 생각한다. 그러니 대항하는 사람들은 그저 자신의 말을 알아듣지 못하는 사람이 되어버린다. 이들은 상대가 말을 시작하기도 전에 상대방이 완전히 혼란에 빠졌거나 잘못된 정보를 갖고 있거나 심지어 미쳤다고 확신한다. 이미 멍청한 인간들로 폄하해버렸기 때문에 그런 상대에게는 어떤 이유도 있을 수 없다고 생각한다. 그 후 상대는 자신들이 중요하게 생각하는 진실이나 가치에 마음을 쓰지 않는 사람들이며 두려움, 분노, 미움, 욕심, 맹목적인 온정 같은 감정에 의해서만 움직이는 자들이라서 추론이 아무런 소용이 없다는 냉소적인 가정을 한다. 그러고는 서로에게 공통적으로 중요한 가치나 진실에 별다른 관심을 기울이지 않는다. 그 결과, 선거에서는 정책에 대한 가장 강력한 이유를 제시하는 사람이 아닌 자극적인 광고와 구호를 통해 가장 많은 유권자의 표를 얻은 사람이 승기를 잡는다. 이런 전략은 우리가 함정에서 벗어나는 데 도움을 주지 못한다.

우리는 양쪽의 이유를 이해해야 한다. 우리는 상대에게 우리의 이유를 제시하고 상대의 이유를 들려달라고 요구해야 한다. 각자의 이유를 듣지 않으면 서로를 이해할 수 없다. 서로에 대한 이해가 없으면 타협하거나 협력하는 방법도 알아낼 수 없다. 협력이 없으면 문제를 해결할 수 없고, 문제를 해결하지 못하면 우리 모두의 미래는 더 어두워질 것이다.

어떻게 여기에서 빠져나갈 수 있을까

이렇게 문제를 분석하고 나면 해법이 드러난다. 우리 모두에게는 더 많은, 그리고 더 나은 소통이 필요하다. 가장 핵심적인 조치는 자기주장을 줄이고 질문을 늘리는 것이다. 가장 유용한 방책은 상대에게 그들이 하는 일과 그들의 제안이 효과가 있으리라고 믿는 까닭이 무엇인지 묻는 것이다. 이런 질문들은 다양한 종류의 이유를 찾는 데 목적이 있다. 그래서 우리는 특히 서로에게 이유를 묻는 방법을 배워야 한다. 하지만 질문만으로는 충분치 않다. 아무도 대답할 수 없다면 이유를 묻는 것도 소용이 없다. 대답은 우리의 이유를 표현하는 논증의 형태를 띤다. 따라서 우리는 질문을 받았을 때 적절한 논증을 제시하는 법, 다른 사람이 제시한 논증을 인식하는 법, 다른 사람의 논증은 물론 내 논증의 약점을 찾는 법을 배워야 한다. 바로 이러한 방법들을 이 책을 통해 살펴보고자 한다.

이런 학습에는 이유와 논증이 무엇인지에 대한 대강의 이해가 기반이 되어야 한다. 6장에서 더 자세히 설명하겠지만 우선은 매우 흔한 오해들을 바로잡아야 하겠다. 많은 사람들이 토론을 전쟁까지는 아니라도 최소한 경쟁이라고 생각하고 이유와 논증을 여기에서 사용하는 무기로 본다. 이는 이 책이 제시하는 방향과는 거리가 멀다. 전쟁과 경쟁은 우리가 함께 일을 하는 데 도움이 되지 않는다.

나는 이유와 논증을 이해를 증진하기 위한 시도로 볼 것이다. 내가 나의 주장을 정당화하기 위해 이유를 제시한다면, 이렇게 제시된 이유는 당신이 왜 내가 이 주장을 참이라고 믿는지 이해하는 데 도움을 준다. 마찬가지로 당신이 주장의 이유를 제시하면, 당신이 제시한 이유는 내가 왜 당신이 그 주장을 참이라고 믿는지 이해하는 데 도움을 준다. 이렇게 제시된 이유들은 상호 이해라는 목표를 달성한다. 꼭 상대를 설득해서 마음을 바꾸게 하지는 않더라도 말이다. 뜻은 여전히 다르더라도 최소한 서로를 보다 잘 이해하게 되는 것이다. 이런 상호 이해가 우리가 힘을 합치는 데 도움을 준다.

다른 유형의 이유도 같은 목표에 도움을 줄 수 있다. 어떤 일이 왜 일어나는지 설명하는 이유가 그것이다. 일식과 같은 현상이 일어나리라고 아는 것은 유용한 지식이다. 이런 지식이 있다면 일식을 관찰하러 갈 수 있다. 그렇지만 다음 일식이 언제 일어나는지 알지 못한다면 소용이 없다. 일식이 일어나리란 점을 아는 것만으로는 부족하다. 왜 일식이 일어나는지에 대한 이해 없이는, 그리고 추가적인 많은 정보 없이는 일식이 언제 일어날지 알 수 없다. 미래를 예측하기 위해서는 현재의 어떤 현상이 왜 발생하는지에 대한 설명 혹은 설명적 이유가 필요하다. 그리고 어떤 제안이 문제를 해결할 수 있는지 판단하기 위해서는 미래를 예측할 수 있어야 한다. 우리가 힘을 합쳐 할 일에 결실이 있으려면 설명적 이유가 필요한 것도 그 때문이다.

우리에게는 이유가 필요하기 때문에 논쟁도 필요하다. 내가 여기에서 논의할 종류의 논쟁은 부부나 정적들이 서로에게 소리를 지르는 말싸움이 아니다. 내가 여기에서 이야기하는 논쟁은 그보다 더 건설적인 것이다. 누군가(논자)가 어떤 주장(전제)을 다른 유형의 주장(결론)에 대한 이유로서 제시할 때에만 논증이라 할 수 있다. 이유는 전제이고 논증에서는 그 전제를 이유로서 제시한다. 논쟁의 목적은 청중에게 이유를 보여주고 그것을 통해 왜 결론이 참인지, 혹은 왜 논자가 그 결론을 믿는지에 대한 이해를 높이는 것이다.

이런 정의에 따르자면 종종 논쟁이라고 불리는 것(악담과 같은)은 논의 범위에서 배제하고, 반대로 흔히 논증으로 여겨지지 않는 것(설명과 같은)은 그 범위에 포함시켜야 한다. 이 정의는 '논쟁(혹은 논증)'이라는 단어의 일반적인 용법과는 차이가 있지만 서로를 이해하고 함께 일하기 위해 우리에게 필요한 의미를 담고 있다.

이런 종류의 논쟁이 지금보다 많이 필요한 건 사실이지만, 하루

THINK AGAIN

종일 논쟁만 할 수는 없다. 누구에게나 휴식이 필요하다. 더구나, 우리에게 필요한 건 논쟁만이 아니다. 청중이 수용적이지 않을 때는 논쟁이 별 도움이 되지 않는다. 그래서 우리는 청중을 수용적으로 만드는 사회적 기술과 습관, 즉 겸손(가령 우리가 전적으로 옳다고 고집하지 않는 것), 정중함(상대의 좋은 의견을 인정하는 것 등), 인내(청중이 우리의 의견을 충분히 생각하도록 기다리는 것 등), 용서(상대가 우리의 좋은 의견을 인정하려 하지 않을 때)와 같은 것들도 배워야 한다. 그밖에도 많은 것들이 필요하지만, 크게 보았을 때 우리 문화 안의 문제를 해결하거나 최소한 줄이는 데 가장 중요한 역할을 하는 것은 논쟁이다. 비록 논쟁 자체만으로는 문제를 해결하지 못하는 경우에도 꼭 필요하다.

이성이나 논쟁은 종종 감정과 대립되는 개념처럼 제시된다. 하지만 그 역시 피해야 할 오해이다. 친구가 배신했다는 증거를 발견하고 그 친구에게 화가 나는 경우를 생각해보라. 이렇게 이성이 감정을 이끄는 경우가 있다. 내가 여기에서 사용하는 것과 같은 넓은 의미로 본다면 감정 자체가 이유가 될 수도 있다. 내가 누군가와 있을 때 사랑을 느낀다는 전제는 아끼는 사람과 시간을 보내는 이유이고 이 시간을 잘 보내고 있다고 믿는 이유이다. 빠른 속도로 차를 몰 때 두려움을 느낀다는 전제는 지나치게 빨리 차를 몰지 않는 이유이고 너무 빨리 차를 모는 것이 위험하다고 믿는 이유이다. 이런 경우, 감정과 이성은 서로 상충되지 않고 심지어 잘 구별되지도 않는다. 때문에, 강력한 감정을 갖는 것이 논리적이고 사리에 맞는 경우도 있다. 이유와 논증을 사용하기 위해서 항상 감정을 억누르고 차분한 태도를 견지할 필요는 없다.

이유와 논증에 대한 오해는 이유와 논증에 대한 냉소와 경멸로 이어지는 경우가 많다. 그런 냉소와 경멸은 양극화라는 문제를 유발하는 요소 중 하나이다. 이런 점에서 이유와 논증을 적절하게 이해하고 인정하는 법을 배우는 건 문제를 해결하는 데(모두 해결할 수는 없더라도 일부나마) 도움이 된다. 다시 말해 우리가 문화적 함정에서 벗어나도록 돕는다.

1부

왜 논쟁을
해야 하는가

CHAPTER 01

너무나 가까운,
하지만 여전히 너무나 먼

친한 친구들 중에 당신과 180도 다른 정치적 견해를 가지고 있는 친구가 얼마나 되는가? 달리 표현해 당신이 진보주의자라면, 친한 친구 중에 극단적인 보수주의자가 몇 명이나 되는가? 당신이 보수주의자라면, 친한 친구 중에 극단적인 진보주의자가 몇 명이나 되는가? 당신이 중도이거나 특별히 지지하는 정당이 없다면 친한 친구 중에 중도적인 입장이 아닌, 즉 정치적 영역의 양극단에 서 있는 친구들은 몇 명이나 되는가? 오늘날의 사람들 대부분은 이런 질문에 대해 '많지 않다'고 답할 것이다.

그 이유를 밝히기 위해서는 몇 가지 더 자문해보아야 한다. 자녀나 형제가 당신과 정반대의 정치적 입장을 견지한다면 불안한 마음이 들겠는가? 자녀나 형제가 정치적 견해가 다른 사람과 결혼한다면 신경이 쓰이겠는가? 주민 대다수가 당신과는 다른 편의 정치인을 지지하는 동네로 이사를 해야 한다면 겁이 나거나 짜증이 나겠는가? 일부러 시간을 내서 정치적으로 당신과 견해를 달리하는 사람들의 의견에 귀를 기울이는가? 당신과는 적대적인 정치적 입장을 지지하는 언론에서 나온 뉴스를 주의 깊게 읽거나, 보거나, 듣는가? 당신이 지지하는 정당과 경쟁하는 정당을 경멸하는가? 그 정당이 당신이 아끼는 사람들과 국가의 안녕에 위협이 된다고 생각하는가? 상대 정당의 지지자들은 왜 그 정당과 후보를 좋아하는지 알고 있는가? 그들 입장의 좋은 면에 대해 알고 있는가? 중요한 사안에 대해서 상대 정당이 왜 그런 입장을 취하는지 공정하게 설명할 수 있는가? 상대 정당 지지자들과 당신이 견해를 달리하는 정치적 문제에 대해서 당신이 옳다고 얼마나 확신할 수 있는가?

이런 질문들은 불과 10년, 20년 전과는 상당히 다른 답을 얻고 있다. 오늘날에는 근본적으로 다른 정치적 견해를 가진 사람들이 친구가 되는 일이 거의 없다. 대다수의 구성원이 동일한 정당을 지지하는 공동체에 속하고, 자신과 견해를 같이 하는 보도원의 뉴스를 읽고 들으며, 정치적 동지들과만 소셜 미디어 네트워크를 구축하고, 자신의 견해에 적대적인 견해를 표현하는 사람들과는 거의 마주치지 않는다. 자신의 견해에 반대하는 사람을 만나면 길게 이야기를 나누거나 상대가 왜 그토록 반대하는지 이유를 이해하려고 노력하지 않는다. 대립되는 입장의 사람들과 이야기를 할 때면 자신의 이유를 제시하려는 대신 감정에 호소하거나, 악담을 하거나, 상대를 웃음거리로 만들거나 배척하겠다고 위협한다. 그게 아니라면 불편한 의견 충돌을 피하려고 재빨리 주제를 전환한다. 어느 쪽이든 이런 반응은 이해의 가교를 만들지도 못하고 문제를 해결하지도 못한다.

우리가 정말 내가 말한 대로 양극화되어 있고 고립되어 있는지 의구심을 갖는 사람들도 있을 것이다. 많은 사람들이 중도적이거나 혼합적인 정치적 견해를 가지고 있다. 드러내고 정치적 견해를 표현하거나 정계에 발을 들이지 않을 뿐이다. 또 우리 대부분이 반대되는 정치적 견해를 가진 사람들과 알고 지낸다. 정치에 대해서 함께 이야기하는 것은 대체로 피하지만 말이다. 대부분의 민주 국가에서는 반대되는 입장의 정당들이 긴 토론을 펼친다. 토론자들이 진짜 문제를 회피하는 때가 많기는 하지만 말이다. 정당들은 정강을 만든다. 거의 따르지 않지만 말이다. 정치인들은 여러 뉴스 매체에서 자신들의 입장을 지지한다. 똑같은 말의 되풀이기는 하지만 말이다. 그러한 의견 교환은 양측에 이유를 대는 것처럼 보일 때가 많다. 양측은 상대를 완벽하게 이해한다고 생각한다. 심지어 정적들이 서로를 좋아하는 경우도 있다. 이런 식으로 '문화 전쟁'은 악화된다.

양극화의 범위가 얼마나 넓고 그 정도가 얼마나 심한지 가늠해보기 위해 이 장에서는 양극화에 대한 경험적 연구 몇 가지를 살펴볼 것이다. 많은 사람들이 이 주제에 대해서 글을 썼기 때문에, 여기서 다루는 몇 가지 사례만으로도 미국은 물론 다른 나라들에 적용되는 많은 사실들을 알 수 있다.

양극화란
무엇인가

  양극화는 검토하기가 어려운 분야이다. 여러 사람들이 '양극화'라는 단어를 각기 다른 의미로 사용하는 것이 그 한 가지 이유이다. 때로 양극화의 정도는 다음과 같은 식으로 측정할 수 있다.

> 거리: 관련 범위에서 서로 먼 거리에 위치한 집단일수록 상대와 격차가 큰 견해를 가진다.

  집단 간에 중첩되는 영역이 넓을 때라도 두 집단의 평균적인 견해 사이에는 차이가 클 수 있다. 각 집단을 구성하는 사람들의 내부 편차가 큰 경우다. 가령 정치적인 좌(진보주의) 편향에서 우(보수주의) 편향까지의 범위를 0에서 10까지로 생각해보자. 진보주의자들이 0에서 7까지의 범위를 차지하고 평균이 3이며 보수주의자들이 3에서 10까지의 범위를 차지하고 평균이 7이라고 가정할 때, 3에서 7 사이에 겹치는 많은 사람들은 서로 유사한 견해를 갖고 있을 것이지만, 실제로는 평균적인 견해에서 큰 차이가 있는 상충하는 정당에 속해 있을 것이다. 이런 이유 때문에 일부 연구자들과 평론가들은 양극화에 또 다른 척도를 추가로 적용한다.

> 동질성: 각 집단은 구성원 사이에 차이가 적을 때 내적으로 보다 동질적이다.

집단 간 거리가 먼 상황에 집단 내 동질성이 더해지면 양극화로 이어진다. 멀리 떨어져 있는 북극과 남극을 생각하면, 극이라는 은유가 양극화의 특징들을 잘 포착하고 있는 듯하다.

하지만 정당이나 사람들이 잘 어우러지지 못하는 것은 단순히 멀리 떨어져 있어서, 즉 견해에 격차가 있어서만은 아니다. 우리는 스스로에게 크게 중요하지 않은 여러 사안들에 대해서 다른 의견을 가질 수 있다. 가령 많은 타이완 사람들이 취두부라는 냄새가 고약한 두부를 좋아한다. 나도 취두부를 무척 좋아하지만 대부분의 미국인들은 이 두부를 혐오한다. 취두부에 대한 견해에는 이렇게 큰 차이가 있지만 그런 종류의 양극화는 어떤 심각한 문제도 만들지 않는다. 취두부에 대한 견해 때문에 다른 집단을 싫어하는 경우는 없다. 그저 자신이 좋아하는 걸 먹으면 그뿐이다. 차이와 동질성만으로는 충돌이 발생하지 않는다. 충돌에 이르려면 더 많은 것이 더해져야 한다.

적대감: 집단들은 다른 극단에 있는 사람들에 대해서 혐오, 경멸, 두려움 혹은 다른 부정적인 감정을 느낄 때 더 양극화된다.

적대감은 사람들이 어떻게 느끼느냐에 대한 문제이지만, 이 사적인 감정은 종종 공개적으로 표출된다.

무례: 집단들은 다른 극단의 사람들에 대해서 보다 부정적인 이야기를 하면서 더욱 양극화된다.

부정적인 발언은 혐오감을 유발하고, 이런 혐오감은 사람들로 하여금 보다 부정적인 표현을 사용하게 한다. 이는 다시 더 깊은 혐오감으로, 더 심한 욕설로 이어진다. 적대감과 무례는 서로를 더욱 강화시키면서 악순환을 이어간다.

부정적인 감정과 발언도 나쁘지만 더 문제가 되는 건 행동이다. 감정과 발언에 그치지 않고 행동을 촉구하기 위해서, 많은 논객들은 양극화를 정치적, 혹은 사적 삶의 특정한 한계들과 결부시킨다.

경직성: 집단들은 자신들의 가치관을 타협할 수 없는 신성한 권리로 취급하면서 더욱 양극화된다.

경직성은 감정, 가치관의 강도와 분명히 연관되어 있으며, 그런 가치관의 근원에 대한 견해가 얼마나 강력한가와도 관계가 있다. 협력에는 타협이 필요한 경우가 많기 때문에 경직성은 교착 상태로 이어질 수 있다.

교착 상태: 집단들은 더욱 양극화되어 공통의 목표를 위해 협력하거나 함께 일할 수 없는 상황에 이른다.

양극화에서 사람들을 가장 많이 괴롭히는 문제가 교착 상태이다. 교착 상태가 사회적 문제를 해결할 수 있는 정부의 조치를 막기 때문이다.

사회가 양극화되어 반목하는 경직된 집단들로 분열되어 있더라도, 한 집단이 절대 다수를 차지하거나 정부의 통솔권을 잡는 식으로 권력을 쥐고 있다면 정부는 기능할 수 있다. 그래서 아무것도 할 수 없는 무능력한 형태의 교착 상태는 어떤 집단도 다른 집단 위에 군림하지 못하는 경우에만 나타난다. 하지만 설령 한 집단이 군림해서 자신이 원하는 걸 얻는 경우라도 교착 상태는 여러 집단이 협력하지 못한다는 의미에서 바람직하지 못하다. 두 집단 모두 지배 기관에 대한 통제력을 얻기 위해 분투해야 하는 경우라면 별로 달라질 것이 없기 때문이다.

독일, 이스라엘, 인도, 영국 등과 같이 두 개 이상의 정당으로 구성된 연립 정부에서는 교착 상태가 잘 발생하지 않거나 덜 위험한 것처럼 보일 수 있다. 이런 체제에서는 다수당이 되기 위해 서로 다른 정당들이 연립 정부를 형성해 함께 일을 해야 한다. 하지만 이런 연정은 또다시 연립 여당 외부의 다른 정당에 적대적이고, 융통성 없는 모습을 보이고, 서로 협력하지 않는다. 그 후에는 단일 정당들 사이가 아닌 연정들 사이에서 양극화가 나타나고 동일한 문제가 발생한다.

그렇다면 양극화란 무엇인가? 앞에서 살펴본 모든 것이 양극화이다. 전면적인 증상은 거리, 동질성, 적대감, 무례, 경직성, 교착 상태 등 모든 측면을 아우른다. 이런 복잡한 내용은 단순화 과정에서 왜곡되게 마련이다. 하지만 양극화에 대한 논의에서 이 모든 측면을 한 번에 다루는 것은 불가능하다. 따라서 혼란을 피하려면 특정한 논의에서 양극화의 구체적인 특성 중 어떤 것이 관련되어 있는지 알아야 한다.

양극화는 점점
심화되고 있는가

양극화의 정도는 얼마나 되는가? 우선은 양극화를 거리와 동질성의 조합으로 보도록 하자. 거리와 동질성을 어떻게 측정할 수 있을까? 정치 분야에서 사용하는 기본적인 방법은 한 집단에서 임의로 선택한 구성원들에게 전형적인 진보적, 보수적 답을 얻을 수 있는 다양한 질문을 던지는 것이다. 집단들 사이의 거리는 각 집단의 평균적인 대답 사이의 격차로 측정한다. 한 그룹 내의 동질성은 해당 집단 내의 다른 구성원들 간 대답이 얼마나 가까운가를 통해 측정한다. 우리는 이런 설문을 통해서 시간의 흐름에 따라 정치 분야의 양극화에 어떤 추세가 나타났는지 추적할 수 있다.

미국의 경우, 1990년대부터 20~30년 만에 양극화가 엄청나게 심화되었다. 이 같은 현상은 광범위하게 퍼져 있으며 설문 조사에 의해 뒷받침된다. 우선 정당들 사이의 거리, 즉 당파 격차^{partisan gap}에 대해 생각해보자. 다양한 사안에서 이 격차의 확대를 관찰할 수 있다. 그중 몇 가지 극적인 사례들을 살펴보자.

'평화를 확보하는 가장 좋은 수단은 군사력이다.'

1994년: 공화당 지지자의 44퍼센트가 동의

민주당 지지자의 28퍼센트가 동의

2014년: 공화당 지지자의 48퍼센트가 동의

민주당 지지자의 18퍼센트가 동의

이 문제에 있어서 당파 격차는 16퍼센트에서 30퍼센트로 거의 두 배가 되었다.

'정부의 기업 규제는 보통 득보다 실이 많다.'

1994년: 공화당 지지자의 64퍼센트가 동의
　　　　민주당 지지자의 46퍼센트기 동의

2014년: 공화당 지지자의 68퍼센트가 동의
　　　　민주당 지지자의 29퍼센트가 동의

이 문제에 있어서 당파 격차는 18퍼센트에서 39퍼센트로 두 배 이상 벌어졌다.

'강력한 환경 법규는 일자리를 줄이고 경제에 악영향을 미친다.'

1994년: 공화당 지지자의 39퍼센트가 동의
　　　　민주당 지지자의 29퍼센트가 동의

2014년: 공화당 지지자의 59퍼센트가 동의
　　　　민주당 지지자의 24퍼센트가 동의

이 문제에 있어서 당파 격차는 10퍼센트에서 35퍼센트로 세 배 이상 벌어졌다.

'오늘날 빈곤층은 아무런 대가도 없이 정부의 혜택을 받아 편안한 생활을 하고 있다.'

1994년: 공화당 지지자의 63퍼센트가 동의
　　　　민주당 지지자의 44퍼센트가 동의

2014년: 공화당 지지자의 66퍼센트가 동의

민주당 지지자의 28퍼센트가 동의

이 문제에 있어서 당파 격차는 19퍼센트에서 38퍼센트로 두 배가 되었다.

'이 나라에서 출세하지 못하는 흑인들은 대부분의 책임이 그 자신에게 있다.'

1994년: 공화당 지지자의 66퍼센트가 동의

민주당 지지자의 53퍼센트가 동의

2014년: 공화당 지지자의 79퍼센트가 동의

민주당 지지자의 50퍼센트가 동의

이 문제에 있어서 당파 격차는 13퍼센트에서 29퍼센트로 두 배 이상 벌어졌다.

설문 중에 공화당 지지자들의 변화가 더 큰 사안과 민주당 지지자들의 변화가 더 큰 사안이 있다는 데 주목하라. 사람들은 종종 상대방이 극단적인 입장으로 이동하면서 양극화를 조장한다고 비난한다. 하지만 사실은 다르다. 각각의 사안에 따라 다른 정도로 변하긴 했지만 결국 양쪽 모두가 움직인 것이다. 이로써 짧은 시간 안에 여러 중요한 사안에 대한 공화당 지지자와 민주당 지지자 사이의 격차가 상당히 벌어졌다.

최소한 사실에 대해서는
합의할 수 없을까

양극화에 대한 연구는 주로 정치적 가치와 규범에 초점을 맞춘다. 하지만 양극화는 종교와 과학적 사실 문제에까지 확대된다. 민주당 지지자와 공화당 지지자는 기후 변화가 인간의 온실가스 배출에 의해서 유발되거나 악화되는가 하는 문제에 대해서도 극심한 의견 차이를 보인다. 이 문제는 어떤 사람이 온실가스 배출과 기후 변화가 좋다, 나쁘다, 어느 쪽도 아니다 어떻게 생각하든 관계없이 결정되는 과학적인 사안이다. 그럼에도 과학이 정책을 움직이는 것이 아니라 정치가 과학적 믿음을 움직이곤 한다. 마찬가지로, 민주당 지지자와 공화당 지지자는 다음과 같은 사실 문제에 대해서도 서로 매우 다른 믿음을 가진다.

① 수압파쇄법*은 위험한가?

② 사형제도가 살인을 막는가?

③ 물고문이 테러와 싸우는 데 효과적인가?

④ 총기 소유권이 총기 폭력을 조장하는가, 억제하는가?

⑤ 사회보장제도가 경제 성장을 돕는가, 저해하는가?

⑥ 미국에 들어오는 불법 이민자는 얼마나 되는가?

⑦ 불법 이민자 중에 범죄자가 얼마나 많은가?

---

* 　고압으로 액체를 주입하여 석유 등 천연 자원을 추출하는 기술.

⑧ 얼마나 많은 불법 이민자가 국민들이 원하는 일자리를 빼앗는가?

⑨ 미국 선거에서 선거 부정이 얼마나 저질러지는가?

⑩ 미국이 공격하기 전에 이라크에 대량살상무기가 있었는가?

이런 질문에 대부분의 민주당 지지자들은 대부분의 공화당 지지자들과 다른 답을 한다. 두 당의 지지자들은 가치가 아닌 사실에서도 뜻을 모으지 못하는 것이다.

이 문제를 두고 때때로 진보주의자들은 보수주의자들을 비난한다. 보수주의자들이 사실에 대한 믿음의 근거를 과학이 아닌 종교나 신뢰하기 어려운 권위에 둔다고 생각하기 때문이다. 진보주의자들은 보수주의자들에게 이런 혐의를 두기 때문에 유전적으로 조작된 식품이 안전한가, 예방 접종이 자폐증을 유발하는가, 핵폐기물을 안전하게 처리할 수 있는가 여부에 대한 합의를 거부한다. 반면 공화당 지지자들은 기후 변화의 원인에 대한 과학적 합의를 거부한다. 그렇다고 기후 변화가 인간이 초래한 것이라는 데 의심을 품는 보수주의자들이 빈약한 과학적 소양을 지니고 있는 것은 결코 아니다. 실제로 사실이나 과학적 증거는 어느 편의 전유물도 아니다.

물론 사실과 가치관은 연결되어 있다. 사형제도가 범죄를 억제하는지, 지구 온난화가 인간의 행위에 의해 유발되는지에 합의하지 못한다면, 당연히 사형제도를 용납할지, 지구 온난화에 맞서 싸울지에 대해서도 합의를 도출하지 못한다. 중대한 사실에 동의하지 못한다면 이러한 사실에 맞서서 어떤 일을 해야 할지에도 동의할 리 없다.

이렇게 광범위한 영역에서 의견이 충돌되는 상황에서, 양측이 그 토록 확신에 차 있는 것이 놀라울 따름이다. 사형제도 옹호자 대부 분은 사형제도가 범죄를 막는다고 확신한다. 사형제도를 반대하는 사람들은 사형제도가 범죄 억제 효과가 없다는 점을 조금도 의심 하지 않는다. 다른 편을 지지하는 자료를 전혀 본 적이 없다는 점이 강한 자신감의 한 가지 원인일 것이다. 반대 의견을 지지하는 자료 를 찾아본 적이 없거나 해당 자료가 있을 만한 정보원을 전혀 참고 하지 않기 때문이다. 문제의 심각성, 상충하는 자료와 논거들의 존 재, 합의의 부족을 생각하면 원인이 무엇이든 그런 자신감을 갖는 다는 것이 놀라울 뿐이다.

반대편을
혐오하는가

문제는 사람들이 온전히 반대되는 견해를 갖고 있다는 데 그치지 않는다. 나는 철학자이기 때문에 나의 철학적 견해가 드러날 수밖 에 없다. 친한 친구들 중에는 이런 내 철학적 견해가 분명히 잘못되 었다고, 내 주장이 사실일 리 없다고 생각하는 이들이 있다. 이 친구 들은 나와는 완전히 반대되는 철학적 견해를 갖고 있다. 또한 자신 들의 견해에 강한 자신감을 갖고 있다. 그럼에도 우리는 여전히 친 구이다. 그들은 내가 자신들이 생각하기에 잘못된 입장에 서 있다고 해서 나를 멍청하거나, 어리석거나, 부도덕한 사람이라고 여기지 않는다(그러길 바란다). 그저 내가 의견을 개진할 때 귀를 기울이고 내 관점을 이해하려고 최선을 다한다. 친구들은 어떤 일이 있어도 재미 삼아 내 견해를 왜곡하는 악의적인 농담을 하거나 언어적인 폭력을 구사하지 않는다. 대신 자신의 논거를 대고 내가 어떤 대응을 할지, 어떻게 최선의 대답을 내놓을지 주의 깊게 생각한다. 최소한 대부분의 친구들은 그렇게 한다. 반대편을 존중하고 예의를 지킨다면, 우리는 서로로부터 배움을 얻고 친구 관계를 유지할 수 있다.

거리와 동질성의 측면에서만 본다면 양극화는 근본적인 문제가 아니다. 사실 당파들 사이의 거리가 지나치게 가까울 때는 또 다른 문제가 발생한다. 이전 세대들은 공화당과 민주당이 너무 유사해서 정책 대안들 사이에 별다른 선택의 여지가 없다는 불평을 하기도 했다. 더구나, 거리와 동질성으로 파악하는 양극화가 항상 극심한 갈등과 교착 상태로 이어지는 것도 아니다. 행정부와 의회의 주도권을 각기 다른 당이 쥐고 있는 경우조차 말이다.

정치적 양극단에 있는 두 사람도 공통의 목적을 가지고 있고, 자신이 모든 진실을 알고 있는 것은 아니라고 인정할 만큼 겸손한 태도를 견지하고, 서로에게 귀를 기울이고, 서로를 이해하고, 양쪽 모두에게 이익이 되는 합의를 지향할 만큼의 호감을 갖고 있다면 협력이 가능하다. 하지만 서로를 경멸하고, 서로의 말을 무시하고, 지나치게 자신이 넘치고, 합의에 이를 능력이나 의도를 전혀 갖고 있지 않다면 어떤 것도 이룰 수 없다. 실제적인 문제를 만드는 것은 거리와 동질성으로 정의되는 양극화가 아니라 상대에 대한 적의와 그 결과 발생한 걸림돌을 넘을 수 없는 무능함이다.

불행히도, 미국 내 양극화가 심화되면서 주요 정당들 사이의 적대감도 커지고 있으며, 이는 때로 증오로까지 확대된다. 1994년에는 민주당 지지자의 16퍼센트, 공화당 지지자의 17퍼센트만이 상대 당에 대해서 극히 부정적인 견해를 가지고 있었다. 하지만 2014년에는 민주당 지지자의 38퍼센트, 공화당 지지자의 43퍼센트가 상대 당에 대해서 극히 비우호적인 견해를 갖고 있는 것으로 나타났다. 이후 2016년 양 당의 대다수가 상대 당에 대단히 비우호적인 견해를 표현했다. 공화당 지지자의 58퍼센트는 민주당을 매우 못마땅하게 보고 있었으며, 민주당 지지자의 55퍼센트는 공화당에 대해서 대단히 부정적인 견해를 갖고 있었다.

더 놀라운 것은 2016년 공화당 지지자의 45퍼센트가 민주당의 정책에 대해 '크게 잘못된 정책으로 국가의 안녕을 위협한다'고 응답했다는 점이다. 2014년에는 민주당 지지자의 41퍼센트가 공화당 정책에 대해서 같은 식의 판단을 내렸다. 보수적인 공화당 골수 지지자들과 진보적인 민주당 골수 지지자들 사이에서는 이런 비율이 훨씬 높았다. 국가의 일에 관심이 높은 사람들은 국가의 안녕에 위협이 된다고 생각하는 것에 맞서 싸울 의지를 갖고 있다. 과연 이들이 위험 요소로 인식하는 사람들과 함께 일을 하거나 함께 살아갈 이유를 찾을 수 있을까.

이런 반감은 정당이나 정치인 사이에만 존재하는 것이 아니다. 이는 개인의 삶으로도 확대된다. 2010년 미국 공화당 지지자의 49퍼센트, 민주당 지지자의 33퍼센트는 자녀가 다른 정당 지지자와 결혼한다면 달갑지 않을 것이라고 답했다. 1960년에 이 수치는 양쪽 모두 5퍼센트 이하였다. 양극화된 정치가 개인의 인간관계에도 침투한 것이다.

우리가 사는 장소도 영향을 받았다. 2014년 보수적인 공화당 골수 지지자의 50퍼센트와 진보적인 민주당 골수 지지자의 35퍼센트가 '대부분의 사람들이 나와 같은 정치적 견해를 가진 곳에서 사는 것은 중요한 문제이다'라는 진술에 동의했다. 그 결과 골수 보수주의자들과 골수 진보주의자들은 서로 다른 지역에서 살게 되었으며 자주 마주칠 가능성이 낮아졌다. 마찬가지로 보수적인 공화당 골수 지지자의 63퍼센트, 진보적인 민주당 골수 지지자의 49퍼센트는 '친한 친구의 대부분이 나와 같은 정치적 견해를 갖고 있다'는데 동의했다. 20년 전에는 이런 수치들이 이만큼 높게 나타나지 않았다. 이런 지역적, 사회적 분리로 인해 이들 집단이 서로 대화를 나누고 상호 적대감을 극복할 방법을 찾는 일은 더 어려워졌다.

양극화 경향은 전 세계적인 현상일까

지금까지 내가 제시한 통계와 사례는 미국을 중심으로 한 것이지만, 어디에나 같은 문제가 존재한다. 전 세계 많은 나라에서 양극화가 만연하고 있다. 놀랍게도, 평균적으로 미국인들은 다른 나라의 유권자들보다 자국 정당 지지자들의 사이가 훨씬 더 멀다고 본다. 사실은 그 반대이다. 경제적인 차원에서 민주당 지지자와 공화당 지지자 사이의 견해 차이가 다른 나라에 비해 특별히 크지 않다. 사회적인 차원의 경우, 그 차이는 상대적으로 훨씬 작다. 물론, 미국보다 다른 나라에서 정당들 사이의 차이가 크다고 해도, 미국 헌법에 적힌 많은 견제와 균형 때문에 교차 상태와 같은 양극화의 특정 측면들은 다른 나라보다 미국에서 더 심하게 나타날 수 있다. 그럼에도 많은 사례들을 고려할 때 정당들 사이의 격차, 정당 내의 응집성, 정당들 간의 혐오, 정당들 사이의 추론 부족은 다른 나라에서 더 극심하다.

그 한 예가 2016년 영국에서 벌어진 브렉시트* 투표이다. 이 투표는 뿌리 깊고 광범위한 사회적, 이념적 분열을 드러냈다. 최근의 이민 위기는 유럽 대륙의 좌익과 우익 사이에서 극심한 반목을 낳았다. 스리랑카의 정치적 양극화는 양측의 충격적인 증오 발언으로 이어졌다. 태국의 양극화는 대규모 시위들로 이어졌다. 흥미롭게도 한국과 타이완은 이념적 양극화의 정도가 높지 않음에도 정서적 양극화, 즉 정적에 대한 반감의 정도가 심하다. 정치적 견해의 차이가 그리 크지 않은 상황에서 한 나라 사람들이 서로를 싫어하는 이유는 무엇일까? 다른 편의 이유에 귀를 기울이지 않으려는 태도 때문이라는 생각을 지울 수 없다.

모든 나라가 보편적으로 이런 문제를 겪는 것은 아니다. 아이슬

---

*   Brexit, 영국의 유럽 연합EU 탈퇴를 뜻하는 신조어로 영국Britain과 탈퇴exit 의 합성어.

란드가 예외에 속한다. 아이슬란드인들이 좌파, 우파로 입장을 정리하는 사안에서는 양극화의 징후가 나타나지 않는다. 그럼에도 아이슬란드에서조차 매체들은 아이슬란드의 의회가 점차 분열되고 있다고 묘사한다. 그리고 대중은 양극화의 심화에 대한 그릇된 인상을 가지고 있다. 연구에 따르면, 아이슬란드의 진보주의자와 보수주의자 모두가 상대 집단이 진부한 가치(도덕적 가치)를 지지한다고 과장했을 뿐 아니라 자신이 속한 집단을 전형적인 특성에 있어서 실제보다 더 극단적이라고 평가했다. 아이슬란드와 같은 사례들은 다른 나라의 양극화가 실제로도 보이는 것만큼 심각한가 하는 의문을 갖게 한다.

양극화가 존재한다는 생각만으로도 적대감을 초래하고 이해, 공감, 협력의 기반을 약화시킬 수 있다. 내가 당신이 나와 완전히 정반대되는 극단적인 견해를 가지고 있다고 생각한다면, 또한 나와 의견을 달리하는 사람은 틀림없이 무지하고 부도덕하다는 생각을 갖고 있다면, 그런 추정만으로도 나는 당신을 경멸하고 피하게 될 수 있다. 그렇다면 당연히 우리는 서로를 이해하고 대화를 나누고, 논리적인 추론을 하고, 함께 일하기 힘들 것이다. 양극화의 효과는 양극화이다. 혹은 양극화까지는 아니더라도 거의 그만큼 해롭다.

CHAPTER 02

독이 되는 대화

우리는 왜 이렇게 멀어졌으며 왜 이렇게 적대적이 되었을까? 이런 문화 현상은 엄청나게 복잡해서 하나의 이유만으로 사람들을 대립하게 만든 많은 요소들을 제대로 설명할 수는 없다. 하지만 한 가지 요소, 우리가 쉽게 놓치는 한 가지 요소에 집중함으로써 많은 것을 배울 수 있기도 하다. 그 한 가지는 무엇일까? 상대에게 귀를 기울이고 그들의 견해를 이해하려고 노력하기보다는 상대와 그들의 견해를 희화하고 방해하고 모욕하고 웃음거리로 만드는 것이다. 이런 독이 되는 대화법은 앞서 '무례incivility'라고 표현한 양극화의 전형적인 예이다.

예의를 갖추어
대화할 수는 없는가

'양극화'와 마찬가지로, '무례'라는 단어는 여러 가지 방식으로 사용된다. 더욱이 예의와 무례의 기준 역시 사람마다 다르다. 어떤 사람에게 기백이 넘치는 비판인 것이 다른 사람에게는 무례로 받아들여진다. 또한 예의에는 정도의 차이가 있다. 좀 더 예의 있는 말과 행동이 있는가 하면 그 반대인 경우도 있다. 이렇게 복잡한 문제들에도 예의를 우리가 대체로 공감할 만한 이상적인 수준으로 생각한다면, 무례는 이런 기준으로부터의 심각한 일탈이다.

아이디어의 건설적 상호 교환을 위해 조정된 방식으로 이루어지는 대화에는 예의가 있다. 사회적 상호 작용에 대한 식견으로 유명한 수리심리학자 아나톨 라포포트 Anatol Rapoport는 예의 있는 대화에 대한 궁극의 모델을 제안했다.

> ① 상대가 '고맙습니다, 저도 그런 식의 표현을 생각할 수 있다면 좋을 텐데요'라고 말할 정도로 상대의 입장을 명확하고, 생생하고, 공정하게 표현하기 위해 노력해야 한다.
> ② 자신과 상대의 의견이 합치되는 지점을 모두 나열해야 한다(광범위하게 의견의 일치가 이루어지는 문제가 아닌 경우에는 특히 더).
> ③ 상대로부터 배운 점을 한 가지 이상 언급해야 한다.
> ④ 위의 세 가지 단계를 거친 이후에야 상대에 대한 반박이나 비판의 말을 할 수 있다.

이런 규칙을 지키는 대화에 참여하거나 이런 대화를 들은 경험이 몇 번이나 있는가? 최근에는 이런 규칙이 한물간 것처럼 보인다. 아니, 과연 지켜진 적이 있는지조차 의심스럽다. 다행히 최소한의 예의를 지키는 것은 그리 어렵지 않다. 적당한 정도의 이상적 기준에 다가갈 수 있는 정도로 예의를 갖추는 건 얼마든지 할 수 있다.

물론 예의만 있다고 다 되는 것은 아니다. 타이밍 역시 중요하다. 당신이 내게 자신의 견해를 설명하는 동안 내가 방해를 하고 당신의 말을 끊는다면, 이는 당신의 입장을 명확하고, 생생하고, 공정하게 표현하는 데 도움이 되지 않는다. 당신은 분명 직접 자신의 의견을 표현하길 원했고 나는 그것을 방해했다. 방해는 무례의 전형적인 사례이다. '나는 당신의 이야기를 듣고 싶지 않다'거나 '당신이 말하는 건 내가 말하는 것보다 가치가 없다'라는 신호를 보내는 일이기 때문이다. 따라서 예의에는 상대방 역시 충분히 자신의 생각을 말할 수 있도록 기다려주는 인내의 미덕이 필요하다. 또한 우리가 주장하는 견해의 장점을 인정하지 않으려는 사람들에 대한 용서도 필요하다.

결코 쉬운 일들은 아니다. 하지만 우리에게는 선택의 기회가 있다. 우리는 라포포트의 규칙을 따르고, 아니 적어도 그에 가까이 가기 위해 노력할 수 있다. 적절한 때에 이야기를 하고, 상대의 말을 막지 않고 귀를 기울이며, 인내와 용서의 태도를 키움으로써 예의를 표현할 수 있다. 반대로, 상대를 방해하고 모욕하며 무례하게 굴수도 있다. 어떤 태도를 택할지 그 결정은 당신의 몫이다.

부정적 관점에서
벗어날 수는 없는가

오늘날 우리는 상대에게 왜 그런 견해를 갖게 되었느냐고 공손히 묻는 대신, 상대의 이유를 이미 알고 있다고 가정해버리는 경향이 있다. 하지만 우리가 이유라고 간주하는 것이 그들이 그런 견해를 갖게 된 진짜 이유, 정당한 이유인 경우는 드물다. 우리는 종종 상대의 나쁜 점을 강조하여 패배시키려 한다.

경제적 불평등에 대해 생각해보자. 가난한 사람들은 부유한 사람들의 탐욕을 비난하면서 그들에게 높은 세금을 부과하라고 요구한다. 부유한 사람들은 가난한 사람들의 게으름을 비난하면서 세금을 정부가, 혹은 더 나쁘게는 공산주의가 훔쳐가는 돈이라고 생각한다. 각자가 상대를 이해하고 있다고 주장하지만, 양측 모두 상대가 근시안적이고 이기적인 이익을 얻으려 한다고 생각한다. 가난한 사람들은 이렇게 묻는다. '엄청난 부를 가지고 있는 사람에게 10억 달러가 더 있는 것이 무슨 소용인가? 국가에 추가적인 세수가 필요하다는 것을 알지 못하는가?' 그러면 부유한 사람들은 이렇게 반박한다. '이것이 내가 열심히 일해서 번 돈이란 것을 알지 못하는가? 높은 세금이 경제 전반, 특히 가난한 사람들에게 해가 된다는 걸 깨닫지 못하는가?' 상대를 이해하지 못하는 한, 양쪽은 계속해서 서로를 멍청하고, 무지하며, 근시안적이고, 이기적인 사람들로 본다. 이러한 태도는 협력을 어렵게, 혹은 불가능하게 만든다. 편견은 득이 될 것이 없다.

게다가 정확한 것도 아니다. 부유한 사람 중에는 탐욕스럽고 이기적인 사람들이 있는가 하면, 너그러우며 성실하고 직원과 고객에게 공정한 사람들도 있다. 마찬가지로, 가난한 사람이라고 전부 게으른 것은 아니다. 물론 게으른 사람도 있다. 아무 직장 없이 복지 정책에 의지해서 사는 사람들 중에는 일자리를 주어도 일을 하지 않는 사람들이 있다. 그렇지만 그들은 대부분의 가난이 선택권이 없는 열악한 환경에서 비롯된다는 규칙의 예외일 뿐이다. 시스템을 악용하는 사람들이 이득을 얻거나 혜택을 받지 않도록 방지하고 정말 도움이 필요한 사람에게 유용한 프로그램을 만들려면 이와 같이 복잡한 문제를 인식하고 가난한 사람들이 어떤 범주에 드는지, 즉 개인적으로 게으른 사람인지 사회적으로 혜택을 받지 못한 사람인지 구분해야 한다.

난민 사태에도 똑같은 패턴이 되풀이된다. 옥스퍼드에 방문했을 때 영국에 더 많은 난민을 받아들여야 한다고 주장하는 사람들이 반대자들을 향해 어떻게 그리 잔인할 수 있느냐고 비난하는 걸 들었다. 난민이 얼마나 절박한 상황에 있는지 모르는가? 난민의 고국이 얼마나 위험한지 알지 못하는가? 이런 비난은 상대편이 무지하고 비정하다는 뜻을 내포한다. 반대로 난민 수용에 반대하는 사람들은 상대편이 너무나 순진하다고 비난한다. 난민이 얼마나 많은지 알고 하는 말인가? 영국에 더 많은 난민이 들어오면서 일자리를 잃게 될 자국민은 생각하지 않는가? 안보 문제는 고려하지 않는가? 이 땅에 더 많은 테러 공격이 일어나기를 바라는 것인가? 이들의 주장 역시 상대가 무지하고 비정하다는 뜻을 담고 있다. 서로 편견에

사로잡힌 채 오도된 고정 관념들을 주고받다 보면, 상대를 제대로
이해하는 일은 힘들어진다.

우리는 모두
정신 나간 광대들일까

이와 같은 (의도적인?) 오해는 과장과 언어폭력을 자극한다. 언어
폭력의 치명적인 형태 중 하나는 가짜 정신 진단이다. 진짜 정신 질
환을 가진 환자를 돕기 위해 숙련된 정신과 의사가 증거를 기반으
로 적절하게 시행하는 정신 진단에는 당연히 아무런 문제가 없다.
문제는 아무런 교육도 받지 않은 정치적, 문화적 논객들이 증거도
없이 상대를 마음대로 진단한다는 데 있다. 그들의 목표는 상대를
돕는 것이 아니라 오로지 상대를 매도하는 것이다. 보수논객들은
『진보주의는 정신장애Liberalism is a Mental Disorder』, 『진보주의적 사고:
정치적 광기의 심리적인 원인The Liberal Mind: Psychological Causes of Political
Madness』, 『세뇌교육: 대학은 미국의 젊은이들에게 어떻게 사상을 주
입하는가Brainwashed: How Universities Indoctrinate America's Youth』와 같은 제
목의 책을 내놓았다. 진보주의자들은 『우파는 어떻게 제정신을 잃
게 되었는가How the Right Lost its Mind』와 같은 책으로 대응한다. 방송사
MSNBC의 진보 성향 시사평론가인 미카 브레진스키Mika Brzezinski는
도널드 트럼프 대통령에게 정신적 문제가 있는 것 같다는 우려를 공

개적으로 표명했다. 이러한 과장의 목적과 효과를 파악하기 위해서 널리 알려진 보수 논객 벤 사피로^{Ben Shapiro}가 한 말들을 살펴보자.

> "민주주의자들은 완전히 극단에 치우치고 있다. 그들은 정신
> 나간 미치광이들이다."
> "민주주의자들은 제징신이 아니다. 그들은 완진히 돌았다."

사피로는 왜 상대가 미쳤다고 하는 것일까? 모든 민주주의자들이 미쳤고, 제정신이 아니며, 정신이 나갔을 리는 없다. 그렇다면 이렇게 극단적인 언어를 사용하는 목적은 무엇인가? 하나는 청중들로부터 웃음을 이끌어내는 것이다. 공화당 지지자들과의 연대를 위한 표현이자 민주당 지지자들에 대한 혐오의 신호이기도 하다. 중요한 것은 이런 극단적 언어가 대화를 차단한다는 점이다. 어떤 사람들이 정말로 '완전히 정신 나간 미치광이'라면 그들에게 귀를 기울일 이유가 전혀 없다. 치료사라면 그들에게 귀를 기울이는 것이 어떤 정신 질환이 있는지 밝혀내는 데 도움이 될 것이고, 친구들과 가족들이라면 그들에게 귀를 기울이는 것이 그들을 안정시켜줄 것이다. 하지만 이는 유의미한 정보와 이유를 교환한다는 의미에서의 진정한 대화라고 할 수 없다. 사람들이 '완전히 정신이 나간' 경우, 우리는 그들의 견해에 어떤 오류가 있는지 이야기하거나 그들에게 변화가 필요한 이유를 대지 않는다. 그들로부터 배움을 얻거나 그들과 추론을 하기보다는 다만 그들을 치료하기 위해 노력한다.

언어폭력의 다른 형태들에도 비슷한 대가가 따른다. 내가 친구

에게 당신의 생각이 잘못되었다고 말한다면, 친구는 왜 그것이 잘못되었느냐고 물을 것이고 우리는 여러 가지 면에서 유익한 논의를 가질 수 있다. 그렇지만 내가 친구에게 당신의 생각이 우스꽝스럽다고 말한다면 그것은 상대의 생각이 사유가 아닌 조소의 대상일 뿐이란 의미이다. 조소의 대상이 되고 싶지 않다면 굳이 내게 왜 자기 생각이 우스꽝스럽다고 생각하는지 이유를 물어볼 필요도 없다. 내가 그 사람을 광대라고 칭하는 것은 그 사람의 견해가 고려의 대상이라기보다는 웃음거리라는 뜻이다. 진지하게 받아들여서 그것이 정말 어떤 의미인지 묻는 것은 광대의 농담을 망치는 행위이다. 그런 상황에서 나와 계속 이야기를 해야 할 이유가 있을까? 방금 그 친구에게 귀를 기울이지 않을 것이라고 말했는데 말이다.

정말 우스꽝스러운 견해도 있고, 아주 드물기는 하지만 정말 바보이거나 정신이 나간 사람들도 있다. 반면, 자신의 첫 시도가 실패로 돌아가 좌절한 뒤에도 바로 악담을 퍼붓는 대신, 상대의 이유를 묻고 이해하려고 노력하는 사람들도 있다. 이런 모욕적인 유형의 가짜 정신 진단은 오히려 그 말을 하는 당사자가 자신의 입장을 뒷받침할 만한 더 나은 말이 없다는, 따라서 그다지 통찰력과 견식을 갖추지 못했다는 믿을 만한 지표이다. 이러한 언어폭력은 유익한 논의가 끝났다는 신호이기도 하다. 양극단의 상대가 언어폭력을 행사하게 되면 더 이상 서로에게서 배움을 얻을 수 없다. 어느 편에도 득이 되지 않는다.

모욕은
재미있는 유머인가

욕설은 장난이 될 수도 있고 재미있을 때도 있다. 유명 코미디언 돈 리클스^{Don Rickles}는 모욕 유머를 대중 예술에 끌어들였다. 오늘날에는 많은 사람들이 실생활과 인터넷에서 그의 농담을 흉내 낸다. 2016년 미국의 대통령 예비선거전에는 도널드 트럼프와 그의 지지자들이 던지는 '꼬마 마르코'*에 대한 모멸적인 농담이 넘쳐났다. 트럼프가 당선된 후 진보주의자들, 그리고 공화당 내 트럼프 반대파 중 일부는 트럼프의 손 크기에 대한 한심한 농담을 했다.** 너무 유치해서 진지하게 받아들이는 사람이 있다고 생각하기조차 어려운 유머였다.

상대를 농담거리로 만들어서 우리가 얻는 것은 무엇일까? 물론 재미를 얻는다. 웃는 것은 기분 좋은 일이다. 하지만 그건 변명에 불과하다. 스스로의 단점이나 한계를 소재로 삼은 농담으로도 얼마든지 그런 좋은 기분을 느낄 수 있기 때문이다. 그런데 왜 우리 자신이 아닌 상대를 조롱거리로 만드는 것일까?

상대를 조롱하는 농담은 투표에 영향을 줄 수도 있다. 누가 놀림감이 될 후보를 지지하고 싶겠는가? 하지만 트럼프를 지지하는 사

---

* Little Marco, 공화당 예비선거에서 트럼프의 경쟁자였던 마르코 루비오^{Marco Rubio}를 가리키는 조롱 섞인 호칭.
** 남성의 손 크기와 성기 크기 사이에 연관이 있다는 속설을 두고, 트럼프의 손이 작다고 농담을 한 것이다.

람이 그의 손 크기 때문에 상대편으로 전향한다는 것은 상상하기 힘든 일이다.

나는 그런 농담의 진짜 목표가 집단의 연대감을 구축하는 데 있다고 본다. 상대를 웃음거리로 만들면 우리와 뜻을 같이 하는 청중들한테서 웃음과 찬사를 얻어낼 수 있다. 이런 반응은 우리가 특정한 가치를 공유하고 있다는 신호를 주고, 이는 우리가 하나의 집단으로서 한 방향으로 움직일 동기가 된다. 어떤 견해에 대한 농담은 우리가 그 견해를 진지하게 받아들이지 않으며, 따라서 상대편에 의해 휘둘릴 일이 없다는 걸 보여준다. 그것은 우리의 안정성을 암시하며, 다른 사람들에게 우리와 협력하는 것이 이롭다는 자신감을 보여준다. 마지막으로 상대를 이용해서 최고의 농담을 만드는 능력은 지도자로서의 조건이 되기도 한다. 그래서 집단 내의 일부 구성원들은 외부인에 대한 가장 우습고 가장 악랄한 농담을 하려고 경쟁을 벌인다.

상대에 대한 농담은 상대가 대응할 적절한 방법이 없다는 점에서 특히 효과적이다. 자신에 대한 농담에 웃지 않으면 유머 감각이 부족하고 뻣뻣한 사람, 오만하게 자신의 흠을 부정하는 사람, 농담을 이해하지 못할 정도로 멍청한 사람으로 여겨진다. 그들에게는 이길 방법이 없다.

이런 식으로, 상대에 대한 농담은 수사적 기교의 역할을 한다. 농담은 유대감을 구축하고, 농담을 한 사람에게 지위를 가져다주며, 농담의 표적이 된 사람이 만회할 기회를 없앤다. 이것이 유머가 흔한 무기가 된 이유다. 그렇지만 그런 유머에도 어두운 면이 있다. 어떤 사람에 대한 조롱은 그에 대한 이해를 막는다. 상대를 바보로 만들면서 그 상대나 그의 이유를 제대로 인식할 수는 없다. 상대는 당신이 농담으로 깎아내린 것만큼 어리석을 리 없다. 당신이 상대에 대해 농담을 하면 그들도 당신에 대해 농담하게 된다. 상대는 비슷한 수준의 대응을 하고 이렇게 담화의 수준은 계속 낮아진다.

유머가 필요한 경우가 있다는 점은 부정하지 않겠다. 유머는 분위기를 가볍게 만들고 서로에게 좋은 감정을 갖게 할 수 있다. 지적인 정치 풍자는 좋지 못한 논쟁이나 허위를 부각시키는 통찰력 있는 비평이 될 수 있다. 그렇지만 외부인을 모욕하는 지나치게 단순화된 악의적 유머는 장기적으로 건설적인 목표를 달성할 수 없게 방해한다. 그저 서로에 대한 이해와 공감을 막을 뿐이다.

얼마나
더 악화될 것인가

인터넷에서의 욕설은 점점 더 악랄해지고 있다. 욕을 하는 사람이 익명인데다 피해자와 얼굴을 마주할 필요가 없어서일 것이다. 때로 인터넷 트롤들은 표적에 실제적인 위협을 가하기도 한다. 많은 사례들이 있지만 그중 한 가지 사례에 초점을 맞추겠다. 우연히 그 피해자를 알게 되었기 때문이다.

에모리대학의 철학과 교수 조지 얀시George Yancy는 2015년 12월

24일 〈스톤The The Stone〉* 에 「친애하는 화이트 아메리카Dear White America」
라는 논란이 많은 글을 발표했다. 얀시의 편지는 이렇게 시작한다.

> 진심으로 부탁하건대, 부디 애정을 가지고 이 편지를 읽어주
> 길 바란다. 제임스 볼드윈James Baldwin이 말했듯 설령 고통과 공
> 포를 일으킬 수 있는 위험에도 당신 자신의 일부를 들여다보는
> 일이 필요한, 그런 종류의 애정 말이다. 놓쳤을까 봐 다시 한
> 번 당부한다. 나는 당신이 애정을 가지고 귀를 기울여주길 바
> 란다. 최소한 노력이라도 해주길 바란다.

다음으로 그는 자신이 성차별주의자라고 인정하고 그것이 어떤
의미인지 설명한다. 그리고 이렇게 말한다.

> 내가 남성이라서 얻는 편의가 여성의 괴로움과 연관되어 있
> 고, 그것이 나를 성차별주의자로 만드는 것처럼, 당신은 인종
> 차별주의자이다.

물론 얀시는 독자들을 인종차별주의자라고 하는 것이 부정적인
반응을 일으키리란 걸 알고 있었다. 그렇지만 그가 받은 공격은 상
상 이상으로 악랄하고 사나웠다.

---

* 《뉴욕 타임스》의 일부.

「친애하는 화이트 아메리카」 발표 직후, 나는 이메일을 통해 극도로 불쾌하고 독설에 찬 백인 인종차별주의자들의 비판을 받기 시작했다. 이메일이 아닌 혐오가 가득한 실제 우편물도 받았다. 자리에 앉아서 이렇게 증오심 가득한 편지를 쓴 뒤 우편으로 부치는 데 들어가는 시간을 생각해보라. 지금 같은 인터넷 시대에 말이다. 그 비난의 편지들은 내 생각의 오류를 지적하기보다는 나의 사생활을 침해하고 나를 심리적으로 혼란스럽게 만들고 육체적으로 지치게 만들려는 것들이었다. 이런 말들은 많은 영향을 주었다. 특히 '깜둥이nigger'라는 말이나, 아프리카로 돌아가야 할 짐승이라거나, ISIS 스타일로 참수를 당해 마땅하다는 말 등은 특히나 충격적이었다.

_ 〈스톤〉, 2016년 4월 18일

추론과 논쟁에 대한 논의의 맥락에서는 '그 비난의 편지들은 내 생각의 오류를 지적하기보다는'이라는 부분이 중요하다. 철학자인 그는 오류에 대한 지적에 익숙할 것이다. 그는 논거로 뒷받침된 비판을 꺼리지 않았다. 더구나 그렇게 많은 사람('화이트 아메리카' 전체)을 인종차별주의자라고 부르는 데 이의가 많으리라는 건 쉽게 짐작할 수 있는 일이다. 하지만 사람들은 이의를 제기하기만 한 것이 아니라 그에게 사적인 공격까지 가했다. 애정을 가지고 귀를 기울여달라고 부탁하는 점잖은 사람에게 보내는 이런 공격적인 반응은 양극화로 이어질 수밖에 없다.

다행히 얀시의 경우는 일반적인 일이 아니다. 오늘날의 많은 사람들은 여전히 예의를 갖추고 소통한다. 사람들은 상대와 이야기를 나누고, 반대되는 관점을 찾고, 질문을 하고, 대답으로부터 배운다. 무턱대고 상대를 희화화하거나, 제멋대로 진단을 내리거나, 욕설을 하거나, 놀림감으로 삼거나, 위협하지 않는다. 우리는 마음을 열고 솔직하게 얘기하는 법을 알지만 그 능력을 발휘하지 않을 때가 많다. 대신 우리는 독한 말을 한다. 인터넷상에서는 특히 더 그렇다. 이런 독설은 무례와 경멸의 표시이며, 이는 적대감과 양극화에 기름을 끼얹는다. 또한 겁을 주어 중립적인 토론자를 쫓아버린다. 다른 사람에 대한 무례한 언행은 때로 재미있을 수 있고 공통의 표적을 가진 공격자들 사이에서 유대감을 형성하기도 한다. 그렇지만 이런 단기적 이익에는 우리 사회를 해체하고 심각한 문제들을 해결하지 못하게 하는 장기적인 대가가 따른다.

유럽은 무례하지
않은 사회인가

그렇다면 유럽의 상황은 좀 더 낫지 않을까? 이런 희망은 2016년 영국The United Kingdom(곧 그다지 '연합united적'이지 않은 상태가 될 것 같지만)의 브렉시트 투표 앞에서 바로 깨지고 만다. 유럽 연합을 떠나자는 입장의 옹호자 중 하나는 전 런던 시장으로 외무부 장관이 된 보리스 존슨Boris Johnson이었다. 그는 이렇게 말했다.

나는 우리가 그 문에서 걸어 나올 단 한 번뿐인 기회를 저버릴 만큼 정신이 나가지는 않았다고 믿는다. 사실 변한 것은 우리가 아니기 때문이다. 승인과 허용의 영역을 벗어난 것은 유럽 연합이다. 유럽 연합이 연합의 초점이 경제에 있다는 주장을 고집하는 것은 이탈리아 마피아가 올리브와 부동산에 관심이 있다고 말하는 것과 다를 바가 없다.

그는 상대를 '정신이 나갔다'고 표현하며 상대의 이유에 귀를 기울일 까닭을 모두 제거해버린다. 정신 이상이라는 말은 배움을 얻기 위해 귀를 기울이는 수고를 할 필요가 없다는 말과 같다. '단 한 번뿐인 기회'라는 언급은 지금이 아니면 안 된다는 강력한 촉구이다. 타협을 받아들이는 건 유일한 기회를 잃고 다시는 유럽 연합을 떠날 수 없게 되는 것이기에 어떤 타협도 불가능하다는 뜻이 담겨 있다. 유럽 연합을 마피아에 비교하는 건 유럽 연합이 범죄자이고 영국에 대해서 살인이나 강도짓을 하기 전에 저지시켜야 한다는 의미이다. 마피아를 저지하는 유일한 방법은 이유가 아닌 무기이다. 이런 모든 면에서 존슨이 문제를 묘사하는 방식은 증오감을 조장하고 양측의 이유에 대한 균형 잡힌 논의를 차단시킨다.

브렉시트에 반대하는 사람들도 그다지 나을 것이 없다. 그들은 브렉시트에 대한 지지가 두려움과 분노, 이슬람 공포증, 외국인 공포증, 인종차별에만 기반을 두고 있다고 말하거나 암시한다. 두려움과 분노는 종종 신중한 추론을 막는다. 때문에 상대가 그런 감정에 휘둘리고 있다는 주장은 그들에게 타당한 이유를 댈 필요가 없으며 그들의 이유에 귀를 기울일 필요는 더더욱 없다는 의미이다. '이슬람 공포증'과 '외국인 공포증'이라는 단어는 정신 질환, 다시 말해 공포증phobia을 암시하기 때문에 이슬람 공포증 환자나 외국인 공포증 환자와 이성적인 추론을 시도하는 것은 거미 공포증이 있는 사람에게 대부분의 거미들은 전혀 위험하지 않다고 말하는 것만큼이나 소용없는 일이 된다. 인종차별주의는 전혀 그럴 만한 이유가 없는데도 인종을 다르게 평가하거나 대하는 것으로 정의된다. 아프리카 계통의 사람들에게만 국한되는 겸상 적혈구 빈혈증 검사와 같이 다른 취급에 타당한 이유가 있다면 인종을 다르게 대하는 것도 인종차별이 아니다. 따라서 '인종차별주의자'라는 명칭은 그 사람들로부터 어떤 타당한 이유나 나의 이유에 대한 논리적 반박을 기대하지 않는다는 뜻이다. 그런 용어는 이런 상대에게는 귀를 기울이는 대신 맞서 싸워야 한다는 뜻을 담고 있다.

이민자들을 사회에 받아들여야 한다는 사람들조차 반대자들은 쫓아내야 할 존재라는 듯한 분위기를 풍긴다. 영국 보수당의 공동 당수였던 새위다 왈시Sayeeda Warsi는 브렉시트에 반대했다. 자유 민주주의에서는 유독하고, 분열을 초래하며, 외국인 혐오적인 정치 캠페인이 발을 붙일 곳이 있어서는 안 된다는 것이 이유였다. 발을 붙일 곳이 절대 없어야 할까? 나는 자유 민주주의는 외국인 혐오적 정치 캠페인을 비롯한 표현의 자유가 허용되기 때문에 자유롭다고 생각한다. 물론 왈시는 그런 캠페인이 불법으로 취급되거나 외국인 공포증을 가진 사람들이 없어야 자유 민주주의가 더 나아질 것이라는 이유 때문에 그들을 추방해야 한다는 의미로 이야기하지는 않앗을 것이다. 하지만 왈시의 선동적이고 모호한 언어는 상대한테서 배울 게 전혀 없다는 암시를 담고 있다. 그런 식으로 상대에 대한 적대감을 키우고 건설적인 이유의 교환을 막는다.

물론, 모든 사람이 그런 수사적 기교에 의지하는 것은 아니다. 『해리 포터』 시리즈의 작가 J. K. 롤링은 양극단 사이에서 중립적인 입장을 개척하기 위해 노력했다.

> 많은 사람들이 브렉시트 지지자들을 향해 모두 인종차별주의자이자 편견이 심한 사람들이라고 비난하는데, 이는 불명예스러운 행동이다. 그 주장은 사실이 아니며 사실이 아닌 걸 사실처럼 말하는 것은 부끄러운 일이다. 그렇다고 해서 인종차별주의자들과 편견이 심한 사람들이 '브렉시트'라는 대의 아래 모여들고 있지 않다고 주장하거나, 그들이 이 움직임을 지휘하고 있지 않은 척하는 것 역시 터무니없는 일이다.

적절한 지적이다! 대부분의 브렉시트 지지자들이 인종차별주의자가 아니라 하더라도, 대부분의 인종차별주의자가 브렉시트를 지지하며 브렉시트 운동의 지휘자들 중 '일부'(어쩌면 전부는 아닐지라도 다수)가 인종차별주의자인 것 역시 사실이다. 그렇지만 그런 과장을 가라앉히려는 이성적인 사람들의 의견은 종종 다음과 같이 묵살당한다.

> 영국의 진보적 엘리트들은 이성적인 반 이민 정서와 비합리

적인 인종차별주의를 구분하려고 노력했다. 전자는 주류로 흡수되었고 후자는 소외되었다. 사실 그런 구분은 존재하지 않으며, 그것이 존재하는 것처럼 행동하는 건 주류 정치에서 인종차별주의에 더욱 정당성을 부여하는 효과를 냈다.

이러한 대응은 모든 온건파에게 '인종차별을 합법화한다'는 혐의를 씌운다. 많은 사람들이 중도적인 견해를 표현할 용기를 내지 못할 만도 하다. 한쪽으로부터는 '인종차별주의자'라는 낙인을, 다른 쪽으로부터는 '미치광이'라는 낙인이 찍힐 테니 말이다.

최근의 이민 위기 역시 유럽 대륙에서 극단적인 반응을 이끌어냈다. 독일 총리 앙겔라 메르켈Angela Merkel은 대개 중도주의 노선을 굳건히 지키지만, "인간의 존엄에 있어서라면 우리는 타협할 수 없다"고 말하면서 이민 허용을 지지했다. 이 발언은 메르켈이 자신에게 타협을 제안하는 사람과는 대화를 하거나 그의 의견에 귀를 기울이지 않을 것임을 암시한다. 설령 그것이 이민에 대한 최소한의 제한이라 하더라도 말이다. 이민을 막는 것이 인간의 존엄을 해친다면 이민을 제한하는 것은 약간의 노예제도를 허용하는 것에 비견될 수 있다.

반면 프랑스 국민전선National Front 대표인 마린 르 펜Marine Le Pen은 이렇게 말했다. "사람들은 이렇게 말하지 않겠지만, 프랑스의 이민 위기는 완전히 통제에서 벗어났다. 내 목표는 분명하다. 불법적이든 합법적이든 모든 이민을 중단하는 것이다." 메르켈과 같이 르 펜은 타협의 거부를 언급했다. 그는 제한적인 이민마저도 받아들이지 않는다. 그렇지 않다면 자신의 목표와 달리 합법적인 이민자들이 생길 것이기 때문이다. "이번 선거에는 프랑스가 계속 자유 국가로 남을 수 있는가의 문제가 걸려 있다. 사람들은 이제 좌파와 우파가 아닌 애국자와 세계주의자로 나뉜다!" 여기에서 르 펜은 상대에게 비애국자이자 자유주의 프랑스의 적이라는 꼬리표를 붙인다. 이 같은 극단적인 주장은 2017년 선거에서 프랑스 유권자 3분의 1 이상의 지지를 얻었다.

물론 프랑스에도 이민을 지지하는 사람들이 있고 독일에도 이민을 반대하는 사람들이 있다. 그런데도 두 나라의 정치 지도자들은 이민에 대해서 상대와 타협하기는커녕 심지어 상대의 논거에 귀를 기울이지도 않겠다는 신호를 주는, 분열을 초래하는 방식으로 이야기를 한다. 이들이 서로로부터 점점 멀어지고, 상호 적대감과 무례가 심화되는 것은 당연한 결과이다.

얼마나 무례한 것이
지나치게 무례한 것일까

왜 이렇게 무례가 전 세계에 퍼진 것일까? 왜 그렇게 많은 사람들이 자신의 말이 완전히 틀린 때조차 이런 식으로 이야기를 하는 것일까? 무례가 어떤 목적에 대해서는 유용한 도구인 것도 한 가지 답이 될 것이다.

무례는 주의를 끈다. 사람들은 정중한 메시지는 밋밋하고 지루하다고 생각한다. 그래서 정중한 메시지보다는 무례한 과장을 더 많이 읽고 추천하며 트윗하고 리트윗한다. 상대는 그들이 얼마나 어리석은지, 그런 극단주의자들에게 반대하는 것이 얼마나 중요한지 보여주기 위해서 무례한 말들을 리트윗한다. 균형 잡히고 논리적인 말에 기울여야 할 관심보다 더 많은 관심을 무례한 말에 기울인다.

무례는 에너지를 주기도 한다. 지지자들은 무리를 선동하고 자기 편의 열정과 활동력을 높이기 위해 자신들의 무례한 언사를 리트윗한다. 상대를 향해 제정신이 아니라고 말하는 것이 상대가 중요한 점을 몇 가지 놓쳤다고 말하는 것보다 더 많은 동지를 모은다.

무례는 기억도 강화한다. 당신을 화나게 만든 극적인 과장은 사실에 대한 균형 잡히고 미묘한 묘사보다 훨씬 더 기억에 강하게 남는다. 이 점을 확인하기 위해 연설에서 정치인들이 이야기한 것을 떠올려보라. 대부분의 사람들은 연설의 정중하고 예의 바른 부분이 아니라 무례한 부분을 더 쉽게 기억해낸다.

이런 식으로 무례, 과장, 극단론은 청중을 끌어들인다. 당신이 원하는 것이 '많은' 청중이라면, 이 간단한 전략에 구미가 당길 수밖에 없다. 마케팅으로서는 무척 효과적이다. 이런 마케팅이 필요한 곳이 있다. 가령 사회 내에서 힘이 약한 집단들은 주목을 끌 다른 방법이 없다. 그들에게 예의를 지키라고 요구하는 것은 권위를 좇으라고 말하는 것과 다름없다. 사회적 약자들을 위한 활동에는, 특히 초반에는 때로 무례의 사용이 필요하다. 노예제 폐지론자, 여성 참정권 운동가, 인권 운동가들이 언제나 예의를 차리거나 평화적이었던 것은 아니다. 그들의 무례는 때로 활동의 영향력을 키우려는 목적에 도움이 된다. 우리 대부분이 이런 식의 무례에서 혜택을 보았다.

하지만 이런 전략에는 대가가 따른다. 이 책에서 다루는 주제와 관련된 대가는 바로 양극화이다. 상대가 당신에게 무례하면 당신은 화가 나고 보복하고 싶은 마음이 들 것이다. 당신이 상대에게 무례하게 대하면? 그것이 그들을 설득하는 경우는 드물다. 오히려 당신의 입장을 이해할 가능성과 당신에게 귀 기울이고자 하는 마음이 줄어든다. 양편이 무례하게 군다면, 둘은 서로에 대해, 서로의 아이디어에 대해 덜 생각하게 된다.

이런 양극화는 양쪽 모두에게 해를 끼친다. 더 중요하게는, 우리가 함께하는 사회의 기반을 약화시킨다. 문제를 이해하고 양쪽의 이유를 파악하고 싶은 많은 온건한 중도파들은 무엇을 해야 할지 결정하는 데 합리적인 방식을 박탈당한다. 무례한 언사에서는 배움을 얻을 수 없기 때문이다. 중도파들은 극단에 위치한 양쪽 모두와 그들과 동맹 관계인 보도원에 대한 신뢰를 잃는다. 게다가 정부의 기능까지 약화된다. 왜 나를 멍청하고 제정신이 아니라고 말하는 사람들과 일을 해야 할까? 그런 무례한 상대와 타협하는 방법을 어떻게 찾을까?

무례에는 득과 실이 모두 있기 때문에 전반적으로 정당화되는 때가 언제인지 말하기는 힘들다. 비용보다 얻는 것이 크다고 생각하는 사람들에게는 계속 모욕과 조롱이 인기 있는 수단이 될 것이다. 그로 인한 대가는 나머지 사람들이 부담해야 한다.

CHAPTER 03

침묵의 소리

무례는 어떻게 양극화에 동력을 공급할까? 일차적으로 상대에 대한 적대감을 일으킨다. 그리고 적대감을 극복하지 못하게 하는 방식으로 이성적 추론을 침묵하게 만들어 양극화를 강화한다. 더 많은 방법이 있지만 이 장은 침묵에 관련된 부분에 초점을 맞출 것이다.

침묵을 강요받는 것은 '사람'이 아닌 '이성'이다. 많은 사람들이 목소리를 높여 장광설을 늘어놓는다. 사람들이 서로 소통하고 생각을 교환하고 있다는 의미는 아니다. 너무나 많은 사람들이 너무나 많은 이야기를 한다. 어떤 논리적 근거도 없이 말이다. 종종 사람들은 적절한 이유를 전혀 대지 않으면서도 이유를 말하고 있는 척한다. 폴 사이먼^{Paul Simon}과 아트 가펑클^{Art Garfunkel}이 1964년 "사람들은 마음에도 없는 이야기를 하고 듣는 체하지만 실제로는 듣지 않고"라며 침묵의 소리에 대해서 노래할 때 그들을 괴롭혔던 것이 바로 이런 문제이다.

왜 대화의
노력이 필요한가

퓨리서치^{Pew Research Center}의 설문 조사 내용을 살펴보자.

> 뜻을 달리하는 사람들과 정치에 관해 이야기하는 것이 '스트레스이고 짜증스럽다'고 말하는 사람의 비율이 그런 대화가 '흥미롭고 유익하다'고 말하는 사람의 비율과 거의 같았다. 공화당 지지자와 민주당 지지자 모두 마찬가지였다. 양 당의 과반수 이상(공화당 지지자의 65퍼센트, 민주당 지지자의 63퍼센트)은 상대편의 사람들과 대화할 때 대부분의 경우 생각했던 것보다도 더 협의점을 찾기 어려웠다고 응답했다.

사람들은 불필요한 스트레스를 피하기 위해 정보나 이유를 분명히 표현하거나 완벽하게 이해하기를 포기한다. 아니, 그런 시도조차 하지 않는다.

침묵이 그 결과라는 건 분명한 사실이다. 연구는 사회적 취약 집단이 지배 집단에 비해 침묵하는 경우가 많고 그 정도도 더 심하다는 걸 보여준다. 정치적 토론에서는 침묵이 양측 모두에 전파된다. 어느 한쪽만 침묵하게 된다거나, 혹은 다른 편에 손을 내밀려는 한쪽의 시도가 일방적으로 좌절된다고 주장할 수 없는 형편이다. 그 결과 양측 모두가 추론하려는 시도를 그만둔다.

어디에서
정보를 얻었는가

함께 이야기를 나누지 않아도 양쪽이 동일한 출처를 통해 뉴스와 논평을 듣는다면 상대편의 논거를 접할 수 있다. 그렇지만 자신들의 정치적 견해를 비난하고 왜곡하는 정보원에서 뉴스를 얻고 싶어 하는 사람은 거의 없다. 사람들은 주관적이라고 비난하거나 심지어는 '가짜 뉴스'를 전한다며 그런 보도원을 거부한다. 대부분의 사람들은 자신들의 견해가 지지받는 것을 선호하고, 자연히 자신이 좋아하는 입장을 지지하는 언론과 방송을 선택한다.

이러한 추세는 정치 세력의 양극단 모두에 영향을 준다. 조사에 따르면, 2004년 공화당 지지자들과 민주당 지지자들이 MSNBC와 폭스 뉴스Fox News를 시청하는 비율은 거의 비슷했다. 반면 2008년에는 MSNBC를 시청하는 민주당 지지자가 공화당 지지자보다 20퍼센트 더 많았다. 또한 2004년에는 폭스 뉴스를 시청하는 공화당 지지자가 민주당 지지자보다 11퍼센트 많았지만 2008년에는 30퍼센트 더 많았다. 양측 모두 불과 4년 만에 서로 다른 뉴스 채널로 시선을 옮긴 것이다.

요즘에는 많은 사람들이 인터넷에서 뉴스를 보고 듣는다. 인터넷의 어떤 부분에 접근할지 선택하는 가장 흔한 도구는 검색 엔진과 소셜 미디어이다. 어떤 사람이 어떤 주제를 인터넷에서 검색할 때, 검색 엔진은 알고리즘이 결정한 특정 순서에 따라 관련 사이트를 나열한다. 대부분의 일반적인 검색 엔진은 해당 사용자가 자주 방문하고 높게 평가하는 사이트를 우선적으로 제시한다. 대부분의 사람들이 상위 사이트에 우선적으로 방문하게 되고, 이 과정이 반복되면서 결국 사용자들은 자기 자신의 정치적 견해를 지지하는 더 많은 사이트를 반복적으로 방문하게 된다. 대부분의 사람들은 알고리즘이 자신을 반향실*에 머물게 조종할 수 있다는 걸 제대로 인지하지 못한다.

웹사이트를 선택하는 도구로 더 흔하게 사용되는 것이 있다. 바로 소셜 미디어 내의 입소문이다. 많은 사람들이 소셜 미디어를 이용해서 웹사이트를 추천하고, 친구들은 그들의 추천을 따른다. 이 경우, 진보주의자 친구들을 가진 진보주의자들은 결국 진보주의 뉴스원의 웹사이트를 방문하게 되고, 보수주의자 친구들을 가진 보수주의자들은 결국 보수주의 뉴스원의 웹사이트를 방문하게 될 것이

---

*   echo chambers, 에코 효과를 만들기 위해 소리가 잘 되울리도록 만든 방.

자명하다. 양측은 각자의 반향실에 갇히고 반향실 외부의 소리를 전혀 듣지 못하게 된다. 각 개인의 반향실 모서리가 침묵이 시작되는 지점이다.

대담한 사람들은 자신의 입장과 상충되는 보도원을 찾는다. 그렇지만 이런 행동의 동기는 상대편에게 배움을 얻기 위해서가 아니라 그런 보도원을 비판할 근거가 되는 실책을 찾기 위해서일 때가 많다. 진정으로 귀를 기울이기보다는 덮칠 기회를 엿보고 있는 것이다. 이런 기법의 달인 중 하나가 「데일리쇼 The Daily Show」의 진행자 존 스튜어트 Jon Stewart 이다. 그는 폭스 뉴스를 어리석어 보이게 하는 짧은 클립을 찾는다. 물론 이들 클립은 앞뒤 맥락이 없기 때문에 편파적이고 불공정하다. 스튜어트는 자신의 프로그램이 진지한 뉴스가 아닌 코미디라고 변명하지만, 그가 시청자들을 상대로 특정 분위기를 조성한다는 사실은 분명하다. 사람들은 상대의 보도원을 접할 때 정적의 좋은 면으로부터 배움을 얻으려고 하기보다는 나쁜 면을 보고 비웃도록 교육을 받는다.

서로 다른 상충되는 보도원을 통해 사실은 물론 현상에 대한 분석과 논평까지 들은 사람들이 계속해서 반대되는 입장에 서게 되는 건 당연한 일이다. 자신들과 뜻을 같이 하지 않는 사람들을 경멸하는 것도 놀랄 일은 아니다. 상대는 뉴스(최소한 자신들이 보는 뉴스)에 도배된 기본적이고 중심적인 사실조차 모르는 무지한 사람으로 보일 테니 말이다.

질문의 기능은
무엇인가

만약 상대가 그렇게 무지하다면, 그들에게 왜 그렇게 생각하느냐고 묻는 것은 아무 의미도 없는 일이다. 오늘날 많은 사람들이 서로에게 질문을 던지지 않게 된 이유 중 하나이다.

질문의 종말을 맞은 상황은 문화적으로도 설명할 수 있다. 어떤 분야에서는 상대에게 왜 그런 생각을 하고 그런 행동을 하는지 묻는 것이 순진하거나 무례한 일로 치부된다. 그 한 예가 종교이다. 종교적 믿음은 종종 대립되는 여러 가지 중요한 사안들에서 사람들의 입장에 영향을 미친다. 가령 이슬람교도 한 사람이 방에 들어온다면 어떨까? 누군가가 이슬람교도에게 코란을 성서라고 믿는 이유를 묻는다면? 혹은 왜 마호메트가 선지자라고 믿는지 이유를 묻는다면? 나는 이슬람교도에게 그런 질문을 하는 사람을 본 적이 없다. 아마도 유용한 정보나 이치에 닿는 논리 정연한 대답을 기대하지 않기 때문일 것이다. 대신, 사람들은 종교라는 주제를 피해 다른 이야기를 나누려 할 것이다. 더 나쁘게는 그 이슬람교도를 테러에 동조하는 사람으로 여기고 피해버릴 것이다. 이런 접근법들로는 어떤 발전도 기대할 수 없다. 양측은 그 방 안에 있는 코끼리, 즉 종교에 대한 상대의 입장을 뒷받침하는 어떤 이유에 대해서도 전혀 알지 못하는 채로 남게 된다. 기독교도, 유대교도, 힌두교도, 무신론자의 경우도 마찬가지이다.

동성 결혼에 대해서도 생각해보자. 유럽과 미국에 있는 진보 경향의 내 친구들 중에는 정부가 동성 결혼을 인정하면 안 된다고 말하는 사람을 보면 곧바로 편견이 심한 사람이라고 낙인찍고 배척하는 이들이 있다. 이 상황에서 수고스럽게 '왜 동성 결혼을 인정하면 안 됩니까?'라고 묻는 사람이 있다면? 그는 이미 보수주의자들의 답에 펄쩍 뛸 준비가 되어 있을 것이다. 하지만 그들은 상대의 답에 공감하며 귀를 기울이지도, 상대의 답을 너그럽게 해석하지도, 상대의 답에서 진실을 발견하려 하지도 않는다.

반대로, 보수주의자들은 동성 결혼을 역겹고 부도덕하며 부자연스러운 것으로 경시하고, 동성 결혼 옹호자들을 동성애 지지 단체에 속은 얼간이 정도로 치부한다. 그들은 동성 결혼의 헌법적 권리를 지지하는 미 대법원의 의견이 전적으로 정치적이며, 도를 넘은 사법적 판단이고, 헌법에 대한 엄격한 해석이 아니라고 생각한다. 그런 의견들의 논거를 읽지도 않고 말이다. 이미 사법부의 의견이 틀렸다고 생각하는데 그 의견을 주의 깊게 읽어야 할 필요가 있을까? 이처럼 경직된 태도는 계속해서 한쪽 입장만 고수하면서 양편의 이유를 깊이 파고들지 못하게 만든다.

더구나 질문을 해도 무시당하고 제대로 된 답을 듣지 못하기 일쑤다. 어떤 것이든 좋으니 정치적 담론을 지켜보라. 중도파가 진지한 질문을 던지면 후보는 전혀 다른 것에 대한 이야기를 계속한다. 대답을 하지 않았다는 정보가 배경으로 제시되는 경우도 있다. 하지만 논자는 절대 원래 질문에 대한 대답으로 돌아가지 않는다. 심지어 아무 양해도 구하지 않고 주제를 바꾸어버리는 경우도 있다. 어느 쪽이든, 질문에 대답하지 않는 경향은 질문을 하지 않는 경향을 낳는다. 유의미한 대답을 끌어낼 가능성이 없는데 왜 질문을 하겠는가? 유일하게 남는 종류의 질문은 이미 답변이 명백한, 혹은 생각이 명백한, 그래서 답을 하지 않거나 답에 귀를 기울이지 않는 수사적 질문뿐이다. "남겨진 것은 침묵뿐이로다." (죽으면서 햄릿이 말했듯이).

논쟁의 기능은
무엇인가

침묵하거나 침묵을 강요받는 걸 원치 않는다 해도 다른 사람들을 침묵하게 하고 싶을 수는 있다. 진보주의자인 내 친구들 대부분은 보수주의자들을 싫어하기만 하는 것이 아니다. 그들은 보수주의자들을 싫어하는 걸 좋아한다. 보수주의자들을 싫어해야만 한다고 생각한다. 상대와 이치를 따지는 걸 거부함은 물론이고 심지어는 이야기하는 것조차 거부하고 이를 자랑스럽게 여긴다. 또한 이렇게 말한다. '왜 우리가 보수주의자들을 이해하려고 노력해야 하는가? 왜 그들에게 예의를 차려야 하는가? 우리는 그들과 맞서야 하고 이런 상황에서 욕설은 유용한 무기이다. 그들을 침묵하게 만들 수 있다면, 더할 나위 없다.' 당연히 보수주의자들도 같은 반응을 보인다. 그들은 진보주의자들이 자신들이 하는 욕설을 들어 마땅하다고 생각한다. 진보주의자들은 보수주의자들이 소중히 여기는 가치를 흔들고 이 나라의 안녕을 위협하기 때문이다. 진보주의자들이 입을 다문다면 보수주의자들은 기뻐할 것이다. 그들의 목표는 상대를 침묵시키는 것이다.

모든 사람이 서로 잘 지내야 하는 건 아니다. 몇 명의 뜻이 맞는 친구만으로 충분할 수 있다. 모든 사람을 좋아하려고 노력하는 것보다 그것이 더 나을 수도 있다. 게다가 극단적인 위험이 닥친 경우에는 말보다 법으로, 심지어는 총으로 적을 제압해야 할 수도 있다.

그렇더라도, 가치 있는 반대 의견을 마주칠 일이 전혀 없다면 우리는 많은 걸 잃게 된다. 모든 사람이 뜻을 같이 한다면, 모두의 믿음에 반하는 새로운 증거를 찾는 사람이 아무도 없다면, 이성은 그 힘을 제대로 발휘할 수 없다. 완고한 가설은 침체를 초래한다. 오늘날 이 문제는 사람들이 같은 편하고만 대화를 하는 반향실의 형태로 나타나고 있다. 결과적으로 사람들은 자신들의 오류를 수정해줄 어떤 증거나 논거와도 마주치지 않는다. 다른 편의 논거와 마주하지 않다 보면 치우친 근거를 기반으로 자신감을 얻게 된다. 이는 오류를 수정할 능력까지 약화시켜 결국 틀에 갇히게 된다.

이런 주장의 근간은 오래전 존 스튜어트 밀^{John Stuart Mill}의 『자유론^{On Liberty}』에서 만들어졌다. 밀은 다양한 대화 상대와 깊은 생각을 나누는 일의 장점도 제시했다. 반대편과 심도 높은 토의를 하면, 자기 입장에 대한 논거를 밝혀야 하기 때문에 자신의 견해와 그런 견해를 펼치는 이유를 보다 명확하게 파악하게 된다. 최근의 한 연구는 '불일치하는 정보가 사고의 통합적 복합성, 사고의 양, 논쟁의 빈도로 측정되는 사고의 질을 높인다'는 것을 발견했다. 이 같은 진전은 기존의 신념을 뒷받침하는 추론에서 나오지만, 이러한 과정을 통해 도출된 더 나은 논거는 그것이 설령 어느 한쪽의 입장이라 해도 지지자는 물론 반대자까지 양측의 입장에 대한 이해를 발전시킨다. 기본적으로는 처음 입장을 계속 고수한다 하더라도 우리가 하는 일에 대한 믿음을 더욱 정당화시키고 필요한 조건을 추가하게 된다. 이처럼 적과의 대면은 여러 가지 면에서 우리에게 유익하다.

가능할 때마다 반증과 반대 논거를 찾기 위해서는 될 수 있는 한 많은 방법을 동원해 구성원의 성격이 다른 집단들을 찾아야 한다. 여기에는 집단들이 광범위하고 정중한 논의에 참여할 수 있는 효과도 있다. 오늘날의 우리에게는 이런 목표를 달성하는 데 도움을 주는 새로운 도구들이 있다. 인터넷이다. 온라인을 통해 나와 반대되는 견해들과 쉽게 마주할 수 있다. 토론 모임에 참여하거나 「체인지 마이 뷰Change My View」라는《레딧》*의 스레드와 같은 디지털 도구를 이용하는 등의 방법으로 여간해서는 마주치기 어려운 사람들과 의견을 교환할 수 있다.

내 목표는 모두한테서 동의를 이끌어내는 것이 아니다. 모든 사람이 같은 생각을 가진다면 세상은 얼마나 지루하겠는가! 의견의 다양성은 세상에 활력과 빛을 가져다준다. 우리 모두가 다른 사람의 입장에 대해 개방적이게 만드는 것도 목표는 아니다. 명백한 오류가 있는 타인의 주장을 여과 없이 받아들여서는 안 된다. 내 목표

---

* Reddit, 사용자가 직접 글을 등록하고 투표하여 인기 게시물이 메인 페이지에 노출되도록 하는 소셜 뉴스 웹사이트.

는 다만 정중한 태도를 유지하고, 상대를 이해하고, 상대가 틀렸을 때에도 그들로부터 배움을 얻는 것이다.

물론 깊은 사고를 하는 혼합 집단이라고 해서 언제나 상호 존중을 이루고, 항상 진실에 이르거나 최선의 정책을 도출하리란 보장은 없다. 오류의 위험은 누구도 피할 수 없다. 하지만, 상대와의 추론과 논쟁이 함께한다면, 진실된 믿음과 좋은 정책, 상호 이해와 존중에 이를 가능성은 더 높아진다.

침묵은
아무 기능이 없는가

이성이 침묵을 강요받지 않아야 한다면, 우리는 논란이 있는 사안에 대해서 하루 종일 이야기해야만 할까? 그렇지 않다. 과도한 논쟁은 그 나름의 문제를 낳는다. 우리는 논란을 내버려두고 우리 삶의 즐거운 부분을 더 많이 즐겨야 한다.

때로 인터넷 트롤들은 소위 '씰라이어닝'* 이라는 언어폭력을 행사한다. 그들은 자신들이 원하는 한 당신이 논쟁을 계속해야 한다고 주장한다. 당신이 더 이상의 논의가 의미 없다는 걸 깨닫고도 한

---

*   seal-lioning, 예의를 가장한 채 끊임없이 증거를 요구하거나 반복적으로 질문하는 식으로 상대를 자극하는 행위.

참이 지난 후까지 말이다. 당신이 그만두고 싶다고 선언한다면 그들은 당신을 폐쇄적인 사람이라거나 비판을 피하는 사람이라고 비난한다. 이런 일은 대단히 불쾌하다. 이성은 침묵을 강요받아서는 안 되지만 때로는 휴식이 필요하다.

논란이 있는 문제에 대해서 이야기할 때, 항상 반대 의견을 가진 사람들을 토론에 참여시켜야 하는 것은 아니다. 미국의 많은 대학들은 반대자나 회의론자들을 마주치지 않고 당면한 이슈에 대해서 논의하고 싶을 때 갈 수 있는 '안전지대'를 마련해둔다. 이런 안전지대는 특히 다른 집단으로부터 자주 경시당하거나 비난 받는 집단에게 힘을 주고, 치유를 돕고, 자신감을 높이는 환경을 갖추어야 한다. 예를 들어 동성애 학생들은 적대적인 환경에서 자신의 생활 방식을 지키는 일로 지치게 마련이다. 때문에 사람들이 자신을 부도덕하다고 손가락질하지 않는 안전지대에 들어감으로써 힘을 얻을 수 있다. 그런 안전지대는 배움을 얻기 위해서 반대 의견을 가진 사람과 상대해야 한다는 나의 일반적인 생각과 얼마든지 양립될 수 있다. 양측 모두 충분한 시간을 가지고 있다. 반대자들을 대면하기 위해 안전지대에 머문다고 해서 문제될 건 없다. 준비를 마친 후 안전지대에서 벗어나 상대편 사람들의 논거를 이해할 수 있도록 충분히 대면하면 된다.

시점은 적절하더라도 논란거리에 대해서 단순히 이야기를 나누기만 한다면 큰 의미가 없다. 우리는 상대와 적절한 방식으로 이야기하는 법을 배워야 한다. 라포포트의 규칙은 적절한 논쟁의 방식에서 중요한 것이 무엇인지를 보여준다. 이 책의 2부와 3부에서는 논란이 있는 사안에 대해서 함께 숙고하는 적절한 방법이 무엇인지 더 자세히 다룰 것이다. 어떤 경우든, 단지 말을 하는 것만으로는 충분치 않다는 점을 인지하는 것이 중요하다. 서로 주장하는 이유에 대한 정중한 커뮤니케이션을 비롯해 적절하고 올바르게 논쟁하는 방법을 알아야 한다.

CHAPTER 04

논쟁이 할 수 있는 일

논쟁 그 자체만으로는 우리의 문제를 해결할 수 없다. 메마른 땅에서는 아무리 좋은 씨앗도 싹을 틔울 수 없는 것과 마찬가지이다. 따라서 듣는 사람이 수용적이어야만 논쟁이 결실을 맺을 수 있다. 수용성을 키우기 위해서는 겸손, 공손, 예의, 인내, 너그러움을 비롯한 많은 덕목이 필요하다. 하지만 이 모든 덕목을 이미 갖추고 있다면, 논쟁이 다른 덕목들이 이루지 못한 더 나은 일을 할 수 있을까? 그것이 무엇일까?

무엇이
노예인가

많은 냉소주의자들과 회의론자들은 처음부터 추론을 묵살할 것이다. 그들은 추론과 논쟁에 내가 주장하는 것만큼 강한 힘이 있다는 점을 부정한다. 이런 회의론자들은 추론과 논쟁에 아무런 능력이 없다고 말한다. 이런 견해에서는 이성이 아무것도 하지 못한다. 감정이 모든 일을 하기 때문이다. 그들의 말에 따르면 우리는 이성과 신념이 아니라 전적으로 감정, 느낌, 욕망에 의해서 움직인다. 논쟁은 끼어들 여지도 없다.

이 비평가들은 자신들의 견해를 뒷받침하기 위해 근대 철학자 데이비드 흄David Hume을 인용하곤 한다. 흄은 "이성은 열정의 노예일 뿐이다"라고 말한 것으로 유명하다. 사람들은 이 간단한 구절에만 주목하지만 사실 흄의 견해는 훨씬 더 복잡 미묘하다.

> ……그러한 정서 혹은 감정을 위한 길을 트고, 그 대상을 적절히 통찰하기 위해서는 많은 추론이 선행되고, 적절한 대조와 비교가 이루어지고, 타당한 결론이 도출되고, 복잡한 관계들이 검토되고, 일반적인 사실이 탐지되고 확정되어야 한다. 아름다움의 질서, 특히 순수 예술의 질서에서는 많은 추론의 투여야말로 적절한 정서를 느끼기 위한 필요조건이다. 거짓된 즐거움은 논쟁과 숙고에 의해 수정될 것이다. 도덕적 미가 인간의 정신에 미묘한 영향을 주기 위해서는 많은 추론, 논쟁, 숙고가 필

요하며 우리 지력의 도움도 필요하다. 우리는 이런 결론을 이 끌어내는 데 충분히 정당한 근거들을 가지고 있다.

흄은 특히 도덕적인 문제에서는 추론이 감정에 선행하고, 감정에 영향을 주고, 감정을 수정한다고 설명한다. 이성이 노예라면 이 노예가 때로 주인을 이끄는 것이다.

흄의 글이 주는 하나의 교훈은 이성과 감정을 나누는 것이 잘못된 이분법이라는 점이다. 감정이 모든 것을 하고 이성은 아무것도 하지 않는다거나, 이성이 모든 것을 하고 감정은 아무것도 하지 않는다는 식으로 생각할 필요가 없고, 그렇게 생각해서도 안 된다. 이성이 감정을 이끌 수 있다. 두려움이 위험을 시사하고 행복함이 좋은 선택을 했다는 증거일 때와 같이 감정이 이유가 될 수도 있다. 누군가 내 친구를 강간했을 때 내가 대단히 화가 나는 것과 같이, 강렬한 감정이 강렬한 이유의 뒷받침을 받을 수도 있다. 이성이 언제나 우리에게 차분함과 냉정함을 유지하라고 요구하는 것은 아니다. 우리 본성의 이성적인 측면과 감성적인 측면은 판단과 결정을 형성하는 동지로서 함께 작용하며, 또한 그래야 한다. 그들이 반드시 상충하거나 경쟁하는 것은 아니다.

흄이 분석한 건 도덕적, 미학적 판단이지만 그의 주장은 사적, 정치적, 종교적 분쟁에도 적용된다. 냉소주의자들은 사람들이 친구와 정당, 종교적 입장을 선택할 때 감정(두려움, 분노, 증오, 혐오는 물론 긍정적인 호감까지 포함한)을 근거로 한다고 주장한다. 그들은 사실에 대해 이성적으로 추론하거나 사고하는 대신 자신의 입장을 감정적으로 느낀다. 또한 '당위'에서 '현상'으로, 세상이 어떠해야 한다는 믿음에서 세상이 실제로 이런 방식이라는 믿음으로 이동한다.

물론 뜨거운 쟁점들에 있어서 감정이 결정적이라는 점은 누구도 부정할 수 없고 부정해서도 안 된다. 뜨거운 쟁점을 뜨겁게 만드는 존재가 바로 감정이다. 그럼에도 이성과 논쟁에도 그만의 역할이 있다. 사적, 정치적, 종교적 입장에 대해서 강렬한 감정을 느끼지 않는다면 사람들은 적극적인 태도를 갖거나 다른 사람들과 멀어지는 위험을 감수하지 않겠지만, 그렇더라도 관련된 사실에 관해서 사고하고 추론하지 않는다면 그런 식으로 느끼지도 않을 것이다. 이성은 이렇게 행동에 영향을 준다. 행동은 동기와 감정을 기반으로 하고 그런 동기와 감정들은 신념과 이유를 통해서 형성되기 때문이다.

이 점을 실생활의 예에서 생각해보자. 당신과 함께 진급을 노리고 있던 사람이 상사에게 당신에 대한 거짓말을 했고, 이후 당신이 아닌 그 사람이 진급했다는 말을 전해 들었다고 가정해보자. '나쁜 놈! 그 녀석이 정말 싫어! 다시 끌어내리고 말겠어!' 당신의 감정은 자극을 받고 그런 감정들로 인해 당신은 그 사람의 경력에 흠집을 내려는 시도를 한다. 분노로 인해서 당신은 그 사람에 대한 거짓말을 하지만 발각된다. 이후 상사는 그 사람과 조직에 해를 입혔다는 이유로 당신을 해고한다.

당신의 행동이 너무나 파괴적이고 비생산적이었다는 사실로 인해 많은 사람들이 당신의 행동을 비이성적이고 감정적이라고 판단한다. 감정은 곤란한 상황을 피하게 하는 추론을 막는 존재로 비춰진다. 그런 감정을 느끼지 않았다면 당신은 상대에게 그런 식으로 행동하지 않았을 것이다.

하지만 경쟁자가 당신에 대해 거짓말을 했고 그 때문에 진급하지 못했다는 믿음이 아니었다면 당신은 그런 식으로 행동하지 않았을 것이다. 당신은 정보를 제공한 사람을 믿었고, 때문에 그의 말을 근거로 경쟁자가 당신에 대해서 거짓말을 했다는 결론을 도출했다. 이후 당신은 그 사람의 거짓말이 당신이 진급하지 못한 이유를 가장 잘 설명해준다는 가정을 했다. 이런 추론이 상대에게 강한 부정적 감정을 느끼게끔 만들었다. 당신이 정보 제공자를 믿지 않았더라면, 혹은 당신이 경쟁자의 거짓말이 진급에 영향을 미쳤다고 믿지 않았더라면, 그렇게 화가 나고 복수심에 불타지는 않았을 것이다. 그렇다면 일자리를 잃지도 않았을 것이다.

이처럼 이성과 감정은 함께 행동을 형성한다. 감정은 때로 관련된 사실과는 거의(혹은 전혀) 상관 없는 상황의 측면에서 유발된다. 하지만 사람들이 뭔가 잘못된 일을 했다고 믿기 때문에 그들에게 화를 내는 것이 일반적이다. 이후 우리로 하여금 비이성적인 방식으로 행동하게 하는 것은 분노라는 감정이지만, 그 발로는 다른 사람에 대한 믿음이고, 그 믿음은 추론의 결과일 수 있다. 추론이 좋지 못하다면, 이후 감정은 정당화되지 못하고 그러면 우리는 정도에서 벗어날 수 있다. 추론이 좋았더라도, 감정이 너무 강렬해져서 이후의 추론을 막을 수도 있다. 어느 쪽이든 우리는 행동을 이해하기 위해서 추론과 감정 모두를 소환해야 한다. 행동이 이성, 혹은 감정의 어느 한쪽만의 결과라고 생각하는 건 잘못된 판단이다.

정치라는 사회적 수준에서도 마찬가지이다. 영국의 브렉시트 투표에 대해 생각해보자. 브렉시트를 반대했던 사람들, 즉 패자가 된 사람들은 국민 투표가 감정, 즉 이민자에 대한 두려움, 정치인에 대한 불만 등에 휘둘렸다고 주장했다. 감정 때문에 브렉시트의 경제적 비용에 대한 논거를 잊거나 무시했다고 말이다. 이런 패턴은 흔하게 나타난다. 패자들은 상대가 이성이 아닌 감정을 근거로 행동했다고 말하게 마련이다. 하지만 생각해보자. 유럽과 영국에는 이민자들이 말 그대로 넘쳐난다. 그들은 실제로 영국 국민들에게 영향을 주었다. 영국 국민들이 이민자들을 두려워하지 않고 환영했더라면 투표는 다른 결과를 가져왔을 것이다. 한편으로 사실이 달랐더라면, 예를 들어 이민자의 숫자가 실제보다 적었더라면, 그리고 국민들이 그에 따라 신념을 바꾸었다면, 투표는 달리 진행되었을 것이다. 영국 국민들이 이민자들이 자국민의 일자리를 빼앗고 정부의 공공 혜택을 다 소진하지 않고 자신들에게 도움을 주었다고 확신했다면 투표는 달리 진행되었을 것이다. 이런 문제는 인식과 추론과 논거에 의해 결정되어야 한다. 따라서 사실을 정리하는 논거들과 그런 사실에 어떻게 반응할지 파악하는 감정 모두가 반응을 결정하는 데 한몫을 한다. 이것은 양자택일의 문제가 아니다. 냉소적인 논객들은 지나치게 감정을 강조하고 이성을 경시했다. 이성 역시 역할을 한다. 감정을 배제하는 것이 아니라 거기에 더해서 말이다.

지금까지 살펴본 바와 같이 많은 경우에서 이성은 열정의 노예가 아니며, 열정 또한 이성의 노예가 아니다. 그들은 주종 관계가 아니라 동료와 동지로 함께 일한다. 아니, 적어도 그렇게 할 수 있다.

희망은
존재하는가

부정적인 사람들은 그래도 납득하지 않을 것이다. 그들도 분명 사람의 신념이 감정을 인도한다는 사실은 인정할 것이다. 그렇다면 정말로 신념을 결정하는 것이 추론이나 논기라고 생각하는 이유는 무엇일까? 신념은 감정에 끼워 맞추기 위해 만든 사후적인 합리화에 불과할 수도 있다. 우리는 그저 자신이 하는 일을 믿고 싶어서 그것을 믿는 것일 수도 있다. 혹은 아무런 이유도 없이 믿는 것일 수도 있다. 그렇다면 이유와 논증은 우리가 믿는 것과 아무런 관계도 없다. 논쟁이 아무런 효과가 없다고 생각하는 냉소적인 사람들은 이런 정서를 다음과 같이 표현해왔다.

> "나는 논쟁에서 최선의 결과를 얻어내는 방법은 하늘 아래 단 하나이고, 그것은 논쟁을 피하는 것이라는 결론에 도달했다. 방울뱀이나 지진을 피하듯이 논쟁을 피하라." **_ 데일 카네기**

> "논쟁을 피하라. 논쟁은 종종 그럴 듯하게 들리지만, 일관되게 천박하다." **_오스카 와일드**

이 같은 말들은 그저 해학적인 표현인가? 이런 극단적인 주장을 펼치는 것은 재미있는 일이다. 하지만 지금의 우리는 이런 주장이 정확하거나 적절한지 의문을 가져야 한다. 물론 아니다. 이는 과장된 비난이다. 사실, 모든 사람과 항상 추론을 할 수는 없지만 그런 한계가 있다고 해서 논쟁과 추론이 쓸모없는 것은 아니다.

특히 온라인에서 이루어지는 논쟁이 불만스럽고 좌절감을 줄 수 있다는 것은 인정한다. 화면 속 상대는 나의 말에 전혀 관심이 없다. 하지만 그들도 때로는 귀를 기울인다. 나는 포유류는 알을 낳지 않는다고 생각했다. 이후 나는 위키피디아에서 단공류 동물이 알을 낳는 포유류라는 것을 읽었다. 저항할 수 있었지만 그렇게 하지 않았다. 대신 일부 포유류는 알을 낳는다는 결론에 도달했다. 생각을 바로잡고 싶어서였다.

단공류 동물이 알을 낳는 문제는 사실 나에게 별로 중요한 문제가 아니다. 하지만 어떤 논증은 중요한 방식으로 우리의 삶을 바꾸고 기본적인 욕구와 반대되는 행동을 하게 만들 수 있다. 나는 동물의 권리와 채식주의에 대해 논의하는 응용윤리학 과정을 가르친 적이 있다. 강좌가 끝난 후 한 학생이 "교수님의 강좌 덕분에 우리 가족이 더 행복해졌습니다"라며 감사를 전한 적이 있다. 나는 그에게 이유를 물었다. 그 학생의 부모는 두 분 모두 채식주의자였지만 그는 채식주의자가 아니었다. 강좌를 듣는 동안 그는 채식주의자의 논거를 인정하게 되었고 그로써 부모를 더 잘 이해하게 되었다. 게다가 그 자신도 채식주의자가 되기로 마음먹었다. "왜요?" 다시 묻자 그는 그 편의 논거가 더 강력해 보였다고 말했다. 물론 그가 착각했거나 현혹된 것일 수도 있다. 그 논거들이 사실은 아무 효과가 없는 것일 수도 있다. 어쩌면 그 학생이 단지 가족들과 사이좋게 지내는 삶을 원했던 것은 아닐까? 하지만 그는 애초에 가족들과 사이가 매우 좋았다고 말했다. 사실은 상업적으로 사육되는 동물이 고통스러워하는 끔찍한 사진들을 보고 마음을 돌린 게 아닐까? 하지만 나는 공장식 축산 농장에서 고통 받는 동물의 끔찍한 사진을 보여준 적이 없고, 그 학생 역시 직접 그런 사진을 찾아본 적은 없다고 말했다. 그가 굳이 거짓말을 하거나 잊었을 리 있겠는가? 이런 경우 논거들이 적어도 얼마간 유효한 역할을 한 것이다. 그는 채식주의자가 되었다. 채식주의를 지지하는 논거들이 그에게 채식주의자가 될 이유를 주었기 때문이다.

증거의 관점에서는 더 많은 급진적 전환의 사례들이 있다. 메간 펠프스 로퍼*는 웨스트보로 침례교회를 떠난 이유를 이렇게 설명한다.

> 트위터상의 친구들은 시간을 들여 웨스트보로의 교리를 공부했습니다. 그리고 그 과정에서 내가 평생 동안 놓치고 있던 모순을 발견했습니다. 왜 우리는 동성애자들을 사형시켜야 한다고 주장할까요? 예수님은 '죄가 없는 자가 먼저 돌을 던지라'고 말씀하시는데요. 어떻게 우리는 하나님께 동성애자들을 말살해달라 기도하는 동시에 이웃을 사랑해야 한다고 주장할 수 있을까요? 사실 인터넷에서 만난 이 낯선 사람들이 나에게 보여준 관심 자체가 모순이었습니다. 그것은 상대편 사람들이

---

* Megan Phelps-Roper, 침례교도 가정에서 태어나 어릴 적부터 반동성애 운동에 참여했으나 어느 날 자신의 믿음에 모순을 느끼고 종교를 떠나 현재는 소셜 미디어 등에서 활동하고 있는 사회운동가.

악마라고 여겼던 과거의 믿음이 사실이 아니라는 분명한 증거였습니다.

이웃에 대한 연민과 트위터 친구들에 대한 감정이 펠프스 로퍼의 대화에서 큰 역할을 한 것은 분명하다. 그렇다고 이성이 아무런 역할을 하지 않았다는 의미는 아니다. 트위터 친구들의 말에 귀를 기울이도록 만든 것은 감정이지만 실제 변화를 이끈 건 그들이 말한 내용이었다. '그들은 모순을 발견했습니다.' 펠프스 로퍼는 '분명한 증거'에 설득되었다.

물론 웨스트보로 침례교회의 모든 구성원들이 신념을 바꾼 것은 아니다. 다른 이들은 귀를 기울이지 않았을 것이다. 이는 논거 그 자체만으로 특정한 믿음이나 행동을 확보하기에 충분치 못하다는 걸 보여준다. 하지만 한꺼번에 많은 걸 기대해서는 안 된다. 성냥을 그을 때마다 불이 붙는 것은 아니다. 성냥이나 성냥갑이 젖어 있을 때도 있다. 성냥을 그을 때 충분한 마찰이 일어나지 않을 수도 있다. 산소가 부족할 수도 있다. 때로 성냥은 긋지 않아도 불이 붙는다. 하나의 성냥으로 다른 성냥에 불을 붙일 때와 같이 말이다. 따라서 어떤 원인이 모든 상황에서 결과를 발생시키는 데 절대적으로 필요하거나 항상 충분한 것은 아니다. 그럼에도 성냥을 그어서 성냥에 불이 붙는다면, 성냥을 긋는 것이 불을 붙인 원인이 된다. 마찬가지로 어떤 사람에게 결론에 대한 논거를 제시한 것이 청중에게 그 결론을 믿게 하는 원인이 될 수 있다.

그렇다면 냉소주의자들과 회의론자들은 논거들이 믿음에 영향을 준다는 점을 왜 부정할까? 좋은 논거를 댔지만 아무도 설득시키지 못한 혼란스러운 경험을 누구나 가지고 있다 보니 논쟁이 쓸모없다고 극단적으로 일반화시키고 싶은 유혹을 받을 수도 있다. 하지만 그런 경험이 정말로 보여주는 건 무엇일까? 어쩌면 상대가 우리의 말에 귀를 기울이지 않았거나 우리를 이해하지 못한 것은 아닐까?

대체로 냉소주의는 비현실적인 기대에 기인한다. 논거가 듣는 즉시 모든 사람을 설득하는 절대적인 증거가 되길 기대한다면 실망할 수밖에 없다. 그런 식으로 작동하는 논거는 거의 없다. 기대를 좀 더 현실적으로 다듬는다면, 상대의 즉각적인 항복을 요구하지 않고 효과를 기다릴 만큼 인내심을 가진다면, 이유와 논증이 어느 정도 영향력을 발휘할 수 있음을 발견하게 될 것이다. 때로 어떤 논증들은 일부 사람들의 신념과 행동을 천천히, 그리고 부분적으로 변화시킨다. 더 강력한 증거를 요구하는 사람들은 이런 미약한 가능성에 실망할 것이다. 하지만 우리는 이 정도의 가능성에서도 진전의 희망을 찾을 수 있다.

논쟁을 통해 얻는 것은 무엇인가

이 책에서 내가 추구하는 일차적인 목표는 논쟁이 얼마나 흥미롭고 중요한지 보여주고 논증과 논쟁에 대한 흔한 오해를 무너뜨리는 것이다. 대부분의 사람들은 논쟁을 다른 사람들을 설득하거나 일종의 싸움에서 상대를 이기는 방법이라고 생각한다. 이러한 견해가 모두 잘못된 건 아니지만 그것은 제한적이고 불완전한 견해이다. 논쟁을 용기나 힘의 과시처럼 묘사하는 사람들도 있지만 사실 논쟁은 사회적 상호 작용에서 보다 건설적인 역할을 할 수 있다.

▶ 배움

우리가 환태평양경제동반자협정Trans-Pacific Partnership, TPP에 대해 논의한다고 가정해보자. 나는 중국을 TPP에서 배제해야 한다고 주장하는 반면, 당신은 참여시켜야 한다고 주장한다. 내 논거는 쉽게 반박할 수 있다. 당신은 TPP에 속한 다른 국가들이 중국을 끌어들임으로써 이득을 얻기 때문에 중국을 참여시켜야 한다고 나를 설득한다. 논쟁이 싸움이나 경쟁 같은 것이라면, 당신이 이겼다. 당신은 나를 설득했다. 나는 당신을 설득하지 못했다.

이 견해는 발전적이지 못하다. 당신은 얻은 것이 별로 없다. 아무 것도 얻지 못했다고 할 수는 없어도 많은 것을 얻지는 못했다. 토론이 끝난 뒤에도 당신은 처음과 같은 견해를 유지하고 있다. 당신은 자신의 입장에 반하는 내 모든 논거를 반박했기 때문에 어떤 것도 새롭게 배우지 못했다. 나와 내 초기 주장에 대해서 조금도 더 이해하지 못했다. 따라서 경쟁에서 이겼다는 점이나 내 방식의 오류를 증명했다는 점에서 흐뭇했던 걸 제외하면, 우리의 상호 작용으로부터 얻은 것은 거의 없다. 때문에 당신이 정말 이긴 것인지 의문을 제기하는 것이다.

반대로, 나는 많은 것을 얻었다. 전보다 더 나은 견해를 갖게 되었다. 새로운 증거와 새로운 논거들을 얻었다. 당신과 논쟁하기 전보다 해당 사안과 새로운 견해에 대해서 보다 잘 이해하고 있다. 따라서 진실, 이유, 이해가 내가 원했던 것이라면, 원하는 바를 충분히 이룬 것이다. 이러한 관점에서 보면 진정한 승자는 내가 된다. 내 논거를 반박하는 사람에게 분개하기보다는 나에게 가르침을 준 것에 감사해야 한다. 하지만 그 이유를 알기 위해서는 논쟁이 싸움, 언쟁, 경쟁과는 다르다는 것을 깨달아야 한다.

▶ 존중

논거를 제시하거나 논거를 요구하는 일의 또 다른 긍정적인 측면은 그렇게 하는 것이 청중에 대한 존중의 표현이라는 점이다. 개에게 목줄을 매고 산책시키고 있다고 생각해보자. 당신은 오른쪽으로 가고 싶은데 개가 왼쪽으로 향한다면 어떻게 하겠는가? 아마 목줄을 당길 것이다. '멍멍아, 내 얘기 좀 들어봐'라고 말하지는 않는다.

개를 산책시키는 것과 애인과 산책하는 것에는 차이를 두어야 한다. 당신들의 계획은 처음 가보는 동네에서 즐겁게 저녁 산책을 하는 것이다. 교차로에 이르렀을 때 당신은 오른쪽으로 가고 싶은데 애인은 왼쪽으로 발길을 옮긴다. 이럴 때 어떻게 하는가? 애인을 오른쪽으로 끌어당겨서는 안 된다. 당신은 애인을 설득한다. '숙소는 이쪽 방향인데' 같은 식으로 말을 하는 것이다. 의견이 맞지 않으면 이렇게 주장한다. '처음에 오른쪽으로 꺾은 다음에 또 한 번 오른쪽으로, 그리고 다시 오른쪽으로 돌았어. 내 기억이 정확하다면 오른쪽으로 가야 하지 않을까? 안 그래?' 당신은 애인을 억지로 오른쪽으로 끌고 가는 것이 아니라 오른쪽으로 가야 하는 이유를 제시한다. 이유를 제시하는 행동의 목표는 상대를 당신이 원하는 쪽으로 가게 만드는 데에만 있는 것이 아니다. 상대가 개와 달리, 나의 이유를 이해하고 거기에 부합하는 행동을 할 수 있다고 인정한다는 사실을 보여주는 것도 마찬가지로 중요하다. 이유를 제시하는 것은 내가 틀렸고 당신이 옳을 수도 있다는 점을 인정하는 일이기도 하다. 동시에 상대에게 당신이 틀렸거나 당신의 논거에 뭔가 잘못이 있다는 것을 보여주는 식으로 대응할 기회를 부여하는 것이다. 이런 식으로 이유를 대는 대화는 서로를 존중하고 자신에게 오류가 있을 수 있음을 인정하는 동등한 관계의 사람들 사이에서 일어난다. 논거 제시의 이득 중 하나는 상대에게 당신이 둘 사이의 관계를 이런 관점으로 본다는 신호를 보낸다는 데 있다.

우리가 논거를 제시할 때만이 아니라 다른 사람에게 논거의 제시를 청할 때에도 이런 신호를 보낸다. 당신이 무슨 말을 하든 아이가 '왜?'라고 물으면 짜증이 날 것이다. 하지만 당신이 상대의 의견에 동의하지 않는데 그 사람이 이유를 묻지 않는 것도 짜증스러운 일이다. 당신이 '오른쪽으로 가자'라고 하는데 애인이 '아니야, 왼쪽으로 가자'라고만 답한다면? 그것이 끝이라면? 그것도 짜증스러울 것이다. 왜일까? 나에게 이유가 있다는 걸 상대가 알아주길 바라기 때문이기도 하지만, 내가 가진 이유에 관심을 가져주길 바라기 때문이기도 하다. '왜 오른쪽으로 가고 싶은데?'라는 질문은 내가 타당한 이유를 댈 수 있는 생명체라는 인식을 보여주는 것이다. 즉 상대에 대한 존중의 신호이다.

▶ 겸손

존중을 보여주는 것 외에 이유와 논쟁의 또 다른 장점은 겸손함을 키울 수 있다는 것이다. 논쟁이 아니라면, 의견이 다른 두 사람이 할 수 있는 일은 서로에게 소리를 치는 것뿐이다. 달라지는 것은 아무것도 없다. 두 사람은 여전히 자신이 옳다고 생각한다. 반면, 자신의 입장에 대한 이유를 분명히 표현하는 논증을 댄다면 새로운 가능성이 열린다. 우선 하나의 논증이 반박을 당하는, 즉 실패라는 것이 드러날 가능성이 있다. 이 경우, 반박당한 논증을 믿었던 사람은 자신의 견해를 바꾸어야 한다는 점을 배운다. 겸손의 미덕을 배울 수 있는 방법이다. 어떤 논증도 반박되지 않을 가능성이 있다. 양쪽이 자신의 입장에 대한 이유들을 가지고 있다. 어느 쪽도 상대의 논거에 설득되지 않았더라도, 두 사람은 상대의 견해를 제대로 인식할 수 있게 된다. 또한 두 사람은 자신의 의견이 어느 정도 참이라도 절대적인 참은 아님을 인식한다. 이렇게 자신의 견해에 반하는 상대편의 이유를 인정하고 인식할 때 겸손해질 수 있다.

논쟁이 어떻게 그런 겸손함을 유도할 수 있는 것일까? 당신이 왜 옳은지를 보여주는 압도적인 논거가 있다면 상대의 과도한 자신감을 약화시키고 상대가 당신의 입장에 마음을 열게 만들 수 있을 것이다. 가끔은 효과가 있다. 아주 드물긴 하지만 말이다.

보통 더 나은 효과를 발휘하는 것은 질문, 특히 상대에게 이유를 요구하는 것이다. 질문은 때로 주장보다 강력하다. 과연 어떤 질문을 해야 할까? 우리는 적절한 질문, 생산적인 대화를 이끄는 질문법을 배워야 한다. 브라운대학의 심리학 교수인 스티브 슬로먼Steve Sloman과 그의 동료들은 한 실험을 통해 상대방에게 '왜' 그렇게 믿는지 신념의 이유를 묻는 것보다는 그들의 제안이 '어떻게' 작용하는지 묻는 편이 상충되는 견해에 대한 보다 겸손하고 개방적인 태도를 유발한다는 것을 발견했다. 예를 들어 상한제와 무역 정책이 지구 온난화를 어떻게 줄이는가 하는 질문을 받은 실험 대상자들은 인과관계를 단계별로 자세히 설명해야 한다. 이 과정에서 사람들은 자기 입장을 자신조차 충분히 이해하고 있지 못하다는 것을 자각하고 대안적인 견해에 보다 온건하고 개방적인 태도를 갖게 되었다. 스스로에게도 비슷한 질문을 던질 수 있다. 우리의 계획이 어떻게 작동될지 자문한다면 우리는 좀 더 겸손하고 개방적인 태도를 가질 수 있다. 내 생각만큼, 혹은 나의 주장을 뒷받침할 만큼 스스로 잘 이해하고 있지 못하다는 점을 깨닫게 되기 때문이다.

다른 사람들과 우리 자신에게 그런 질문을 자주 던진다면 우리는 아마도 질문을 미리 예상하게 될 것이다. 하버드대학과 펜실베이니아대학의 심리학 교수인 제니퍼 러너Jennifer Lerner와 필립 테틀록Philip Tetlock은 각각 연구를 통해 사람들이 어떤 주장에 대한 이유를 제시하라고 요청받았을 때 자기 입장의 근거를 개인적인 호불호보다 관련 사실에 둘 확률이 높아진다는 것을 보여주었다. 그런 기대를 유발하는 상황(주장의 이유를 묻도록 장려하는 문화 등)은 이유를 묻는 질문에 답을 하는 논거와 추론, 이해와 겸손함을 촉진하는 데 유용하다.

질문과 겸손함의 목표는 정당한 자신감까지 잃도록 만드는 것이 아니다. 적절한 겸손함은 모든 자신감을 버리거나, 모든 믿음을 포기하거나, 자신의 존엄성을 모독하는 상태가 아니다. 내 의견과 다른 것도 믿을 이유가 있다는 사실, 사람은 때로 틀릴 수 있다는 사실, 어느 한 사람이 모든 진실을 알 수 없다는 사실을 인식하면서도 강한 신념을 가질 수 있다. 이유를 묻고 대답하고 질문을 예상하는 것은 우리가 이런 방향으로 움직이도록 돕는다.

▶ 관념

논쟁은 양극화도 약화시킬 수 있다. 보다 겸손하고 온건한 사람들이라면, 극단적인 입장을 취할 가능성은 낮다. 자신의 입장에 대해서 지나치게 확신한 나머지 상대를 멍청하고 부도덕하다고 생각할 가능성도 낮다. 따라서 상대에게 모욕을 주려고 하거나 적대적인 태도를 취하지 않는다.

명백하게 드러나지는 않지만 논쟁이 양극화를 약화시키는 또 다른 방법이 있다. 논쟁은 사람들이 보다 관념적으로 생각하게 만든다. 사람들은 정치적 입장과 같은 자신의 주장을 옹호하는 논거를 만들 때 기본권과 같은 관념적인 원리에 호소하곤 한다. 유추에 호소하는 방법도 있지만 그런 유추 역시 상이한 사례들 사이의 관념적 유사성에 기초한다. 때문에 일반적인 형태의 논쟁에서 토론자는 특정 사례의 세부 사항에서 벗어나 보다 관념적인 관점에서 사안을 생각해야 한다.

이렇게 관념적 사고는 양극화를 약화시킨다(적어도 적절한 상황이라면). 정치적 사안에 대해 생각할 때 사람들은 스스로를 국가의 국민이나 특정 정당의 구성원으로 생각한다. 연구를 통해 사람들이 특정 정당과 자신을 동일시할 때는 관념적 사고가 양극화를 심화시킬 수 있다는 것이 드러났다. 반면, 자신을 전체로서의 국가와 동일시할 때는 관념적 사고가 국가 내 집단 간의 양극화를 감소시킨다. 이런 효과의 이면에 어떤 기제가 작용하는지는 불분명하다. 하지만 국가의 측면에서 관념적으로 생각하는 사람들은 나라 전체를 하나로 묶는 원리와 다른 국민들과 공유하는 이해관계에 호소한다. 이런 요소들은 상대에게도 대부분 강한 영향력을 행사한다. 그래서 양극화의 약화와 상호 이해의 증진이라는 결과가 뒤따른다.

물론 관념의 작용이 국가 수준에서 멈추는 것은 아니다. 자신을 종의 차원에서 동일시하는 것도 가능하다. 그런 사람들은 스스로를 국적이 다른 인간들과 같은 인간으로 본다. 나는 이런 관점의 관념적 사고가 국가들 사이의 적대감과 양극화를 극복하는 데에도 도움이 될 것이라 생각한다.

정적들이 상대와 자신의 논거에 대해 생각한다고 해서 갑자기 친구가 될 것이란 이야기는 아니다. 인내가 필요하다. 그럼에도 보다 많은 논쟁을 가능케 하는 문화적 변화, 그리고 논쟁에 대한 인식의 개선이 이루어진다면 보다 관념적인 사고를 비롯한 양극화의 완화에 영향을 미칠 것이다.

▶ 타협

마지막으로, 논쟁은 타협을 가능케 한다. 내가 당신이 나에게 동의하지 않는 이유를 알고, 당신이 내가 당신에게 동의하지 않는 이유를 안다면, 당신과 나는 힘을 합해서 우리 두 사람의 우려를 불식시키는 중도적인 입장을 찾을 수 있다. 당신은 열심히 일을 하는 사람이 가난하게 살아서는 안 된다는 이유로 최저 임금의 인상에 찬성하는 반면, 나는 임금 인상이 가난한 사람들의 일자리를 줄이기 때문에 반대한다고 가정해보자. 서로의 이유를 알게 된다면, 우리는 일자리가 없어지지 않으면서 가능한 한 많은 사람들이 빈곤선 위로 올라올 수 있도록 하는 절충적인 입장을 찾을 수 있다. 서로에게 이유를 대지 않았다면, 즉 '왜냐하면'이라는 문장을 덧붙이지 않는다면 우리는 두 사람 모두가 수용할 수 있는 타협안을 어디에서 찾아야 할지 알 수 없을 것이다.

당신은 '그래서 뭐요, 대체 우리가 왜 타협해야 하는데요?'라고 물을지도 모르겠다. 골수 진보주의자들의 82퍼센트는 타협하는 지도자를 선호하지만 골수 보수주의자들의 63퍼센트는 원칙을 고수하는 지도자를 선호한다. 양쪽 입장 다 강력한 지지를 받고 있다. 타협의 실패는 전쟁으로 이어질 수 있고, 타협안 자체가 형편없을 수도 있다. 미국에서는 5분의 3 타협*과 미주리 협정**의 예를 찾아볼 수 있다. 영국에는 네빌 체임벌린***의 히틀러 유화책이라는 악명 높은 사례가 있다.

---

*   Three-Fifths compromise, 1787년 남부와 북부 주 사이에 체결된 타협안으로, 각 주의 인구를 계산할 때 노예의 경우 실제 인구의 5분의 3만큼만 인원으로 간주한다는 내용이다.
**   Missouri Compromise, 지역에 따라 노예제의 허용 여부를 달리한다는 타협안.
*** Neville Chamberlain, 영국의 정치가로 제2차 세계대전 전 뮌헨회담에서 히틀러의 체코 내 독일인 거주 지역의 할양 요구를 받아들였다.

노예제와 히틀러의 경우에서 보듯이 절대 타협해서는 안 되는 경우가 있다. 그렇지만 이런 과오가 오늘날의 타협에도 적용될까? 사람들이 경쟁자들을 노예제와 히틀러만큼이나 혐오한다면 그런 사악한 존재들과의 타협을 거부할 만하다. 이러한 경우에는 노예제와 히틀러를 싫어하는 것만큼이나 서로를 싫어한다는 점이 가장 큰 문제가 될 것이다. 이와 같은 극단적인 전제가 없다면 대개 타협은 바람직하다.

물론 완벽한 타협이란 불가능하다. 누군가와 타협하는 것이 쉬운 일은 아니다. 타협은 이상적인 덕목으로 여겨지지 않는다. 위험이 없는 타협이란 없다. 그럼에도 타협은 필요하다. 어떤 경우에는 타협할 수 있어야 얼마간이라도 얻어낼 수 있다. 최선의 타협안은 더 많은 가치를 창출하고 양측 모두 더 나아지게 만든다는 면에서 건설적이다. 상대의 견해에 어떤 가치가 있는지 모른다면 어떻게 타협해야 하는지 그 방법도 알 수 없다. 상대편의 가치를 배우고 타협할 수 있는 최선의 방법은 그들의 이유와 논거에 주의 깊게 귀를 기울이는 것이다.

우리는 지금 어디에 서 있는가

앞서 살펴보았듯이 오늘날 전 세계의 정치와 문화에는 양극화의 문제가 만연하고 있다. 이 장에서는 논쟁과 논쟁에서 표명되는 이유에 대한 더 깊은 이해가 양극화 문제를 개선하는 데 도움이 된다는 점을 확인했다. 이유와 논거는 상대방에 대한 존중을 표현하고, 이해를 증진하고, 겸손을 유발하고, 과신을 약화시키고, 양극화를 감소시키는 관념을 낳고, 협력과 타협을 가능케 하기 때문이다.

많은 사람들이 이 제안이 지나치게 낙관적이고 단순화되어 있다고 비판할 것이다. 나는 논쟁으로는 세상을 바꿀 수 없다는 점을 모르는 사람일까? 물론, 논쟁에 대해서 좀 더 알고 논쟁을 더 청하는 것만으로 세상의 모든 문제를 해결할 수는 없다. 그 점은 나도 인정한다. 하지만, 문제 전체를 일거에 없앨 수 없다고 해서 부분적인 해법의 시작조차 아무 가치가 없는 것은 아니다. 논쟁에 대해 배우는 것이 우리를 갈라놓고 우리가 함께 일하는 걸 막는 장애물을 일부라도 제거할 수 있길 바란다.

인터미션

'왜'에서
'어떻게'로

5장 왜 논쟁하는
방법을 배워야 할까

왜 논증하는 방법을 배워야 할까

대개의 사람들은 자신이 논쟁하는 방법을 이미 알고 있다고 생각한다. 하지만 그들이 하는 일은 자신들이 어떤 입장을 견지하는 이유를 공언하는 것뿐이다. 또 사람들은 자신들이 논쟁을 잘한다고 생각한다. 자신들의 눈에는 스스로 제시하는 이유들이 강력해 보이기 때문이다. 그리고 사람들은 자기가 좋은 논증과 나쁜 논증을 구분할 수 있다고 생각한다. 이런 믿음에 대해 생각해보자.

논쟁과 논증의 평가가 정말로 이렇게 쉽다면, 이 책은 아무 쓸모가 없을 것이다. 이미 논쟁하는 법을 알고 있는데 어떻게 논쟁해야 하는지 배울 필요가 왜 있겠는가.

논쟁을 잘하는 것은 그렇게 간단한 일이 아니다. 사실, 대부분의 사람들이 논쟁에 매우 미숙하다. 사람들은 같은 실수를 반복해서 저지른다. 이러한 경향은 무지나 지성의 결여에서 비롯되는 것이 아니다. 똑똑한 사람들도 적절한 훈련을 받지 않으면 형편없는 논 증을 지지하고 거기에 속는다. 우리가 논쟁하는 법을 열심히 배워 야 하는 이유가 여기에 있다.

당신의 선택을 바꾸겠는가

역설은 우리가 얼마나 많이 배워야 하는가를 보여주는 개념이다. 이는 유명한 수학자 마릴린 보스 사반트Marilyn vos Savant가 독자들에 게 낸 '몬티 홀Monte Hall' 문제*를 통해 더욱 분명해졌다.

당신이 게임쇼에 출연해서 세 개의 문 중 하나를 선택하게 되 었다고 가정해보자. 하나의 문 뒤에는 자동차가, 다른 문들 뒤 에는 염소가 있다. 당신이 1번을 선택했다면, 문들 뒤에 무엇이 있는지 알고 있는 진행자가 염소가 있는 다른 한 개의 문, 예를

---

*   미국 게임쇼 「당신의 선택은?Let's Make a Deal」 진행자의 이름을 땄다. '세 개의 문Three Door' 문제라고도 한다.

들어 3번을 연다. 이후 진행자는 '2번으로 선택을 바꾸시겠습니까?'라고 묻는다. 선택을 바꾸는 것이 당신에게 이익일까?

여러 수학과 교수들을 비롯한 대부분의 독자들은 선택을 바꾸는 게 아무런 이득이 없다고 답했다. 이 답은 정확한 것 같았다. 닫혀 있는 문은 두 개(1번과 2번)뿐이고 당신도 알다시피 한 개의 문 뒤에는 자동차가, 한 개의 문 뒤에는 염소가 있으며, 둘 중 어떤 문 뒤에 자동차가 있을 확률이 더 높다고 판단할 아무런 이유가 없기 때문이다.

여기에는 오해의 소지가 있다. 왜인지 알고 싶다면 문 뒤의 배열에는 단 세 가지 가능성(차-염소-염소, 염소-차-염소, 염소-염소-차)밖에 없다는 것을 떠올려보라. 당신이 1번을 선택한 뒤 몬티 홀이 다른 두 개의 문 중에 뒤에 염소가 있는 문을 열었다. 그렇다면 당신이 선택을 바꿈으로써 자동차를 받을 확률은 3분의 2이다. 2번이나 3번으로 바꿀 경우 당신은 첫 번째 배열(차-염소-염소)일 때만 게임에서 지고, 다른 두 개의 배열(염소-차-염소, 염소-염소-차)일 때는 게임에서 이긴다.

전문가들은 이제 이 해법에 동의하고 있다. 하지만 모두가 납득하는 것은 아니다. 그게 바로 여기에서의 요점이다. 우리는 생각보다 추론에 약하다. 따라서 추론을 더 잘하는 법을 배워야 한다.

당신의 바람은
이루어질까

심리학 연구들도 우리가 논쟁의 기술을 익히는 데 공을 들여야 하는 이유를 보여준다. 몇몇 심리학 실험은 결론이 거짓일 경우 전제가 참일 가능성이 없다는 의미에서 논증이 타당한가를 문제로 삼았다. 그 결과는 대단히 많은 사람들이 결론이 참이길 원하기 때문에 논증을 타당하다고 평가한다는 것을 드러내준다. 이 논증에 대해 생각해보자. '심판이 불공정하면 맨체스터 유나이티드는 질 것이다. 심판은 공정할 것이다. 따라서 맨체스터 유나이티드는 이길 것이다.' 많은 맨체스터 유나이티드 팬들은 이 논증이 타당하다고 믿을 것이다. 하지만 이 믿음은 참이 아니다. 심판이 공정하면 전제는 참이지만 결론은 거짓이 될 수 있다. 심판이 공정하든 아니든 맨체스터는 질 가능성이 있기 때문이다. 팬의 오류는 그런 가능성, 그들이 피하고 싶은 가능성을 상상하고 싶지 않기 때문에 발생한다. 그래서 이 문제에 대해서는 맨체스터 유나이티드의 라이벌 팀 팬들이 오류를 덜 저지른다. 그들은 심판에 관계없이 맨체스터 유나이티드가 진다는 가능성을 기꺼이 받아들인다. 물론 그것이 그들이 맨체스터 유나이티드의 팬들보다 더 똑똑하거나 더 논리적이라는 의미는 아니다. 자신이 응원하는 팀에 대해서는 그들도 똑같은 오류를 범할 것이기 때문이다. 양쪽 모두 희망적인 사고를 한다.

이와 관련된 약점이 바람직성 편향, 즉 당신이 참이길 바라는 입장을 지지하는 정보를 찾는 경향이다. 체중이 얼마나 나가는지 보기 위에 체중계에 올라섰던 때를 떠올려보라. 여러 연구는 체중계 가 당신이 만족하는 체중을 보여주면 그것을 믿을 가능성이 높지만 당신 맘에 들지 않는 숫자를 보여주면 일단 체중계에서 내려온 후 두 번째에는 더 적절한 숫자를 볼 수 있으리란 기대로 체중계에 다 시 올라갈 가능성이 높다. 우리 모두가 이와 비슷한 일을 한다.

대표성을
신뢰할 수 있는가

휴리스틱*에 의해서도 우리의 추론과 논증이 엇나갈 수 있다. 프 린스턴대학의 경제학 교수이며 노벨 경제학상 수상자인 대니얼 카 너먼Daniel Kahneman은 대표성**의 전형적인 예를 들었다. 카너먼과 공 동 연구자들은 참가자들에게 한 대학원생에 대해 다음과 같이 설명 했다.

톰 W.는 지능이 매우 높지만 진정한 창의성은 부족하다. 그 는 질서 있고 명료한 환경, 모든 세부 사항이 적절하게 배치된

---

*   heuristics, 어떤 문제나 불확실한 상황에 대해 판단을 내릴 때 명확한 실마리가 없을 경우 논리보다는 직감이나 직관으로 문제를 해결하는 방식. 발견법, 어림셈법이라고도 한다.
**   representativeness, 하나를 보면 열을 안다는 속담처럼 어떤 특징이나 속성이 전체를 대 표하는 전형성을 갖고 있다고 추론하는 것이다.

단정하고 깔끔한 시스템을 선호한다. 그의 글은 다소 지루하고 기계적인데, 가끔은 다소 진부한 말장난과 공상 과학 소설과 같은 유의 번득이는 상상력이 글에 생동감을 불어넣기도 한다. 자신의 역량을 강화하는 일에 강한 추진력을 발휘한다. 다른 사람들에 대한 감정과 공감이 적어 보이며 다른 사람들과의 상호 작용을 즐기지 않는다. 자기중심적이긴 하지만 강한 도덕관념을 갖고 있다.

참가자들은 아홉 개 대학원 학과에 대한 목록을 받았다. 한 참가자 집단에는 톰이 각 학과의 '전형적인 대학원생'과 비교할 때 유사한 정도에 따라 순위를 매겨달라는 요구를 했다. 다른 참가자 집단에는 톰이 그 학과에 있을 가능성에 따라 순위를 매겨달라고 요구했다. 또한 두 집단 모두에게 아홉 개 분야 각 학과에 속한 대학원생의 비율을 추정해달라고 요구했다. 이 추정치는 3퍼센트에서 20퍼센트까지 다양했다. 톰에 대한 설명은 도서관학과 같은 규모가 작은 학과의 학생에 대한 고정관념과 들어맞았다. 그럼에도 학과별 대학원생의 비율에 대한 추정 결과는 톰이 그 학과에 있을 가능성 순위에 거의 영향을 주지 않았다. 대신 '전형적인 대학원생'과 비교하는 대표성과 가능성에 대한 질문의 대답은 거의 완벽한 연관성을 보여주었다. 이는 실험 대상자들이 기준이 되는 비율을 도외시하고 가능성에 대한 추정의 기반을 거의 전적으로 대표성에 대한 자신들의 직관적 판단에 두었다는 것을 보여준다. 그들은 추론에 영향을 주어야 마땅한 결정적인 정보를 무시했다.

우리는 환골탈태가 필요한가

또 다른 흔한 오류는 웨이슨 선택 과제^{Wason selection task}에서 발생한다. 참가자들에게 앞면에 기호가 하나씩 적혀 있는 네 장의 카드가 주어진다.

카드의 규칙은 다음과 같다.

한쪽 면에 B가 적혀 있다면 반대쪽 면은 2이다.

이 과제는 최소한의 카드를 뒤집어서 규칙이 참인지 판단하는 것이다. 정답은 B와 9가 적힌 카드를 뒤집는 것이다. B 카드의 뒷면이 2가 아니거나 9 카드의 뒷면이 B라면 규칙이 틀린 것이기 때문이다. 여러 연구들은 대부분의 대학생들이(90퍼센트라는 높은 비율로) B와 9 카드를 뒤집지 않는다는 걸 발견했다. 대부분은 B 카드만 뒤집거나 B와 2 카드를 뒤집었다. 그렇지만 이 게임에서 2 카드는 뒤집을 필요가 없다. 규칙에서는 한 면에 B가 있는 카드의 뒷면에 대해서만 이야기하기 때문이다. 규칙은 한 면에 B가 없는 카드의 뒷면에 관해서는 아무런 언급도 하지 않는다. 다행히, 과제가 현실적인 배경으로 바뀌면 실수의 빈도는 크게 줄어든다. 카드가 이런 식이라고 생각해보자.

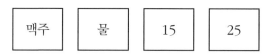

이어서 참가자들은 각 카드의 한쪽 면에는 고객의 나이가, 다른 면에는 고객이 마신 것이 적혀 있다는 이야기를 듣는다. 이 카드의 규칙은 다음과 같다.

고객이 21세 이하일 경우, 맥주를 마시는 것이 허용되지 않는다.

이 게임의 과제는 어느 고객이 법을 어기고 있는지 판단하기 위해서 최소한의 카드를 뒤집는 것이다. 참가자들은 이 현실적인 과제에서 앞의 게임보다 훨씬 좋은 성적을 올린다. 일부 연구자들은 이런 성공을 우리의 진화 역사로 설명한다. 우리는 무가치한 일반화(B가 적힌 카드의 다른 면에 2가 있는지와 같은) 실험을 잘하도록 진화한 것이 아니라 사회적 규칙(법과 같은)의 위반을 잘 판단하도록 진화한 것이다.

지금보다
발전할 수 있을까

　이들을 비롯한 많은 실험들은 우리가 완벽한 추론가와는 거리가 멀다는 걸 보여준다. 이런! 우리는 그 사실을 이미 알고 있다. 그런 실험들은 많은 사람들이 실수를 하는 특정한 방식도 보여준다. 이 같은 흥미로운 결과들은 우리가 주의를 기울여야 하는 때가 언제인지 파악하는 데 도움을 준다.

　우리가 자주 오도된다는 사실은 우리가 적절한 추론을 할 수 없다는 점을 보여주는 것이 아니다. 영리한 심리학자들은 참가자들이 실수를 저지르도록 특수한 환경을 만든다. 그럼에도, 웨이슨 선택 과제는 우리가 특정한 환경(실제적인 환경)에서는 다른 환경(관념적인 환경)에서보다 더 낫다는 것을 보여준다. 더구나 우리는 실수를 했을 때 그것을 인지할 수 있다. 웨이슨 선택 과제에서 잘못된 답을 내놓은 사람들은 왜 그들의 답이 틀렸는지 쉽게 이해한다. 그들은 좀처럼 원래의 답을 고수하지 않는다. 이는 적절한 환경만 조성되면 우리가 학습을 할 수 있고 좋은 추론과 나쁜 추론을 구분할 수 있다는 것을 보여준다.

　심리학자들은 적절한 추론에 보다 도움이 되는 다른 상황들도 발견했다. 인간의 추론 능력에 대한 대개의 암울한 평가와 반대로, 사람들은 편견이 없는 방식으로 추론할 능력이 있다. 논증을 만들기보다는 논증을 평가할 때, 그리고 토론에서 이기려 할 때보다 진리를 추구할 때 그 능력을 보다 잘 발휘한다. 제도(과학 연구소 같은)의

구조화를 통해 실수를 발견하고 오류를 거부할 가능성을 높여 장기적으로 사람들이 잘못된 방향으로 가지 않도록 만들 수도 있다. 따라서 우리는 훈련을 통해서만이 아니라 진실과 이해에 대한 욕구를 불어넣고 오류를 수정하는 제도를 통해 추론과 논쟁의 기술을 더욱 발전시킬 수 있다. 이런 환경은 이유와 논증을 이해하는 문화에서 나타날 가능성이 더 크다.

우리가 가진 추론과 논쟁의 기술은 오류도 쉽게 나타나지만 수정도 쉽다. 컵은 물이 반만 차 있는 것도 반만 비어 있는 것도 아니다. 둘 다이다. 논쟁과 추론의 능력을 발전시키기 위해서는 주의 깊게 최선을 다해야 함은 물론이고 인내와 끈기도 가져야 한다. 어려운 일이고 항상 성공하는 것도 아니지만, 논쟁과 추론의 훈련과 연습은 사람들이 자신들의 실수를 인식하는 데 도움을 주고 추론에서 실수를 피하는 데에도 도움을 줄 수 있다. 이것이 우리가 논쟁하는 법을 열심히 배워야 하는 이유이다.

2부

어떻게
논쟁할 것인가

CHAPTER 06

논증을 가려내는 방법

우리는 항상 논쟁을 하는 것처럼 보인다. 사람들은 다양한 사안에 대해서 동의하지 않으며, 상대에게 자신이 동의하지 않는다는 사실을 알린다. 그것도 아주 큰 목소리로 말이다. 반면, 자신들의 견해나 주장에 대한 이유를 대는 경우는 아주 드물다. 그런 의미에서 논쟁은 전혀 일반적이지 않고 자주 일어나는 상황이 아니다. 그렇다면 논쟁은 흔한가, 아니면 드문가? 그 답은 논쟁에서 무엇이 중요한가에 달려 있다. 지금부터 이 질문에 대해 탐구할 것이다.

논쟁을 위해
얼마를 지불할 것인가

논쟁이 무엇인지 알기 위해서는 논쟁이 아닌 것은 무엇인지 먼저 살펴봐야 한다. 몬티 파이튼*이라는 통찰력 있는 철학자들이 유명한 촌극「논쟁 클리닉」**에서 그 둘의 몇 가지 차이점을 보여준다. 본 적이 없다면 꼭 찾아보고 기억이 나지 않는다면 다시 보도록 하라. 실로 보석 같은 작품이다.

이 촌극은 한 고객이 클리닉의 접수 담당자에게 다가가 "논쟁을 하고 싶습니다"라고 말하는 것으로 시작한다. 접수 담당자는 이렇게 대답한다. "논쟁 5분당 1파운드이고, 50분에는 8파운드입니다." 할인 금액이 크긴 했지만 남자는 우선 5분만 구입한다.

이제 접수 담당자는 고객과 논쟁할 클리닉 직원을 찾아야 한다. 스케줄을 살펴본 직원이 말한다. "드베키 씨가 가능하신데요, 그분은 조금 회유적입니다." 회유적인 것이 무슨 문제란 말인가? 결국 쉽게 져주는 경향이 있다는 것 아닌가? 어쨌든 접수 담당자는 회유적인 사람 대신 12번 방의 바너드를 배정해준다.

고객은 복도를 걸어 첫 번째 방으로 들어가 책상에 앉은 바너드를 발견한다. 그는 고객을 향해 공격적으로 외친다. "원하는 게 뭐

---

*   Monty Python, 초현실적이고 풍자적인 작품으로 유명한 영국의 6인조 희극 그룹.

**   The Argument Clinic, 1969년 BBC를 통해 처음 방영된 TV 시리즈「몬티 파이튼의 플라잉 서커스」의 촌극.

요?" 그리고 고객을 향해 "콧물 범벅이 된 개똥같은 외모에, 악취가 나는 얼간이"라고 조롱한다. 약이 오른 고객은 자신은 논쟁을 위해 클리닉을 찾은 것이라고 설명한다. 바너드는 상냥하게 답한다. "아, 죄송합니다. 이곳은 모욕방이에요. 당신은 옆에 있는 12A 방을 찾는 모양이군요. 복도를 따라가세요."

이 우스꽝스런 이야기는 논쟁과 대조되는 첫 번째 존재를 드러낸다. 모욕은 논쟁이 아니다. '얼간이'라고 욕하는 것만으로는 나의 입장을 주장하거나 상대의 입장을 논박할 수가 없다. 왜 안 될까? 상대를 얼간이라고 부르는 것이 그 사람의 주장에 반박하는 이유가 되지 못하고, 내 입장을 뒷받침하는 이유는 더더욱 아니기 때문이다. 놀랍게도 사람들은 이 간단한 사실을 자주 잊는다.

다시 촌극으로 돌아가면, 고객은 모욕방을 나와 다른 방으로 들어간다. 갑자기 기계들이 그의 머리를 때린다. 놀란 고객이 항의하자 이런 소리가 들린다. "아니, 아니. 이렇게 머리를 잡고 '와아, 정말'이라고 소리를 쳐야지." 그리고 기계들이 다시 남자를 때린다. 이 방은 '머리 맞기 연습' 방인 것으로 밝혀진다. 이 방은 정말 터무니없어 보이지만 논쟁과 대조되는 두 번째 존재를 드러낸다. 논쟁은 신체적인 싸움이 아니라 말로 하는 싸움이다. 하지만 논쟁의 목표는 상대의 머리를 아프게 하는 것이 아니다(머리를 힘껏 때리는 것이든 생각을 골똘히 하게 해서든).

우여곡절 끝에 고객이 정확한 방에 도착하면 '바이브레이팅 Mr. Vibrating'이라는 전문 논쟁가가 책상 뒤에 앉아 있다. "이 방이 논쟁을 위한 방이 맞습니까?" 고객이 묻자 임상의가 차분하게 답한다. "제가 전에 말씀드렸는데요." 여기에서부터 화가 나기 시작한다. "아뇨, 그런 적 없습니다", "분명히 말씀드렸어요", "언제요?", "방금 전에 요!", "얘기한 적 없어요", "했다니까요", "안 했어요", "이보세요, 분명 히 해두겠는데 저는 확실히 말씀드렸어요", "아니라니까요"……. 이 런 반복은 임상의가 "이게 5분짜리 논쟁입니까, 30분짜리 논쟁입니 까?"라고 물으면서 겨우 멈춘다. 그제야 고객은 무슨 일이 일어나고 있는지 깨닫는다. 이미 논쟁을 하고 있는 것이다. 정말 그런가? 고 객과 임상의는 계속 예, 아니요, 예, 아니요, 예, 아니요를 반복한다. 결국 고객이 소리친다. "이보세요, 이건 논쟁이 아니에요. 이건 단지 반대일 뿐이에요……. 논쟁은 반박만 하는 게 아니라고요."

이제 우리는 논쟁과 대조되는 세 번째 존재를 알게 되었다. 여기 에서의 반박은 부정을 의미한다. 이 에피소드의 교훈은 논쟁은 단 순한 부정이 아니라는 사실이다. 당신이 어떤 주장을 할 때 '아니요' 라고 말하는 것만으로는 당신의 주장에 반론을 펼칠 수 없다. 안타 깝게도 너무나 많은 사람이 이 간단한 가르침을 잊고 있다. 그들은 상대의 말을 부정하는 것만으로 상대에게 반박할 수 있다고 생각한 다. 그것은 불가능하다.

왜 불가능할까? 논쟁 속의 단순한 부정에서 결여된 것은 무엇일 까? 촌극 속 고객은 이렇게 말한다. "논쟁은 지적인 과정이에요. 반박은 다른 사람이 한 말을 반사적으로 뒤집는 것일 뿐이잖아요." 무엇이 있어야 지적이 될 수 있는지는 확실치 않다. 그러나 분명히 논쟁에는 일종의 증거나 이유가 존재해야 한다. 하지만 단순한 반 박은 부정해야 하는 주장에 반하는 어떤 증거나 이유도 제시하지 않는다. 단지 어떤 주장이 틀렸다고 말하는 것은 그 주장에 반하는 어떤 증거를 대는 것도, 왜 그것이 틀렸는지 이유를 대는 것도 아니다.

마침내 고객이 정의를 내린다. '논쟁(혹은 논증)이란 명제를 정립하기 위한 일련의 연결된 진술, 즉 논거를 내놓는 일이다.' 논증을 명제 정립과 관련시키는 것은 훌륭한 출발점이긴 하지만 아직 완벽히 옳은 것은 아니다.

첫 번째 문제는 무엇을 확립한다는 것은 그것을 확고한 기반 위에 두는 일이라는 데 있다. 그렇지만 확고하지도 않고 확고해지려는 의도도 없는 논거도 있다. 예를 들어 우리가 공원에 갈지 박물관에 갈지 논의하고 있다고 가정해보자. 나는 이렇게 얘기한다. "지난주에 공원에 갔었잖아. 그러니까 오늘은 박물관에 가는 게 좋겠어. 어떻게 생각해?" 나는 우리가 박물관에 가는 것이 좋다는 명제에 대한 이유를 대려고 한다. 하지만 이유가 그 결론을 확고하게 만들 만큼 충분히 강력하다고 주장할 필요까지는 없다. 무언가를 확고하게 만들기에는 너무 허약한 논거들도 있다. 그런데도 그들은 여전히 이유가 된다.

또 다른 문제는 사전에 이미 확립되어 있는 것을 확립할 수는 없다는 점이다. 국가를 확립하는 것은 이전에 그런 국가가 존재하지 않았던 곳에서 국가를 만들거나 국가를 확고하고 오래 지속되게 만드는 것이다. 마찬가지로, 결론을 확립하는 것은 청중에게 그들이 이전에는 확고히 믿지 않았던 걸 믿게 하는 것이다. 그렇지만 우리는 모두가 사전에 이미 강력하게 믿고 있었던 결론을 주장하곤 한다. 한 수학자가 이미 피타고라스의 정리(직각삼각형에서 빗변의 제곱이 다른 두 변의 제곱의 합과 같다)를 증명했다고 가정해보자. 이후 다른 수학자가 더 간결하고 가정을 더 적게 만드는 새로운 증명법을 제시한다. 두 개의 증명은 모두 논증이다. 하지만 이론을 두 번째로 증명한다는 목적은 그 정리를 믿지 않았던 사람들을 설득하는 것이 아니다. 이미 모두가 그 정리를 믿고 있다. 하지만 수학자들은 보다 간결하고 가정을 더 적게 만드는 방식으로 왜 이 명제가 참이고 어떤 공리와 전제를 통해 참이 되는지 증명하고자 한다. 그들이 이런 증명을 하는 목적은 정리를 확립하는 것이 아니라 정리를 설명하는 것이다. 이런 면에서 몬티 파이튼의 정의가 꼭 들어맞는 것은 아니다.

논증이란 무엇인가

한 가지 작은 변화를 주면 몬티 파이튼의 정의에 있는 문제점을 해결할 수 있다. '정립한다'를 '이유를 제시한다'로 바꾸기만 하면 된다. 그렇다면 논증(혹은 논쟁)은 '명제에 대한 이유를 제시하기 위한 일련의 연결된 진술, 즉 논거를 내놓는 일'로 정의할 수 있다. 이유는 강력하거나 확고할 필요가 없고 이미 우리가 믿고 있는 것도 지지할 수 있으므로 이 작은 변화만으로 피타고라스 정리의 증명은 물론 허약한 이유들도 논증에 포함된다.

이유를 제시하는 진술을 **전제**^premise, 이유가 뒷받침하는 명제를 **결론**^conclusion이라고 부른다. 따라서 논증(혹은 논쟁)은 결론에 대한 이유를 제시하기 위한 일련의 연결된 전제들이라고 말할 수 있다.

이런 정의는 논증에 대한 많은 걸 이야기해준다. 이 정의는 논증이 만들어지는 **질료**(언어, 반드시 글이나 말일 필요는 없다), 논증이 취하는 **형상**(전제와 결론, 즉 참이거나 거짓인 서술적 문장), 논증의 **목적**(어떤 종류의 이유 제시)을 구체화한다. 따라서 이 정의는 아리스토텔레스가 완전한 설명에 필요하다고 말한 측면들(질료, 형상, 목적, 작용)을 모두 담고 있다.

이 정의는 어떤 것이 논증이 **아닌지도** 알려준다. 몬티 파이튼의 정의에 따르면 논증은 모욕, 싸움, 반박과는 다르다. 이 정의는 사전이나 가격표가 논거를 포함하지 않는 이유도 설명해준다. 사전이나 가격표는 결론에 대한 이유를 제시할 의도가 없기 때문이다.

논쟁을 예상하고 있는 곳에서 우리는 자주 실망하곤 한다. 화자들은 문제를 설명하거나 입장을 진술하는 데 많은 시간을 보낸다. 그 설명이나 입장을 논증하지는 않으면서 말이다. 정치적 논의와 인터뷰에서 많은 예를 찾아볼 수 있다. 논거를 전혀 제시하지 않으면서도 장황하게 이야기를 할 수 있는 정치인들의 능력은 놀라울 따름이다. 기자를 비롯한 사람들은 정치인들에게 당면한 사안에 대한 질문을 한다. 정치인들은 그 사안에 대한 자신의 입장을 선언하는 것으로 답을 대신한다. 또한 자신들의 입장이 상대의 입장과 다르다고 밝히지만 여전히 자신들의 입장을 논증하지는 않는다. 우리의 정의는 그들이 늘어놓는 긴 말을 다 합쳐도 논거가 될 수 없는 이유를 설명해준다. 그들은 이유를 제시하려는 시도조차 하지 않기 때문이다.

논증의 목적은
무엇인가

이유에는 여러 종류가 있다. 우리의 정의에는 논증이 의도하는 이유가 어떤 종류인지 구체적으로 명시되어 있지 않다. 그러나 이런 불확실성은 특성이지 오류가 아니다. 이렇게 이유의 개념이 구체적이지 않기 때문에 우리의 정의는 다양한 논증을 아우를 만큼 충분한 융통성을 가질 수 있다.

어떤 논증은 결론에 대한 믿음을 뒷받침하는 이유를 제시하려는 목적에서 이루어진다. 예를 들어, 당신이 짐바브웨 쇼나Shona 부족의 조상들이 훨씬 넓은 지역을 다스렸다는 점을 의심한다면, 나는 짐바브웨 제국에 대한 책을 보여줄 수 있다. 이 책은 논증에서 전제가 되는 확립된 사실들을 인용하고 있다. 짐바브웨 쇼나 부족의 조상들이 실제로는 더 넓은 지역을 다스렸다는 결론을 믿게 하는 강력한 이유가 된다. 인용된 사실들은 당신이 이전에 믿지 않았던 결론을 믿는 것을 정당화시킨다.

믿음이 아닌 행동을 정당화하는 이유를 대는 논증들도 있다. 예를 들어 당신이 베이징을 방문할 것인지 고민하고 있다면, 나는 자금성에 대한 책을 보여줄 수 있다. 이 책에는 베이징을 여행할 경우 볼 수 있는 아름다운 건축물과 예술품의 사진이 담겨 있다. 이 책은 당신에게 베이징을 방문할 이유를 제시한다. 물론, 나는 베이징을 방문하지 않아야 하는 이유를 제시하거나 12월이 아닌 8월에 베이징을 방문해야 하는 이유를 제시하기 위해 베이징의 대기 오염에 대한 정보 등 다른 근거도 인용할 수 있다. 논증에는 행동에 대한 이유들도 등장할 수 있다.

두 종류의 정당화가 단순한 설득과는 완전히 별개라는 점이 중요하다. 내가 자금성의 사진이 있는 책을 보여주면서 짐바브웨의 유적이라고 당신을 설득해서 짐바브웨 쇼나 부족의 조상들이 훨씬 넓은 영역을 다스렸다고 믿게 하는 속임수를 쓴다고 가정해보자. 나는 이유를 주려 하지는 않았지만 당신이 이유로 볼 것을 제시하려고 했다. 당신이 속아서 이 결론을 믿는다면 나는 당신을 설득한 것이지만 당신의 믿음(그것이 참이라 하더라도)을 정당화한 것은 아니다. 당신의 믿음은 당신이 믿는 결론의 진짜 이유가 아닌 허위에 기반을 두고 있기 때문이다. 따라서 설득은 믿음이나 행동의 정당화와는 별개인 논증의 또 다른 목적이다.

믿음과 행동의 정당화 외에 또 다른 이유는 왜 어떤 일이 벌어지는지, 즉 현상에 대한 믿음을 정당화하는 것이 아닌 현상을 설명하는 이유이다. 당신이 일본의 후쿠시마를 방문해서 폐허가 된 핵발전소를 본다고 가정하자. 당신은 발전소가 파괴되었다는 것을 안다. 당신은 그것을 볼 수 있지만 무엇 때문에 발전소가 파괴되었는지는 알지 못한다. 잘 알려진 설명에 따르면 발전소는 쓰나미로 파괴되었다고 한다. 이 설명을 간단한 논증으로 표현할 수 있다. '이 발전소는 쓰나미에 의해 타격을 입었다. 쓰나미의 타격을 입은 모든 발전소는 파괴된다. 그것이 이 발전소가 파괴된 이유(그리고 방법)이다.' 이런 논증은 발전소가 왜 파괴되었는가에 대한 이유를 제시한다. 당신이 이미 발전소가 파괴되었다는 걸 믿고 있더라도 말이다. 이 논증은 현상에 대한 믿음의 정당화 없이 현상을 설명한다.

우리의 정의에 따르자면 논증은 이런 종류의 이유를 제시할 수 있다. 이것이 문제가 될까? 전혀 아니다. 오히려 많은 종류의 이유를 포괄하는 것은 우리 정의의 장점이다. 논증이 다양한 종류의 이유를 제시하는 데 쓰일 수 있기 때문이다. 이유가 믿음이나 행동을 정당화하거나 현상을 설명할 수 있는 것과 같이 논증도 마찬가지이다. 논증은 이유의 제시로 정의될 수 있다. 이유라는 개념의 모호성(보다 정확하게는 불특정성)이 논증이 가진 목적의 다양성과 부합하기 때문이다.

논증은
언제 제시되는가

이제 당신은 논증이 이유를 제시하는 것이라고 생각할 것이다. 하지만 그것은 언제 논증이 일어나는지 확인하는 방법을 알려주지는 않는다. 화자가 논증을 하는 것인지, 논증을 하지 않는 것인지 어떻게 알 수 있을까? 화자가 언제 이유를 제시하는지 파악하기만 하면 된다. 하지만 그것을 어떻게 판단할까?

그 방법은 놀랄 만큼 간단할 때가 많다. 화자가 논거와 이유를 표시하는 특별한 단어를 사용하기 때문이다. 누군가가 이렇게 말하는 것을 상상해보라.

마르코 폴로는 유럽에서 중국으로의 무역로를 열었다.
통상을 하는 국가들은 서로에게 영향을 미친다.
중국에서 일어나는 일은 유럽에 영향을 미친다.

여기까지 이것은 단지 세 개의 문장, 혹은 명제의 나열일 뿐이다. 이제 '그래서'라는 단어를 덧붙이면 단순한 명제를 논증으로 전환시킬 수 있다.

마르코 폴로는 유럽에서 중국으로의 무역로를 열었다.
통상을 하는 국가들은 서로에게 영향을 미친다.
그래서, 중국에서 일어나는 일은 유럽에 영향을 미친다.

'그래서'라는 단어는 위의 두 명제가 마지막 명제의 이유를 제시할 의도를 가지고 있다는 점을 보여줌으로써 이 목록을 논증으로 만든다. 이 같은 일을 하는 다른 단어들도 있다.

중국에서 일어나는 일은 유럽에 영향을 미친다.

왜냐하면, 마르코 폴로가 유럽에서 중국으로의 무역로를 열었고, 통상을 하는 국가들은 서로에게 영향을 미치기 때문이다.

이런 식으로 '그래서'와 '왜냐하면'이라는 단어는 논거가 제시되고 있다는 신호를 보낸다. 따라서 우리는 그들을 논거 표지argument marker라고 부를 것이다. 때때로 논거 표지가 포함된 문장이 논증의 전제 혹은 이유일 때에는 이 단어들을 이유 표지reason marker 라고도 부른다. 또한 논거 표지가 포함되거나 논거 표지 뒤에 이어지는 문장이 결론일 때에는 결론 표지conclusion marker 라고 부르기도 한다. 앞의 사례에서 '그래서'라는 단어는 결론 표지이고 '왜냐하면'이라는 단어는 이유 표지이다. 물론 이외에도 다양한 결론 표지 단어들이 존재한다. '그러므로, 따라서, 그렇기 때문에(그렇기에), ~의 증거를 보여준다, ~의 증거를 확립한다, ~의 증거를 입증한다, ~의 증거가 된다' 같은 말들이다. 이유 표지들은 더 많다. '왜냐하면, 때문에, ~이므로, ~의 사실에 비춰보면, ~의 사실에 의해 확립되어, ~의 사실로 입증할 때' 같은 말들이다. 여기에 없는 다양한 단어들을 포함해 이런 표지 단어들은 논거가 제시되고 있다는 사실을 알린다.

놀라운 일이다. 단어 하나를 추가한 것이 기적과도 같이 단순한 문장의 목록을 논증으로 바꾸어놓는다. '비가 온다, 그리고 나는 우산을 휴대하고 있다'는 논증이 아니지만 '비가 온다, 그것이 내가 우산을 휴대하고 있는 이유이다'는 논증이다. '비가 온다, 왜냐하면 내가 우산을 휴대하고 있기 때문이다'도 마찬가지이다. 물론 두 번째 논증은 형편없는 논증이다. 내가 우산을 갖고 있다는 사실이 왜 비가 오는지 이유를 설명하지 못하기 때문이다. 하지만 그것은 논증이다. 나쁜 논증이긴 하지만 말이다.

중요한 것은 화자가 논거를 제시하고 있는지 하는 점이다. 그 점이 화자가 어떤 형태의 비판을 받게 되는지를 결정하기 때문이다. 내가 '훙훙은 키가 작다, 따라서 그는 좋은 축구 선수가 아니다'라고 말한다면 나는 논거를 제시하는 것이다. 이에 그 논거가 형편없다고, 다시 말해 키가 작다는 점은 축구를 잘하지 못하는 이유가 될 수 없다는 비판을 받을 수 있다. 반대로, 내가 단순히 '훙훙은 키가 작다, 그리고 그는 축구를 잘하지 못한다'라고만 말한다고 가정해 보자. 나는 두 개의 문장을 말하긴 했지만 그 둘 사이의 관계를 주장하지는 않았다. 하나의 문장으로 다른 문장을 입증하거나 한 문장이 다른 문장의 이유라고 주장하고 있지도 않다. 따라서 나의 논증이 좋지 못하다고 비난을 받지 않는다. 화자가 논거를 제시하는지 여부가 중요한 이유가 여기에 있다.

이렇게 중요하기 때문에 주의를 기울여야 하는 것이다. 논거 표지는 논거의 존재를 알린다. 하지만 항상 그런 것은 아니다. 단어를 그저 보기만 해서는 안 된다. 단어가 그 맥락에서 어떤 의미인지를 생각해야 한다. 존 하트퍼드John Hartford의 「에어리오플레인Aereo-plain」은 내가 좋아하는 음반으로, 앨범에 담긴 노래 하나는 이렇게 시작한다. '당신 때문에 나는 요들을 부를 때마다 눈을 감아요, 지금도 그렇게 눈을 감아요Because of you I close my eye each time I yodel, and so shall it be for now.' 여기에서 'so'는 논거 표지로 사용되고 있지 않다. 만약 이 단어가 논거 표지라면, 우리는 어떤 주장이 전제이고 어떤 것이 결론인지 찾아낼 수 있을 것이다. 하지만 '지금도 그렇게 눈을 감는 다'에는 전제도 결론도 없다. 이 단어가 논거 표지가 아니라는 또 다른 표식은 우리가 이 단어를 다른 논거 표지로 대체할 수 없다는 점이다. 'so'를 'therefore'와 같은 단어로 대체하면 '지금도 그러므로 눈을 감는다'처럼 말이 되지 않기 때문이다. 이 문장에서 'so'는 '그래서'가 아니라 '지금 나타날 어떤 방식이나 모습'을 의미할 뿐이다.

그렇다면 '당신 때문에'의 'because'는 어떨까? 이 경우 '나는 요들을 부를 때마다 눈을 감는다'가 결론이 된다. 하지만 전제는 무엇일까? '당신'이라는 단어는 전제나 이유가 아니다. '당신이므로'와 같이 다른 논거 표지로 대체할 수도 없다. 그는 'because'를 논거 표지로 사용하지 않고 있는 것이다. 우리는 그가 'so'라는 단어를 사용하고 있다는 이유만으로 논거를 제시하고 있다고 가정하지 못하는 것과 마찬가지로 'because'라는 단어를 사용하고 있다는 사실만으로 논거를 제시하고 있다고 가정할 수 없다. 단어의 표면적인 형태 너머까지 살피고 그 단어들이 어떤 의미인지, 맥락에 어떻게 적용되고 있는지 생각해야 화자가 결론에 대한 일종의 이유를 제시할 의도가 있는지 판단할 수 있다. 우리가 직접 효과를 확인한 유용한 방법이 있다. 확실치 않은 단어 대신 다른 논거 표지를 집어넣어 보는 것이다.

한편, 논거는 논거 표지 없이도 제시될 수 있다. 때로 논거 표지는 말로 드러나지 않는다. 결론까지 드러나지 않는 경우도 있다. 예를 들어 한국의 전 대통령 박근혜는 보톡스 시술을 받았다는 비판을 받았다. 박 대통령을 지지하며 탄핵 반대 시위에 참여했던 시민인

김구자는 이러한 비판에 반문했다. '여성이 보톡스 시술을 받는 것이 무엇이 잘못되었단 말인가? 그게 왜 문제인가?' 김구자의 수사적 의문은 박 대통령이 보톡스 시술을 받는 것이 잘못되지 않았고 문제가 없다고 생각한다는 점을 명백하게 암시한다. 따라서 김구자는 이런 논증을 시사하고 있는 것이다. '보톡스 시술을 받는 것은 잘못된 일이 아니다. 사람들은 잘못이 아닌 일을 한 사람을 비판해서는 안 된다. 따라서 사람들은 보톡스 시술을 받았다는 이유로 박근혜를 비판해서는 안 된다.' 하지만 김구자는 전제나 결론을 전혀 언급하지 않았다. 단지 질문을 했을 뿐이다. 그리고 질문은 서술적이지 않기 때문에 논증의 전제나 결론이 될 수 없다. 따라서 김구자는 어떤 논증도 주장하지 않았다. 간접적으로만 암시했을 뿐이다.

이런 식의 암시적인 논증은 화자가 논증을 제시하고 있는지, 또 어떤 논증을 제시하고 있는지 생각할 때 주의를 기울여야 하는 이유이다. 우리의 정의에 따라 어느 종류이든 이유를 제시할 의도가 있는지 자문해보는 것이 이런 분석의 지침이 될 수 있다. 하지만 어떤 경우에는 여전히 불명확하다. 화자가 논증 제시의 의도가 있는지 확신하지 못할 때에도 우리는 논증이 무엇인지, 그것이 어떤 도움이 될 수 있는지 의문을 제기할 수 있다. 결국 중요한 것은 결론에 대한 이유가 존재하는가이다.

CHAPTER 07

논쟁을 멈추는 방법

논쟁은 일단 시작되면 멈추기가 어렵다. 이 자명한 진술은 싸움을 멈추기가 어렵다는 의미가 아니다. 우리는 이미 논쟁이 싸움이 아니라는 것을 확인했다. 대신 여기에서의 문제는 논증에 전제가 필요하다는 점이다. 우리는 왜 이 전제를 믿어야할까? 전제를 정당화하기 위해서는 또 다른 논거가 필요하다. 하지만 이후 그 두 번째 논거에도 전제가 있어야 하며, 그 전제는 또 다른 논거에 의해 정당화해야 한다. 또 그 논거에도 전제가 있어야 하며, 그 전제는 다시 또 다른 논거에 의해 정당화되어야 한다. 이런무한 후퇴는 논쟁을 시작한 후에 멈추기가 어려운 또 다른 이유를제시한다. 이 때문에 일부 회의론자들은 논쟁이 이미 거기에 들어 있는 전제들 이외의 어떤 것을 성취할 수 있는 것인지 의심한다. 이 장은 그 문제에 대처하는 방식을 논의할 것이다.

논쟁을
멈출 수 있을까

문제를 살피기 위해서, 내가 영화 「라가안Lagaan」이 인도의 세금과 크리켓에 대한 것이라 믿는다고 생각해보자. (꼭 봐야 할 훌륭한 영화이다.) 내 믿음은 참이다. 하지만 그것은 정당화된 것인가? 내가 그것을 믿는다는 사실만으로는 내가 그것을 믿는 걸 정당화할 수 없다. 어쨌든 많은 사람들이 정당화되지 않은 온갖 종류의 어리석은 주장들을 믿는다. 더구나 내 주장이 참이라는 사실도 내가 그것을 믿는 걸 정당화할 수 없다. 나는 아무런 이유 없이, 혹은 아주 우스꽝스런 이유로 그것을 믿을 수도 있기 때문이다. 정당성을 얻기 위해서는 최소한 어느 정도의 타당성, 이유, 증거가 필요하다. 내 믿음을 정당화하는 한 가지 방법은 영화를 봄으로써 직접 내 눈으로 시각적인 증거를 얻는 것이다. 영화를 보지 않았더라도, 줄거리를 서술한 리뷰를 읽음으로써 내 주장에 대한 믿음을 정당화시킬 수도 있다. 그렇지만 영화를 본 적이 없고 그에 대한 어떤 이야기를 듣거나 읽은 적도 없다면 「라가안」이 인도의 세금과 크리켓에 대한 영화라는 믿음을 정당화시킬 방법을 알기 어렵다.

증거가 있다면 나는 그 증거를 논거의 형태로 변형시킬 수 있다. 내 믿음이 개인적인 경험에 토대를 두고 있다면 내 주장은 다음과 같이 간단하게 정리될 수 있다. '「라가안」이라는 영화를 봤다. 인도의 세금과 크리켓에 대한 영화라는 것을 보고 들었다. 나는 세금, 크리켓, 인도에 대한 것을 보고 들으면 그것들을 구분할 수 있다. 그러니 「라가안」은 인도의 세금과 크리켓에 대한 영화이다.' 영화를 보지 않고 영화 정보를 읽은 경우라면, 이런 식의 주장을 할 수 있다. '위키피디아에 따르면 「라가안」은 인도의 세금과 크리켓에 대한 영화라고 한다. 이런 분야에서 위키피디아가 제공하는 정보는 보통 정확하다. 따라서 「라가안」은 인도의 세금과 크리켓에 대한 영화이다.' 어느 쪽이든 「라가안」이 인도의 세금과 크리켓에 대한 영화라는 내 믿음을 정당화하는 데(하지만 논거를 분명하게 만들어야 할 필요는 없다) 논거가 될 수 있는 정보를 가지고 있다는 점뿐이다. 어떤 논거에 대한 충분한 증거가 없다면 「라가안」이 인도의 세금과 크리켓에 대한 영화라는 내 믿음은 정당화될 수 없다.

이런 논증들 각각에는 의문을 제기할 수 있는 전제들이 있다. 개인적인 경험에 호소하는 경우는 내가 다른 스포츠와 크리켓을 구분할 수 있고 내가 영화에서 본 걸 잘못 기억하거나 잘못 듣지 않았다고 가정한다. 그렇지만 내가 확실히 크리켓을 알아볼 수 있다는 가정에는 이유가 필요하다. 「라가안」이 크리켓과 매우 비슷해 보이지만 내가 들어본 적이 없는 다른 스포츠에 대한 것일 수도 있기 때문이다. 영화가 파키스탄, 방글라데시, 스리랑카가 아닌 인도에 대한 것임을 구분할 수 있다고 가정하기 위한 이유도 필요하다. 국경이 변했고 나는 그 지역에 대한 전문가가 아니다. 더욱이, 이 경우 내가 들은 것과 내 기억이 믿을 만하다고 가정할 이유가 필요하다. 나는 때로 사람들이 말한 것을 오해하며 내 기억은 완벽하지 않기 때문이다. 따라서 내 원래의 논거에 포함된 가정들을 뒷받침할 여러 이유가 필요하다. 이를 위해서는 다른 논거들, 영화를 여러 번 보았고, 영화가 세금, 크리켓, 인도에 대해서 자주 언급하며, 나는 이렇게 여러 번 반복된 경우에는 거의 착각을 하지 않는다는 식의 전제들을 포함하고 있는 논거들이 필요하다. 그렇지만 이런 전제들에도 의문이 생길 수 있고, 그렇다면 그들은 또 다른 논거에 의한 정당화가 필요하다. 이런 후퇴가 절대 끝나지 않는다면 「라가안」이 인도의 세금과 크리켓에 대한 영화라는 믿음을 정당화시킬 방법을 찾기는 어렵다. 이런 결과가 놀랍고 짜증스러울 것이다.

철학 회의론자들에 따르면 이 문제는 모든 믿음들로 일반화된다. 그들은 모든 전제가 증거를 통해 정당화되어야 하며, 증거는 언제나 논거의 형태로 만들 수 있고, 모든 논거에는 또다시 전제가 필요하며, 논거는 전제가 정당화되지 않는 한 결론을 정당화시킬 수 없는 것으로 상정한다.

이런 그럴 듯한 원칙은 무한 순환을 낳는다. 전제는 정당화를 필요로 하며, 정당화에는 또 다른 전제들이 필요하고, 그 전제들은 또 다른 정당화를 필요로 하며, 그 정당화에는 또 다른 전제들이 필요하고, 그 전제들은 또 다른 정당화를 필요로 하는 식으로 계속 이어진다. 이런 순환에서 벗어날 수 없다면, 어떻게 무엇인가에 대한 믿음을 정당화할 수 있을까?

논쟁을 멈출 수 없다면
어떻게 할까

    여기에서의 과제는 ① 어떤 주장을 증거 없이 정당화할 수 있는 방법, 혹은 ② 어떤 주장을 논거의 형태에 포함시킬 수 없는 증거를 통해 정당화할 수 있는 방법, 혹은 ③ 어떤 논거가 그 자체로는 정당화되지 않는 전제에 호소해서 그 논거의 결론을 정당화할 수 있는 방법을 찾는 것이다. 철학자들은 이 조건을 충족시킬 수 있는지, 만약 그렇다면 어떻게 충족시킬 수 있는지를 두고 수백 년 동안 논의를 거듭해왔다. 개인적으로 나는 이런 무한 순환의 문제에 일반적인 이론적 해법이 있을지 의심스럽다. 어떤 믿음도 그들이 요구하는 정도까지, 그들이 요구하는 방식으로 정당화될 수 없다는 회의론자들의 말이 어느 정도는 옳다.

    그래서? 이 상황은 무엇을 의미하는가? 어떤 이들은 논쟁이 그 어떤 것도 달성할 수 없다는 결론을 내린다. 그렇지만 그런 결론은 너무나 극단적이고 성급하다. 내 생각에, 무한 순환은 너무나 많은 것을 요구하는 데에서 회의론이 불거진다는 점을 보여줄 뿐이다. 우리의 욕구, 기대, 기준을 적정하게 관리하기만 하면 회의론을 피할 수 있다. 우리는 우리가 달성할 수 있는 게 무엇인지를 인정하고 수용하는 법을 배워야 한다. 그것이 회의론자들이 원하는 것이 아닐지라도 말이다.

    회의론자들은 모든 반대되는 가능성을 배제하고 모두를 설득할 수 없는 한 어떤 논거로도 만족시킬 수 없다. 그래서 그들은 결코 만족하지 못한다. 어떤 상황에서든 우리가 배제할 수 없는 대안들이 항상 존재하게 마련이다. 예를 들어, 당신은 자신의 이름을 알고 있다고 확신하겠지만 당신이 태어난 직후 병원에서 다른 이름을 가진 아이와 당신이 바뀌었다는 가능성을 어떻게 배제할 수 있겠는가? 당신은 이런 대안을 진지하게 여기려 하지 않겠지만, 그런 거부는 그 대안이 거짓임을 보여주는 일에서 아무런 역할도 하지 않는다. 그럼에도, 당신은 이런 대안들을 배제함으로써 많은 것을 달성할 수 있다.

우리가 모두를 설득해야 할까? 그렇지 않다. 어쨌든 어떤 사람들은 망상을 가지며, 그들은 우리의 전제를 거부하거나 우리에게 귀를 기울이길 거절한다. 요지부동인 사람은 우리가 생각하는 것만큼 많지도 않고, 모든 사람에게 영향을 줄 수도 없다. 혹 영향을 준다해도 전혀 문제가 되지 않는다.

우리는 일부 사람들은 거절하지만 대부분의 사람들은 수용하는 전제에 호소한다면 꽤나 많은 것을 달성할 수 있다. 우리가 영향을 주려고 노력하는 청중이 우리의 전제를 수용하는 사람들 중에 있다면 특히 그렇다. 논쟁은 이를 통해 영향을 줄 수 있는 청중을 목표로 해야 성공한다.

정치적 논쟁에서 우리의 표적을 제한하는 방법을 보여주기 위해서, 단순하고 인위적이긴 하지만 정치적 영역을 셋으로 나누어보자. 좌익의 가장 극단에 있는 3분의 1은 보수당 정책에 대한 논거에 포함된 모든 전제에 의구심을 갖는다. 반대로, 우익의 가장 극단에 있는 3분의 1은 진보당 정책에 대한 논거에 포함된 모든 전제에 의구심을 갖는다. 이 양극단에 있는 사람들은 상대의 어떤 논거에도 영향을 받지 않는다. 이런 한계가 있지만 정치적 영역의 중간에 있는 3분의 1을 목표로 한다면 논거들은 적절한 정도의 목표를 달성할 수 있다.

이 중간의 3분의 1에 해당하는 사람들은 기꺼이 우리에게 귀를 기울이고 우리를 이해하려 할 것이고 상식적인 가정을 거부하지 않는다. 최근의 한 연구는 기후 변화 논란의 양극단에 있는 사람들이 자신들의 견해를 지지하는 정보에 한해서만 자신들의 의견을 업데이트하고 자신들의 입장과 상충되는 정보에 대해서는 자신들의 입장을 업데이트하지 않는다는 것을 발견했다. 나쁜 소식이다. 좋은 소식은 동일한 논란에 대해 중도파들은 양쪽의 정보에 비추어 자신들의 견해를 갱신한다는 점이다. 그들은 모든 종류의 증거에 반응한다. 만약 이런 추세가 다른 논란에서도 재연된다면, 일부 논거는 이런 중도적인 3분의 1이 수용하는 전제들을 이용해서 이들에게 영향을 줄 수 있을 것이다. 비록 극단에 있는 사람들은 그 전제들을 거부한다고 해도 말이다. 운이 좋다면 중도의 3분의 1에게 영향을 미치는 것만으로도 선거의 방향을 바꿀 수 있고, 그렇다면 이 중도 성향의 청중들은 큰 의미를 갖는다. 이런 식으로 논쟁은 중요한 현실적인 목표를 달성할 수 있다. 이런 현실적인 목표가 제한적이고, 무한 후퇴라는 문제에 대한 일반적인 이론적 답안을 가지고 있지 않더라도 말이다.

어떻게 논쟁을
멈출 수 있을까

이제 우리에게는 제한된 청중이 거부하지 않는 전제들을 통해 그들에게 영향을 주는 방법을 알아내는 일이 남아 있다. 달리 말해, 우리는 실생활에 적용할 수 있는 무한 순환 정지 장치가 필요하다. 다행히 우리의 언어는 이미 이 목적에 맞는 도구를 제공하고 있다. 여기에서 살펴볼 주요한 수단 네 가지는 방어, 보증, 평가, 축소이다. 이를 통해 잠재적 반대를 처리하는 방법을 살펴보자.

▶ 방어

무한 후퇴를 멈추는 첫 번째 방법은 전제를 약화시키는 것이다. 이것이 어떻게 작용하는지 확인하기 위해 당신이 저지대에 집을 소유하고 있다고 상상해보자. 당신을 찾은 보험 판매원은 이렇게 주장한다. '당신은 홍수 재해 보험에 가입해야 합니다. 저지대의 모든 집들은 홍수 피해를 입기 때문입니다.' 이 논증은 쉽게 반박할 수 있다. 전제가 잘못되었기 때문이다. 저지대의 모든 집이 침수 피해를 입는 것은 아니다. 피해를 입지 않는 집들도 있다. 이런 반박을 방어하기 위해 보험 판매원은 전제를 이런 식으로 약화시킬 수 있다. '저지대의 일부 가옥은 홍수 피해를 입습니다.' 이제 이렇게 방어된 전제는 참이 된다. 하지만 이 논증은 또 다른 문제를 만난다. 전제가 결론을 지지하기에 너무 약한 것이다. 저지대에 있는 100만 채의 가옥 중에 홍수로 피해를 입는 가옥이 하나뿐이라면 일부가 피해를

THINK AGAIN

보는 것은 맞지만 홍수 재해 보험에 돈을 들일 만큼 충분히 많은 것은 아니다. 보험 판매원에게 필요한 것은 방어하기에 너무 강력한 전제('모든')와 결론을 뒷받침하기에 너무 허약한 전제('일부') 사이에서 중도를 찾는 일이다. 가령 다음과 같은 전제가 가능하다. '저지대의 많은 집들이 홍수 피해를 입는다.' 이 전제는 참이면서 홍수 재해 보험을 구입해야 하는 이유가 될 만큼 강력하다. 물론 '많은'이라는 단어 역시 주장의 이유가 얼마나 강력한지(강력한 정도가 당신이 홍수 재해 보험에 얼마의 돈을 사용할지에 영향을 준다) 구체화하기에 너무 모호하기는 하다. 그렇지만 '모두'에서 '많은'으로 달라진 전제는 반대를 피하고 논증을 개선시킨다.

불확실성을 인정하는 것도 동일한 목표를 달성한다. 보험 판매원은 당신의 집이 반드시 홍수의 피해를 보리라고 주장하는 대신 이렇게 말할 수 있다. '홍수 재해 보험에 가입하셔야 합니다. 고객님의 집이 홍수 피해를 입을 수 있기 때문입니다.' 그렇지만 홍수 피해를 입을 수 있다는 일말의 가능성은 홍수 재해 보험 가입을 정당화할 만큼 충분히 강력하지 못하다. 이 정도의 가능성 때문에 홍수 재해 보험에 가입한다면, 운석 피해 보험도 사야 할 것이다. 어떤 집은 운석의 피해를 볼 수도 있을 테니 말이다. 끈질긴 보험 판매원은 중도적인 전제를 시도할 것이다. '고객님의 집은 홍수의 피해를 입을 상당한 가능성을 갖고 있습니다.' 이 '상당한'이라는 단어의 모호함에 문제가 있기는 하지만, 이로써 전제는 방어하기가 보다 쉬워진 동시에 결론에 대한 이유가 될 만큼 강력해졌다.

이 단순한 사례는 방어적 용어가 어떻게 작용하는지 보여준다.

전제를 '모두'에서 '많은'(혹은 '대부분')이나 '일부'로, '반드시'에서 '아마도'나 '상당한 가능성' 등으로 바꾸는 것이 전제를 방어하는 것이다. 이외에 '저는 고객님의 집이 홍수 피해를 입을 것이라고 생각합니다(입지 않을까 걱정이 됩니다)'와 같이 자신의 생각을 끼워 넣는 것도 전제를 방어하는 방법이다. 개인의 사고에 대한 이런 주장에 반대하려면 화자는 이 사람이 자신의 생각이라고 이야기한 것을 부정해야 한다. 우리가 다른 사람의 정신 작용을 어떻게 부정할 수 있겠는가? 이런 방어적 용어들의 목적은 전제가 반대에 부딪힐 위험을 줄이고, 그로써 좋지 못한 논증을 더 나은 논증으로 바꾸면서 이유의 무한 후퇴를 중지시키는 것이다.

방어적 용어의 유용성과 별도로, 이런 용어들이 오용되는 경우가 있다. 가능성을 제시한 뒤에 방어적인 말을 덧붙이는 것은 흔한 속임수이다. 보험 판매원은 이렇게 주장할 수 있다. '홍수가 고객님의 집에 피해를 줄 수 있습니다. 끔찍할 겁니다. 고객님의 소중한 재산을 생각해보십시오. 가족들의 부상으로 엄청난 병원비가 나올 수도 있고 새집을 구할 때까지 다른 곳에서 살아야 할 수도 있습니다. 그런 경우, 우리의 홍수 재해 보험이 그 모든 비용을 감당할 것입니다. 그 비용은 홍수 재해 보험 가격보다 훨씬 크죠. 따라서 홍수 재해 보험은 좋은 거래입니다.' 자, 일이 어떻게 돌아가고 있는가? 보험 판매원은 홍수로 인한 피해 비용과 홍수 재해 보험의 가격을 비교하고 있다. 당신의 집이 실제로 홍수에 의해 피해를 볼 경우에는 이런 비교가 의미 있겠지만 시작 부분의 전제는 홍수가 당신의 집에 피해를 입힐 수도 있다고 주장할 뿐이다. 홍수가 당신 집에 피해를 줄 가능성이 극히 낮은 경우, 보험이 그 가격만큼의 가치가 있기 위해서는 그런 피해 비용이 홍수 재해 보험의 가격보다 훨씬 더 커야만 한다. 보험 판매원은 일부러 방어적인 말을 끼워 넣어서 이런 자명한 점을 숨기려 했다. 이런 속임수를 조심해야 한다.

또 다른 속임수는 양을 나타내는 한정사를 완전히 제외하는 것이다. 사람들은 종종 이런 식으로 말을 한다. '저지대의 가옥들은 홍수 피해를 입는다.' 이 말은 모든 가옥이 홍수 피해를 입는다는 걸 의미하는가? 아니면 일부 가옥, 많은 가옥, 대부분의 가옥을 의미하는가? 모든 가옥을 의미한다면 이 말은 거짓이다. 일부 가옥을 의미한다면 이 말은 참이지만 보험 구입을 뒷받침할 만한 전제는 되지 못한다. 많은 가옥을 의미한다면 이 말이 참인지 거짓인지 모호해진다. 이들 중 어떤 것일까? 이 전제가 주장하는 바가 무엇인지 더 정확하게 파악할 때까지는 이 전제를 둘러싼 논증의 효과를 판단할 수 없다. 누군가 이런 속임수를 시도할 때 당신이 보일 수 있는 최선의 반응은 보통 다음과 같은 것이다. '무슨 뜻인가요? 모든 가옥이라는 뜻인가요? 아니면 일부 가옥, 혹은 많은 가옥, 혹은 대부분의 가옥이라는 뜻인가요?'

이 가르침을 논란이 많은 정치적 사례에 적용시켜보자. 2017년 초, 미국은 이슬람 주요 6개국, 즉 이란, 리비아, 소말리아, 수단, 시리아, 예멘 출신 사람들에 대한 비자 발급을 중단했다(국가 목록은 2017년 말 수정되었다). 어떤 종류의 논거가 출신지에 근거한 여행 금지 조치를 뒷받침할 수 있는지 생각해보자.

흔한 전제는 '이슬람교도는 테러리스트이다'라는 간단한 것이다.

하지만 이것이 정확히 의미하는 건 무엇일까? 이슬람교도가 모든 이슬람교도인지 혹은 일부 이슬람교도, 많은 이슬람교도, 대부분의 이슬람교도인지 구체적으로 명시하지 않는 한, 이 전제는 너무 모호해서 평가가 불가능하다.

첫 번째, 다음과 같은 논증이 가능하다. '모든 이슬람교도는 테러리스트이다. 이 6개국 출신의 모든 사람들은 이슬람교도이다. 따라서 이들 국가 출신의 모든 사람은 테러리스트이다.' 이 논증은 명백히 잘못되었다. 따라서 아무도 이런 식으로 논거를 제시하지는 않는다. 이슬람교도의 여행 금지를 가장 열정적으로 옹호하는 사람이라도 이들 국가의 일부 사람들은 이슬람교도가 아니며 이들 국가 출신의 이슬람교도(비자 신청자들은 물론) 대부분이 테러리스트가 아니라는 점을 자각하고 있다.

방어적인 용어를 이용해서 이 논증을 고칠 수 있을까? 한 가지 방법은 '모든 이슬람교도는 테러리스트이다'라는 전제를 '일부 이슬람교도는 테러리스트이다'로 약화시키는 것이다. 이 전제는 모든 이슬람교도가 테러리스트라는 주장보다 옹호하기가 쉽다. 그렇지만 결론을 뒷받침하기에는 너무 약하다. '일부 이슬람교도는 테러리스트이다'라는 말로 논증을 시작한다면, 이들 국가 출신의 모든 사람에 대한 여행 금지를 뒷받침하기에는 전제가 너무 허약해진다. 테러리스트가 아닌 정치적 망명자들의 입국을 그들이 단지 일부 사람들이 테러리스트인 국가에서 산다는 이유로 금지하는 것을 어떻게 정당화할 수 있겠는가? 전체 국민들에 대한 입국 금지에 대한 보다 타당한 이유가 필요하다. 따라서 이 전제는 지나치게 방어적이다.

보험의 경우에서와 같이 우리에게 필요한 건 지나치게 강력해서 옹호하기 힘든 전제와 너무 취약해서 결론을 정당화하기 힘든 전제 사이의 중도이다. '많은 이슬람교도가 테러리스트이다'는 어떨까? 이 전제는 이들 국가 국민 전체의 입국 금지를 뒷받침할 만큼 충분히 강력한가? 나는 그렇지 않다고 본다. 간단한 이유를 대자면, 많은 이슬람교도가 테러리스트일지라도 이 테러리스트들이 위의 6개 국가 출신이 아닐 수도 있다. 따라서 최소한 '이들 각 국가의 많은 이슬람교도가 테러리스트이다'와 같은 전제는 있어야 결론을 정당화시킬 수 있다. 그래서 이런 전제면 충분할까? 아직 아니다. 일단 '많은'이라는 용어가 대단히 모호하기 때문이다. 만 명의 테러리스트이면 많은 테러리스트이다. 그러나 어떤 국가의 국민이 1,000만인데 만 명이 테러리스트라면, 1,000명 중 한 명(0.1퍼센트)만이 테러리스트인데도 그 국가의 많은 사람들이 테러리스트라는 이야기가 된다. 이 경우 '많은' 사람이 테러리스트라는 근거로 그 국가의 모든 사람들에게 비자 발급을 거절한다면, 우리는 진짜 테러리스트 한 명 때문에 테러리스트가 아닌 999명의 비자 신청을 거절하는 셈이다.

또 다른 종류의 방어적 용어라면 효과가 있을지도 모른다. 이들 중 어떤 국가의 모든 비자 신청자가 테러리스트일 가능성이 있다는 것은 참이다. 그렇지만 모든 국가의 어떤 사람이 테러리스트일 수 있다는 것 역시 참이다. 일말의 가능성은 언제나 존재한다. 따라서 '가능성이 있다'는 방어적 용어는 모든 다른 국가에 대한 비자 발급 금지를 정당화하지 않는 한 이들 국가에 대한 비자 발급 금지를 정당화할 수 없다. 여행 금지를 옹호하는 사람들은 이런 전제를 내놓을 수도 있을 것이다. '이들 국가의 비자 신청자가 테러리스트일 가능성이 상당히(혹은 매우) 높다.' 하지만 테러를 피해 도망치고 있다는 증거를 가진 비자 신청자들이 있어서 이 특정한 비자 신청자들이 테러리스트일 가능성이 상당히 높은 이유가 명확치 않다. 그렇다면 이런 식으로 방어된 전제는 거짓처럼 보이게 된다.

이와 같이, 이런 방식의 방어가 이 논증을 구제할 수 있는지는 파악하기 힘들다. 이 논거는 너무나 불확실해서 이 논거가 정말 여행 금지 옹호자들이 염두에 두고 있는 것인가를 의심하게 만들기까지 한다. 그들을 놀리고 싶다면 그들이 이런 식으로 말했다고 우길지도 모른다. 하지만 그들과 그들의 입장을 이해하고 싶은 것이라면 사안을 그들의 입장에서 바라보도록 노력해야 한다.

그들이 염두에 두고 있는 다른 논거가 있을까? 왜 이 6개국이 선정되었는지 물으면 한 가지 답을 얻을 수 있다. 이슬람교도가 대다수인 다른 많은 국가들이 목록에서 제외되었으니 단순히 이들 국가 국민 대다수가 이슬람교도이기 때문은 아닐 것이다(2017년 말에는 이슬람교도가 대다수가 아닌 두 국가, 북한과 베네수엘라도 비자 발급 금지 국가에 추가되었다). 입국 금지 조치를 옹호하는 사람들은 이들 국가의 정부가 허약하고, 부패하고, 혼란스럽기 때문에 테러리스트들이 허위 서류를 얻는 것이 쉽다고 주장할 수 있다. 증거를 신뢰할 수 없는 상황이라면 이들 국가의 비자 신청자가 테러리스트인지를 구분할 수 없다. 이들 국가 출신 비자 신청자들 1,000명 중 단 한 명이라도 테러리스트라면, 그리고 어떤 사람이 테러리스트인지 가려낼 수 있는 믿을 만한 수단이 없다면, 이들에게 비자를 발급하는 것은 위험하다. 그게 얼마나 위험한 일인지는 또 다른 문제이지만 안전성에 대한 적절한 증거 없이 비자를 발급하는 것이 어느 정도 위험한 일인 것만은 틀림없다. 이것이 문제라면 '모든'에서 '일부'나 '많은'으로, 혹은 '분명히'에서 '어쩌면'으로 말을 바꾸어서 전제를 방어할 필요가 없다. 여기에서의 문제는 테러리스트 숫자나 구체적인 사례의 확률이 아니라 어떤 비자 신청자가 테러리스트인가에 대한 정보의 신뢰 불가능성이다. 이용하는 증거에 대한 신뢰의 부족은 왜 비자 발급 금지를 옹호하는 사람들이 모든 의심스러운 경우에 추가 검토를 원하고, 정치적인 상황으로 인해 추가 검토가 불완전하거나 불가능하게 되는 경우에는 완전히 금지하길 원하는지 설명해준다.

나는 이 논증이 좋다거나 나쁘다는 말을 하려는 것이 아니다. 평가는 이후에 논의할 별개의 과제이며 평가에는 특정 사례에 대한 상세한 사실적 정보가 필요하다. 여기에서 나는 여행 금지를 뒷받침하는 논거가 무엇인지 판단해서 합리적인 사람들이 왜 이 조치를 지지하는지 이해하고 그들의 이유를 인정하며, 그것으로부터 배움을 얻고, 그들과 어떻게 타협할지 알아내려고 노력할 뿐이다. 나는 이 조치의 지지자들 중에도 최소한 일부는 이 논증의 신뢰할 수 있는 정보를 둘러싼 문제에 대해 나와 비슷하게 생각할 거라 추측한다. 하지만 다른 지지자들은 전혀 다른 논거를 생각하고 있을 것이다. 그렇다면 우리는 그들의 다른 논거가 무엇인지 파악하고 그들로부터 배움을 얻고 그들과 협력하기 위해 노력해야 한다.

▶ 보증

신뢰의 문제는 질문과 반대를 차단하는 두 번째 방법으로 바로 해결된다. 당신이 샤리프가 당신을 좋아하는지 궁금해하고 있으며 나는 그가 당신을 좋아한다는 확신을 당신에게 주고 싶어 한다고 가정해보자. 내가 '제가 보장하는데, 그는 당신을 아주 좋아합니다' 라고 말한다면 여기에 '당신의 보장은 아무런 소용이 없습니다, 저는 당신을 신뢰하지 않으니까요'와 같은 대답을 내놓기는 힘들다. 예의 없는, 그게 아니더라도 최소한 불편한 일이기 때문이다. 따라서 이런 식의 보장 때문에 상대는 내가 말한 바에 반대하기가 힘들어진다. 내가 샤리프가 당신을 좋아한다는 주장을 뒷받침하는 어떤 특정한 이유나 증거도 들지 않았다는 데 주목하라. 나는 샤리프가 당신을 좋아한다고 직접 말했다거나, 샤리프가 당신을 칭찬하는 이야기를 우연히 들었다거나, 샤리프가 당신을 좋아하는 것처럼 행동하는 걸 보았다는 등의 이야기를 하지 않았다. '제가 보장하는데, 그는 당신을 아주 좋아합니다'라고 말하면서 보장할 만한 이유가 있음을 암시하지만 그 이유가 무엇인지 구체적으로 명시하지는 않는다. 그 결과 당신 입장에서는 특별히 반박할 이유가 없다. 또한 나는 그 이유가 얼마나 강력한지, 정보원이 얼마나 믿을 만한지도 밝히지 않았다. 구체적으로 명시한 것이 너무나 적기 때문에 내 주장, 혹은 전제는 이의를 제기할 여지도 적고 따라서 방어하기가 쉽다. 보장은 이런 식으로 논쟁을 멈추고 무한 후퇴를 피한다.

'제가 보장하는데' 대신 '확신하는데', '분명히', '물론', '의심의 여지없이', '틀림없이', '꼭', '명백히', '절대', '전혀', '사실은' 등과 같이 말할 수도 있다. 이런 모든 보증적 용어는 이유가 무엇인지를 구체화하지 않으면서도 어떤 주장에 대한 이유가 존재한다는 것을 시사한다. 따라서 이런 용어들은 청중이 주장에 대한 추가적인 정당화를 요구할 수 없게 만든다.

보증은 여러 경우에 잘 적용된다. 어떤 전제들은 정말로 명백한 사실이어서 상대도 전제에 동의하는 경우도 있고, 정보의 특정 출처에 대한 신뢰성을 기반으로 특정 전제를 인정하는 경우도 있다. 보다 상세하게 이야기하는 것이 별 의미가 없거나 집중을 방해하는 상황에서는 특정한 증거나 전문가를 구체적으로 밝히지 않으면서 증거와 전문가가 자신의 주장을 지지한다고 말하는 것도 일리가 있다. 보증은 시간을 절약하게 한다.

이런 타당한 쓰임새가 있기는 하지만 보증적 용어에도 오용의 가능성이 있다. **폭력적인 보증**이 흔히 사용되는 속임수이다. 사람들은 종종 '그게 안 보이는 걸 보니 장님이 틀림없군', '알 만한 사람은 다 알지', '순진한 바보나 그런 착각을 하지' 같은 식으로 정도를 넘어선다. 누군가 이런 식의 폭력적인 보증에 의존하면, 당신은 왜 그들이 자신의 주장에 대한 증거를 대는 대신 그런 극단적인 무례를 선택하는지 의문을 가져야 한다.

또 다른 속임수는 당신이 의심스러운 출처에 의존하고 있음을 인정하지 않으면서 청중이 거부할 것이 분명한 출처(권위나 증거)를 암시하는 것이다. 논란의 여지가 있는 이유들로는 논란을 해소할 수 없다. 한 진보주의자가 진보주의 성향의 뉴스(MSNBC와 같은)를 보고 '당연히, 대통령이 적들과 결탁한 거야', 혹은 '뉴스를 보는 사람이라면 그건 다 알아'라고 말하는 것을 상상해보라. 이런 보증적 용어는 특정한 보도원을 명쾌하게 언급하지 않기 때문에 보수파들은 특정 출처를 비난하는 방식으로 이 주장에 반대할 수가 없다. 보수 성향의 뉴스(폭스와 같은)를 보고 '가짜 뉴스의 앞잡이(혹은 주류 매체)들이나 대통령이 적들과 결탁했다는 비난을 하지'라고 말하는 보수주의자의 경우도 마찬가지이다. 양측이 상대가 거부하는 보도원을 언급하면서 보증적 용어를 사용하는 경우 이 보증적 용어는 양쪽의 이유들을 침묵시킨다. 어느 쪽도 이름이 밝혀지지 않은 출처의 신빙성에 대해서 논할 수 없기 때문이다. 그런 보증적 용어는 논쟁을 중단시킨다. 지나치게 이르게 말이다.

여기에서 배운 것을 앞에서 논의한 미국의 비자 발급 금지 조치에 적용시켜보자. 소말리아나 예멘 출신의 비자 신청자가 '저는 절대 테러리스트가 아닙니다'라고 말하는 것을 상상해보라. 비자를 발급하는 일을 하는 관리는 이런 보증에 의문을 제기할 만한 이유를 갖고 있다. 테러리스트라면 바로 이렇게 이야기할 것이기 때문이다. 하지만 한 관찰자(또 다른 관리나 비자 신청자)가 '그 사람은 의심할 여지없이 전쟁과 테러로부터 도망치려 하고 있습니다'라고 말한다고 가정해보자. 비자 발급 관리는 이 관찰자의 말을 신뢰할지도 모르지만 규정에 의하면 신뢰할 수 있는 서류가 필요하다. 이 관찰자가 '이 비자 신청자가 위험하지 않다는 많은 증거가 있습니다'라고 확언한다 해도, 관리는 그 증거를 보여달라고 요청할 권리가 있다. 그렇다면 이 비자 신청자가 공식 문서처럼 보이는 것을 보여준다고 생각해보자. 이제 상대방은 보증에 의지할 수 있다. 대신 관리는 '이 서류는 전혀 신뢰할 수 없습니다, 우리는 이런 서류들이 이 나라의 거리에서 판매되고 있으며 의심할 여지없이 테러리스트들이 그런 서류들을 구입한다는 것을 알고 있습니다'라며 반박할 수 있다. 이런 보증은 비자 신청을 거절하는 이유를 제시한다. 왜 신뢰성이 없다고 확신하는지, 서류 판매에 대해서 어떻게 알고 있고 왜 테러리스트가 분명히 가짜 서류들을 구입한다고 생각하는지는 말하지 않았지만 말이다. 이런 점들이 구체화되지 않았기 때문에, 비자 신청자에게는 관리의 의심에 대응할 방법이 없다.

문제는 보증이 신뢰를 배경으로만 작동한다는 점이다. 당신이 내게 확실하다고 말을 하고, 내가 당신을 믿는다면, 나는 당신이 왜 그렇게 확신하는지 물을 필요 없이 당신의 말에 동의할 것이다. 하지만 내가 당신을 믿지 못한다면, 나는 당신이 확신하는 보증에도 흔들리지 않을 것이다. 양극화에는 신뢰가 부족하다. 그래서 양극화는 이유를 공유하기 위한 시도들을 약화시키고 이는 더 심한 양극화를 불러온다.

▶ 평가

논쟁을 중단시키는 세 번째 방법은 평가적 혹은 규범적 언어를 사용하는 것이다. 철학자들은 '좋은'이나 '나쁜' 같은 평가적인 단어와 '옳은'이나 '그른' 같은 규범적 단어의 의미를 두고 수 세기 동안 씨름해왔다. 여기에서 그런 일반적 논란에 대해서 설명하거나 논란을 덧붙이지는 않겠다. 나는 그저 평가적인 언어가 보증과 대단히 유사한 방식으로 논쟁을 중단시키는 방법을 보여주고자 할 뿐이다.

어떤 전통에서 좋다고 말하는 건 관련된 기준에 부합하는 것이다. 사과는 아삭하고 맛있는 것이 좋은 것이다. 차는 널찍하고 연비가 좋은 것(예쁘고, 반응이 빠르고, 비싼 것은 물론)이 좋은 것이다. 좋은 사과에 대한 기준은 좋은 차에 대한 기준과 매우 다르다. 하지만 각각은 해당 종류의 것과 관련된 기준에 부합할 때 좋은 것이다. 마찬가지로 관련된 기준에 부합하지 못하는 것은 나쁘다고 말한다. 사과는 물컹하고 밍밍하면 나쁜 사과인 반면 차는 비좁고 기름이 많이 들면 나쁜 차다.

'좋은'과 '나쁜'이라는 용어는 거의 모든 사안에 적용시킬 수 있다. 하지만 보다 전문화된 평가적 용어도 있다. 가격이 좋다는 건 물건이 싸다는 의미이다. 아름다운 그림은 보기가 좋다. 기억에 남는 곡은 선율이 좋다. 용감한 사람은 위험에 맞서는 일에 좋은 능력을 갖고 있다. 솔직한 사람은 진실을 말하는 것이 좋은 상황에서 그렇게 행동한다(하지만 침묵하는 것이 더 나을 때는 그렇게 한다). 그런 용어들은 평가적이다. 무엇이 좋은지, 관련된 기준을 언급하지 않고서는 적절하게 설명하거나 규정지을 수 없기 때문이다.

화자들은 단어 그 자체는 평가적인 의미가 없을 때에도 그 단어를 종종 평가적인 의미로 사용한다. 내 아이가 죽었다고 말할 때 나는 분명히 이 죽음을 나쁜 것으로 평가하고 있을 것이다. 하지만 내가 명시적으로 말한 건 그 죽음이 일어났다는 것뿐이다. 나쁘다고 드러내놓고 말하지 않지만 죽음이 일어난 때는 죽음이 나쁘다는 암시 없이도 그것이 나쁘다는 의미를 분명하게 밝힐 수 있다. 따라서 죽음은 나쁜 것이지만 '죽음'이라는 단어 그 자체로는 평가적인 단어가 아니다. 마찬가지로 어떤 사람을 진보주의자라고 부르는 것은 그 자체로는 평가적인 말이 아니다. 그런데도 보수주의자들은 때로 상대를 진보주의자라고 부름으로써 그들을 비난한다. 진보주의자들은 진보주의자라는 점을 자랑스럽게 여긴다. 그런 이유로 그들은 이 단어를 부정적인 평가로 보지 않는다. 따라서 누군가를 진보주의자라고 부르는 건 어떤 사람의 정치적 견해를 말하는 것일 뿐, 그 사람이 어떤 평가적 혹은 규범적 기준에 부합하는지 혹은 부합하지 못하는지를 말하는 것이 아니다. 그러므로 '진보주의자'와 '보수주의자'라는 단어는 본질적으로 평가적이지 않다.

이 점을 미국의 비자 발급 금지 조치라는 앞의 사례에 대입해보자. 금지 조치 옹호자들은 이란, 리비아, 소말리아, 수단, 시리아, 예멘의 국민에게 비자를 발급하는 것이 위험하다고 말할 것이다. 이 일을 위험하다고 말하는 것이 어떤 의미일까? 지나치게 위태롭다는 의미로 보인다. 하지만 무엇이 비자 발급을 그냥 위태로운 것이 아닌 지나치게 위태로운 일로 만드는 것일까? 그 일이 용인되는 위험의 기준을 넘어섰다는 의미일 것이다. 이런 기준에 대한 호소는 '위험한'이라는 단어가 숨겨진 평가인 이유를 보여준다. 논란의 다른 편에도 같은 이론이 적용된다. 비자 발급 금지를 반대하는 사람들은 이 6개국 국민 일부에게는 비자를 발급해도 안전하다고 주장한다. 그것은 이 일이 전혀 위험하지 않다는 의미일까? 그것은 명백하게 타당성이 없다. 때문에 그들이 이런 의미로 이야기할 가능성은 없다. 대신 그들이 의미하는 바는 아마도 비자 발급이 용인되는 위험의 기준에 부합한다는 것이다. 지나치게 위태롭지 않다고 말이다.

따라서 관련된 기준의 측면에서 이런 주장들을 이해하면 문제가 명확해진다. 의견 차이는 비자 발급으로 유발되는 위험이 어느 정도이며 어느 정도의 위험을 용인할 수 있는가를 두고 존재한다. 물론 이런 식으로 논란이 되는 부분을 밝히는 것으로는 문제를 해소하지 못한다. 하지만 각자가 상대를 인정하는 데에는 도움이 된다.

　이제 우리는 평가적인 언어가 논증의 무한 후퇴를 어떻게 중단시킬 수 있는지 알 수 있다. 보증적 용어가 특정한 이유를 명확히 밝히지 않고도 이유의 존재를 주장했고, 따라서 특정한 이유에 대한 반박을 피했다는 것을 상기시켜보라. 평가적 단어도 마찬가지이다. 논란의 한쪽 편이 어떤 것은 좋다고 말할 때, 그들은 그것이 관련된 기준에 부합한다고 말하는 것이다. 그렇지만 그들은 그 기준이 무엇인지를 구체적으로 밝히지 않는다. 어떤 정책을 두고 '안전하다' 혹은 '위험하다'는 식의 용어를 사용할 때에도, 그들은 일반적인 종류의 기준에 근거를 두지만 그 기준이 어떤 것을 요구하는지 정확하게 드러내지 않는다. 이런 모호함 때문에 상대는 반박하기가 더 어려워진다. 어떤 기준을 반박해야 할지 모르기 때문이다. 또한 평가적인 언어를 통해서 매우 다른 기준을 가진 사람들 사이에서도 동맹이 만들어질 수 있다. 당신과 나는 목적지로 가는 어떤 경로가 좋다는 데 뜻을 같이 할 수 있다. 당신은 그 경로가 짧아서 좋다고 하고, 나는 경치가 아름다워서 그 경로가 좋다고 하는데도 말이다. 당신과 나는 우리 사이의 싸움이 나쁘다는 데에도 동의할 수 있다. 당신은 싸움이 당신에게 좋지 않아서 나쁘다고 생각하고 나는 싸움이 나에게 좋지 않아서 나쁘다고 생각하더라도 말이다. 따라서 우리는 매우 다른 기준을 근거로 해서 전제를 받아들이면서도 논증에 포함된 평가적인 전제에 동의할 수 있다. 이런 합의가 이루어지면 전제들에 대한 더 이상의 정당화를 요구할 필요성이 사라진다. 따라서 이런 합의는 논쟁에 대한 공통의 출발점을 제공한다.

▶ 축소

반대를 처리하는 네 번째 방법은 반대를 예측하고 제거하는 것이다. 자신의 입장에 대해 이의를 제기하는 것이 이상해 보일 수도 있다. 그렇지만 상대가 하기 전에 먼저 당신이 반대 의견을 대고 거기에 대응한다면 반대 의견을 상대가 선호하는 방식이 아닌 당신이 원하는 방식으로 만들어낼 수 있다. 더불어, 상대가 당신의 전제를 반박하는 걸 꺼리게 만든다. 당신이 미리 그 사안을 다룬 후라면 반박이 불필요한 것으로 보이기 때문이다. 그리고 당신은 이 반대 의견을 축소한다. 즉 왜 이것이 문제가 되지 않는지 말하는 것이다. 이런 전략은 때로 논쟁을 중단시킬 수 있다. 이런 기능은 축소적인 언어를 통해 수행된다. 일상에서 간단한 사례들을 쉽게 찾아볼 수 있다. 아래의 두 문장을 비교해보라.

① 라모나는 똑똑하지만 지루하다.
② 라모나는 지루하지만 똑똑하다.

차이는 미묘하지만 결정적이다. ①과 같이 말하는 사람은 라모나가 지루하기 때문에 함께 시간을 보내고 싶어 하지 않을 것이다. 반대로 ②와 같이 말하는 사람은 라모나가 똑똑하기 때문에 함께 시간을 보내고 싶을 것이다. '하지만'이라는 말 뒤에 무엇이 나오는가가 이 모든 차이를 만든다.

이런 비대칭 효과가 발생하는 것은 각각의 문장이 세 가지 주장을 하기 때문이다. 첫째, 문장 ①과 ②는 모두 라모나가 똑똑하며 동시에 지루하다는 것을 암시한다. 이런 면에서 '하지만'은 '그리고'와 비슷하지만 더 많은 의미를 담고 있다. 둘째, '하지만'과 같은 축소적 용어는 두 주장 사이의 상충 혹은 긴장을 암시한다. 라모나는 힘이 세고 키가 크다고는 말할 수 있지만, 라모나는 힘이 세지만 키가 크다고 말하는 건 이상하게 들린다. 힘이 센 것과 키가 큰 것 사이에는 상충되는 점이 없기 때문이다. 반면에 똑똑한 것과 지루한 것 사이에는 상충이나 긴장이 존재한다. 라모나가 똑똑한 것은 함께 시간을 보내는 이유인 반면 라모나가 지루한 것은 함께 시간을 보내지 않는 이유이기 때문이다. 셋째, 축소적 용어가 들어 있는 문장은 상충되는 부분에서 어떤 면이 우세한지를 보여준다. '하지만'이라는 용어는 '하지만' 이후의 주장이 '하지만' 이전의 주장보다 더 중요하다는 것을 시사한다. 따라서 '라모나가 똑똑하지만 지루하다'고 말하는 사람들은 라모나와 시간을 보내고 싶어 하지 않는 것이다. 그들은 라모나의 지루함이 라모나의 똑똑함보다 중요하다고 본다. 반면에 '라모나는 지루하지만 똑똑하다'라고 말하는 사람들은 라모나의 똑똑함이 라모나의 지루함보다 중요하다고 보기 때문에 함께 시간을 보내고자 한다. 이 세 번째 주장은 문장 ①과 ② 사이의 차이를 설명해준다.

THINK AGAIN

마찬가지로 같은 주장을 하면서도 비중의 방향을 바꾸는 축소적 용어들이 있다. 정치적인 사례를 생각해보자. 지우마 호세프^{Dilma} Rousseff는 2011년부터 2016년 8월 탄핵될 때까지 브라질의 대통령이었다. 2016년 7월, 호세프가 탄핵 심판을 받던 중에 한 브라질 사람이 이렇게 말했다고 가정해보자.

③ 비록 호세프가 우리나라의 대통령일지라도 그는 부패했다.

④ 비록 호세프가 부패했을지라도 그는 우리나라의 대통령이다.

이 문장들은 호세프가 대통령이며 부패했다는 두 가지 주장을 하며 두 가지 주장들 사이에 긴장이 존재함을 시사한다. 그가 대통령인 것은 호세프를 존경하는 이유이지만 그가 부패한 것은 호세프를 존경하지 않는 이유이다. 더구나 '비록'이라는 단어는 보통 바로 뒤에 나오는 것이 다른 절의 내용보다 덜 중요하다는 것을 암시한다. 때문에 ③과 같이 말하는 사람은 호세프의 부패함 때문에 그를 존경하지 않을 것이다. 반면 ④와 같이 말하는 사람은 우리나라의 대통령이라서 호세프를 존경한다는 뜻을 전하고 있다. 주장의 위치가 화자가 우선시하는 것을 드러낸다.

이런 패턴은 '그럼에도', '설사 ……라고 하더라도', '설령 ……라 하더라도', '그에 반해', '반면', '그렇지만', '그래도', '그런데도', '그렇더라도'를 비롯한 다른 축소적 용어에서도 나타난다. 이 모든 용어는 그들이 연결하고 있는 두 가지 주장을 내보이고, 두 주장 사이에 상충이 존재하다는 것을 시사하고, 당면한 사안에서 두 주장의 중요성에 따라 순위를 정한다.

논쟁을 하는 사람들은 종종 자신의 전제를 보호하고 지지하기 위해 축소적 용어를 사용한다. 누군가 다음과 같이 말한다고 하자. '호세프가 연설을 할 수 있도록 해주어야만 한다. 비록 그를 비난하는 사람들은 그가 부패했다는 이유로 반대하겠지만 그는 여전히 대통령이다.' 여기에서 두 번째 문장은 호세프가 연설을 할 수 있게 해주는 데 반대하는 비판자들의 주장에 대응하고 호세프가 연설을 하게 해주어야 한다는 결론을 지지하는 전제('호세프는 대통령이다')도 덧붙인다. 이의를 제시하고 그에 대응하면 비판자들은 당신의 전제를 반박하는 일을 더 꺼리게 되므로 때로 논쟁을 중단시킬 수 있다.

이 가르침을 우리가 계속 다루고 있는 미국의 비자 발급 금지 조치에 적용시켜보자. 비자 발급 금지를 옹호하는 사람들은 이렇게 말할 수 있다. '물론 그 6개국 출신의 이슬람교도 대부분은 테러리스트가 아니다. 하지만 우리는 누가 테러리스트인지 구분할 수 없다.' 이 문장은 이 금지 조치가 이들 국가의 이슬람교도 대부분이 테러리스트라는 가정은 잘못되었다는 반박을 차단한다. 금지 조치 옹호자들이 자신들이 그런 가정을 하지 않는다고 명백하게 부정했기 때문이다. 반면, 여행 금지 조치를 반대하는 사람들은 이렇게 말할 수 있다. '이 6개국의 문서를 신뢰하기 힘들다는 것은 인정한다. 하지만 그들이 미국에 도착했을 때 추가 검토를 적용할 수 있다.' 이 문장은 누가 테러리스트인지 구분하는 일이 왜 어려운지 설명하며 (그렇게 함으로써 그 점을 인정한다), 따라서 금지를 반대하는 사람들이 너무 순진해서 테러리스트를 구분하는 걸 쉬운 일로 생각한다는 상대편의 공격 가능성을 미리 차단한다. 여기 등장한 두 가지 축소의 사례 모두 오해의 가능성을 막고 이를 통해 상호 이해와 생산적인 논의의 가능성을 높인다. 이들 문장은 반대와 대응을 모두 언급함으로써 사안의 양편이 가진 이유를 드러낸다. 그 결과로 대립되는 고려 사항을 인식하게 되면 양 당사자와 양측의 이유를 만족시키는 타협점을 찾을 가능성을 높일 수 있다. 이것은 반대 의견의 축소로 논쟁을 개선시키는 또 다른 방법이다.

어떻게 용어들을 통합적으로 사용할 수 있을까

우리는 논쟁을 시작하는 방법(논거 표지)은 물론 논쟁을 중단하는 방법(방어, 보증, 평가, 축소 용어)도 접했다. 언어의 이런 각 조각들은 대단히 흥미로우면서도 복잡하다. 이에 대해서는 배워야 할 것이 매우 많다. 더 많이 배울 수 있는 최선의 방법은 실제 논쟁에서 이 용어들을 찾는 연습을 하는 것이다. 이것이 정밀 분석의 목표이다.

설명을 위해 하나의 광범위한 사례를 차근차근 신중하게 검토할 것이다. 이 사례는 공정무역 커피 브랜드 '이퀄 익스체인지Equal Exchange'의 광고에 등장한다. 우선 전체 광고를 읽으면서 전반적인 구조를 확인해보자.

이런 이야기를 꺼내기에 좀 이른 시간일지도 모르겠습니다. 하지만 대기업의 커피를 구입한다면 당신은 무심코 돈 많은 기업의 주머니를 불리면서 가난한 사람들을 계속 가난하게 살게 하는 시스템을 영속시키는 것입니다. 이퀄 익스체인지 커피를 선택한다면 변화를 이루도록 도움을 줄 수 있습니다. 우리는 소규모 영농 조합과 최저 고정 요율에 상호 합의한 가격으로 직거래를 하는 것이 옳다고 믿습니다. 그렇다면, 커피 시장이 하락해도 농부들은 공정한 가격을 보장받습니다. 그러니 이퀄 익스체인지 커피를 드십시오. 그리고 소농들을 행복하게 만들어주십시오. 물론 이퀄 익스체인지 커피를 구입하는 당신의 결정이 전적으로 이타적일 필요는 없습니다. 우리는 커피를 생산하는 농부들을 돕는 것만큼이나 좋은 커피 맛을 다듬어내는 데 자부심을 갖고 있기 때문입니다. 이퀄 익스체인지에 대한 더 자세한 정보를 원하시거나 그늘 경작법으로 키운 고품질의 유기농 커피를 직접 주문하고 싶다면 1800 406 8289로 전화 주십시오.

이 글을 정밀 분석하기 위해서는 논거 표지는 물론 방어, 보증, 축소, 평가적 용어들까지 찾아내야 한다. 이런 활동이 이 글의 중심 논거를 드러내줄 것이다. 첫 문장부터 논의할 가치가 있는 말이 등장한다. 왜 작가는 '이런 이야기를 꺼내기에 좀 이른 시간입니다' 대신 '이런 이야기를 꺼내기에 좀 이른 시간일지도 **모르겠습니다**'라고 했을까? 독자는 이 광고를 하루 중 어느 때라도 볼 수 있다. 만약 저녁에 본다면 이른 시간이 아니다. 글이 거짓으로 시작하는 걸 막기 위해서 작가는 '……일지 모르겠습니다'라는 방어적인 용어를 채용했다. '좀'이라는 단어 역시 그렇게 이른 시간은 아니라는 반박에 대한 방어로 보인다. 어떤 경우든 이런 종류의 방어는 다소 이례적이다. 이 문장은 중심 논거에 속하지 않기 때문이다. 요점은 독자가 이 글을 읽는 시간에 좌우되지 않는다.

그다음으로 주목할 단어는 '하지만'이다. 우리는 '하지만'이 패러다임을 축소하는 용어라는 걸 알고 있다. 여기에서 이 단어가 가치를 감소시키는 것은 무엇인가? 확실한 건 아니지만 타당성이 있는 한 가지 해석이 있다. 앞으로 보게 되겠지만 문장의 나머지 부분에서 논거가 시작되고, 그 논거는 대단히 진지하다. 그 논거는 잘못된 종류의 커피를 구입하는 것이 궁핍한 피해자들에게 해를 입힌다고 말한다. 대부분 사람들에게 그 문제는 아직 잠에서 미처 깨지도 못한 상태에서 논의하기에는 너무 무거운 주제이다. 그 결과, 많은 사람들이 아침 첫 커피를 마시는 동안 이런 논쟁을 제기하는 데 반대할 가능성이 높다. '하지만'이라는 용어는 이런 반대를 예상하고 뒤따를 이야기가 더 중요하다는 뜻을 내비친다.

뒤따르는 것은 조건문이라고 불리는 '……한다면'의 문장이다. '대기업의 커피를 구입한다면 당신은 무심코 돈 많은 기업의 주머니를 불리면서 가난한 사람들을 계속 가난하게 살게 하는 시스템을 영속시키는 것입니다.' 작가가 대기업의 커피를 산다거나 소농들이 계속 가난하게 살 만드는 시스템을 영속시킨다고 사람들을 비난하고 있지 않다는 데 주목하라. 커피를 마시지 않는 독자도 있을 것이고, 이미 이퀄 익스체인지에서 공정무역 커피를 구입하는 독자도 있을 것이다.

그렇다면 이 조건문이 하는 일은 무엇일까? 요점은 '가난한'이라는 단어에 있다. 시스템이 나쁘지 않다면 시스템을 유지하는 데 아무런 문제도 없다. 하지만 가난한 것이 나쁜 것이라면, 소농을 계속 가난하게 살게 하는 것은 문제가 있다. 누군가가 가난한 것은 그들에게 얼마만큼의 돈이 있는지, 얼마만큼의 재산이 있는지에만 좌우되는 일이 아니라는 데 주목하라. 1년에 100만 루피(미화로 약 1만 6,000달러)를 버는 사람은 그 돈이 풍족한 삶을 누리는 데 충분한 지역에서라면 부유할 수 있겠지만, 그 돈이 적절한 생활을 영위하기에 충분치 못한 지역에서는 가난할 것이다. 따라서 누군가를 '가난하다'고 말하는 것은 적절한 생활의 최저 기준을 충족시킬 만큼 돈을 벌지 못하거나 그만한 재산을 갖고 있지 않다는 뜻으로 보인다. 그런 의미에서 가난한 것은 나쁘다. 따라서 '가난하다'는 평가적 용어이다(물론 이것은 가난한 사람들이 나쁘다는 뜻이 아니라 그들의 수입과 부의 수준이 나쁘다는 뜻일 뿐이다). 이런 식으로 가난한 것이 나쁜 것이라면, 소농들을 계속 가난하게 살게 하는 것은 나쁜 일이다. 그런 나쁜 효과를 내는 시스템을 유지하는 것 역시 나쁜 일이다. 따라서 이 문장이 주장하듯이 대기업의 커피를 구입하는 것이 나쁜 시스템을 영속시킨다면, 대기업 커피를 구입하는 것은 나쁘다. 이와 같이 평가적인 용어 '가난하다'의 부정적인 힘은 이 광고에 담긴 조건문의 맨 앞까지 영향을 미쳐서 대기업의 커피를 구매하는 행위가 나쁘다는 것을 시사한다.

'주머니를 불리는' 것은 어떨까? 이 구절도 평가적일까? 명확하지는 않다. 비유이기 때문이란 점도 한몫한다. 주머니를 불리는 데에는 아무런 문제도 없다. 그렇지만 이 비유에서는 돈으로 주머니를 불리는, 혹은 채우는 것이 공정치 못하게 사익을 채운다는 뜻을 담고 있다. 비유가 이런 의미라면 '돈 많은 기업의 주머니를 불리는' 것은 공정이라는 기준을 위반하며, 따라서 나쁜 것이다. 그러므로 이 추가적인 주장은 현재의 시스템이 좋지 못하며, 따라서 당신은 대기업의 커피를 구매해서 이런 시스템을 영속시켜서는 안 된다는 주장을 강화한다.

작가들은 왜 '무심코'라는 단어를 덧붙였을까? 독자들이 의도적으로 가난한 사람들에게 피해를 준다고 비난하고 싶지 않았기 때문일 것이다. 그런 비난은 입증하기가 어려운데다 독자를 화나게 해서 그들이 글을 읽는 걸 그만두게 만드는 역효과를 낼 수 있다. 작가는 시스템의 폐해에 대해서 독자를 개별적으로 비난하지 않고 그들에게 더 나은 일을 할 수 있는 방법을 보여주고자 한다. 더불어, 이런 피해가 무심코 벌어진 일이라고 함으로써 대기업의 커피를 마시는 사람들이 자신들이 가난한 농부들에게 어떤 일을 하고 있는지 모른다고 가정하고, 따라서 계속 글을 읽음으로써 배울 것이 있다는 뜻을 전한다.

첫 번째 결론은 현재의 시스템이 좋지 못하다는 것이지만, 이 광고의 요점은 독자들이 대기업의 커피를 사지 않게 만드는 것만이 아니다. 단순히 대기업의 커피를 사지 않게 만들려는 것이라면 독자들이 커피를 완전히 끊는 방법도 있다. 그 대신, 작가는 독자들이 이퀄 익스체인지의 커피를 구입하길 원한다. 이에 대한 이유를 제시하기 위해서는 보다 긍정적인 논거가 필요하다.

긍정적인 논거는 다음 문장부터 시작된다. '이퀄 익스체인지 커피를 선택한다면 변화를 이루도록 도움을 줄 수 있습니다.' 이 문장은 변화가 좋은 것이라고는 말하지 않는다. 어떤 변화는 시스템을 더 악화시킬 수도 있다. 그렇지만 광고의 첫 번째 문장이 왜 기존의 시스템이 나쁜지 보여준 후이기 때문에 작가는 이제 변화가 좋다고 가정하는 것으로 보인다.

이 문장은 이퀄 익스체인지 커피를 선택하는 것이 실제로 어떤 변화를 만드는지 명시적으로 이야기하지 않는다. '도움을 줄 수 있다'에는 두 가지 방어적 단어가 들어 있기 때문이다. 사람들이 변화를 이루는 데 '도움'을 준다고 말하는 것은 그들이 변화를 이룬다고 말하는 것보다 약하며, 사람들이 도움을 '줄 수 있다'고 말하는 것은 그들이 실제로 변화를 이루는 데 도움을 '준다'는 것보다 약하다. 전제를 이중으로 약화시킴으로써 방어가 더 쉬워졌다. 반대자들은 이퀄 익스체인지의 커피를 구입하는 것만으로는 시스템을 변화시키기에 충분치 않다고 반박할 수가 없다. 광고의 작가가 그런 식의 무방비한 주장을 하지 않았기 때문이다. 하지만 그런 취약성에도 이중 방어된 전제는 독자들이 가난한 커피 농부의 문제 해결에 손을 보탤 기회를 원한다면 이퀄 익스체인지의 커피를 사야 한다는 결론을 지지하기에 충분하다. 이 정도의 기회에는 만족하지 못하는 독자들도 있을 것이다. 하지만 좋은 변화에 대한 얼마간의 가능성이 나쁜 시스템의 영속보다는 낫다. 따라서 이 이중 방어된 주장은 많은 독

THINK AGAIN

자들이 이퀄 익스체인지 커피를 마시는 데 충분한 이유가 된다.

다음 문장은 좀 까다롭다. '우리는 소규모 영농 조합과 최저 고정 요율에 상호 합의한 가격으로 직거래를 하는 것이 옳다고 믿습니다.' 작가는 이퀄 익스체인지가 믿고 있는 바를 이야기한다. 하지만 자신들이 믿고 있는 대로 하고 있다고 단언하지는 않고 있다. 여기에서 '믿는다'는 단어는 방어의 한 유형으로 볼 수도 있다. 이 단어가 주장을 약화시켜서 이퀄 익스체인지가 항상 소규모 영농 조합과 최저 고정 요율에 상호 합의된 가격으로 직거래를 하지는 않는다는 반박을 피해가기 때문이다. 하지만 이런 표현은 독자들이 이퀄 익스체인지가 자신들이 믿는 대로 일을 한다고 믿게끔 만든다.

이 문장은 자신들이 믿는 것이 좋은 것이고 따라서 소규모 영농 조합과 최저 고정 요율에 상호 합의된 가격으로 직거래를 해야 한다는 암시도 준다. 그렇지만 이 문장에는 명백하게 평가적인 단어가 전혀 없다. 어떤 행동을 거래라고 부르는 건 그것이 좋은지 나쁜지를 말하는 게 아니다. 직거래라는 말은 그것이 좋거나 나쁘다는 말이 아니다. 가격이 상호 합의되었다는 건 그 합의가 공정하거나 좋은 것이라는 평가가 아니다. 불공정하고 나쁜 상호 합의도 존재하기 때문이다. 요율이 최저 고정 요율라는 말은 최저가 충분히 공정하고 좋다는 이야기가 아니다. 작가는 이들이 왜 좋은지를 전혀 설명하지 않는다. 그것이 논거에서 문제가 되는가? 꼭 그렇지는 않다. 작가가 이들을 좋다고 생각하는 건 명백하다. 그리고 작가는 그런 평가를 공유하는 청중만을 상대하려고 할 수도 있다. 즉 가격을 상호 합의하는 것이 나쁘다고 생각하는 사람은 고려하지 않고 있는

지도 모른다. 그렇다면 이 논거는 작가가 목표로 하는 모든 사람에게는 영향을 줄 것이다.

어떤 경우이든, 노골적인 평가는 다음 문장에서 등장한다. '그렇다면 커피 시장이 하락해도 농부들은 공정한 가격을 보장받습니다.' 여기에서 '공정한'이라는 단어는 명백히 평가적이다. 어떤 것이 공정하려면 공정함이라는 평가적 기준에 부합해야만 하기 때문이다. '커피 시장이 하락해도 농부들은 공정한 가격을 보장받습니다'라는 문장에서 작가는 'should the coffee market decline'과 같이 'should(……해야 한다)'라는 단어를 사용하고 있다. 누군가가 무엇을 '해야 한다'고 말하는 건 보통 그렇게 하는 것이 좋다는 의미이다. 그러나 여기에서 커피 시장이 하락해야 한다는 말을 하고 있는 건 분명히 아니다. 그것은 나쁜 일이다. 이 문장에서 'should'는 '커피 시장이 하락해야 한다'가 아니라 '커피 시장이 하락한다면'이라는 뜻을 나타내는 데 사용된다.

이 문장에서 주의를 기울여야 할 또 다른 단어는 '보장받는다'이다. 공정한 가격을 보장받는다고 말하는 것은 농부들이 공정한 가격을 받지 못할 걱정이 없다거나 공정한 가격을 받을 것이 확실하다는 말이다. 누가 공정한 가격을 보장하는가? 아마 그것은 이퀄 익스체인지일 것이다. 그 지역의 법규는 최저 고정 요율을 요구하지 않기 때문이다. 따라서 우리가 이퀄 익스체인지사를 이 광고의 작가로 본다면 '보장받는다'는 보증 용어로서 기능한다. 작가는 농부들이 공정한 가격을 받을 것이라고 독자를 안심시키기 위해 그 단어를 사용하고 있기 때문이다. 이는 '농부들은 분명히 공정한 가격을 받을 것이다'라고 말하는 것과 같다.

이제 문장의 나머지 부분을 이해했으니 문장의 첫 번째 단어로 돌아가보자. '그렇다면'은 앞의 문장(우리는 소규모 영농 조합과 최저 고정 요율에 상호 합의한 가격으로 직거래를 합니다)이 다음 문장(커피 시장이 하락해도 농부들은 공정한 가격을 보장받습니다)의 이유가 된다는 것을 보여주는 논거 표지이다. 이퀄 익스체인지의 거래와 가격 설정 방식은 불가피한 시장 하락에 직면해서도 가격이 유지되는 데 대한 설명적 이유를 제시한다. 이 문장의 평가적 단어들로 인해, 이 논거는 이퀄 익스체인지의 커피를 구입해야 한다는 정당화의 이유도 제시한다. 이퀄 익스체인지의 방식이 좋은 것, 즉 안정적인 공정성을 촉진하기 때문이다.

'그러니 이퀄 익스체인지 커피를 드십시오, 그리고 소농들을 행복하게 만들어주십시오'라는 다음 문장은 일반적 결론을 명백하게 드러낸다. '그러니'라는 단어는 다음에 나오는 것이 결론임을 표시하는 논거 표지의 역할을 한다. 이상한 점이 있다면 '이퀄 익스체인지 커피를 드십시오'라는 결론이 명령적이라는 것뿐이다. 명령형은 서술적이지 않아서 참이나 거짓일 수가 없다. 이런 형식상의 특징 때문에 이 문장은 결론에서 배제되는 것처럼 보인다. 하지만 '이퀄 익스체인지 커피를 드셔야 합니다'나 '이퀄 익스체인지 커피를 드실 것을 권합니다'를 축약한 문장이라고 본다면 결론으로서 문제가 없다. 작가는 이러한 의미의 확장을 의도한 것으로 보인다.

이 문장의 뒷부분은 '소농들을 행복하게 만든다'라는 새로운 이유를 제시한다. 작가는 앞서 행복을 언급한 적이 없다. 사람을 행복하게 만드는 게 그들의 기분을 좋게 만드는 것이라고 가정하면 '행복하다'는 단어는 평가적이다. 따라서 이퀄 익스체인지 커피를 마시는 일의 긍정적 효과는 불공정한 시스템의 유지를 막아야 하는 이유를 보충한다. 더욱이 작가는 방어적 용어를 넣어서 이퀄 익스체인지 커피 한 잔을 마시는 것이 실제로 소농을 행복하게 만들 것이라고 말한다. 이런 강력한 주장은 앞서의 논거가 주장했듯이 나쁜 효과를 피하는 데 조력하는 기회를 얻는 것만으로는 만족하지 않고 실제로 좋은 효과를 야기해야만 만족하는 독자에게 영향을 준다. 그러나 안타깝게도, 이 문장은 이퀄 익스체인지의 커피를 마시는 것이 정말로 소농을 행복하게 만드는지에 대한 의문을 불러일으킨다. 의심할 만한 이유들이 있지만 여기에서는 다루지 않을 것이다.

다음 문장 '물론 이퀄 익스체인지 커피를 구입하는 당신의 결정이 전적으로 이타적일 필요는 없습니다'는 보증과 방어의 흔한 조합을 보여준다. '물론'이라는 말은 독자들에게 뒤를 잇는 말이 참이라는 확신을 준다(참인 증거를 구체적으로 들지는 않는다, 다만 그 증거는 다음 문장에서 드러난다). 그렇지만 독자들의 확신을 유도하는 것은 '전적으로 ……할 필요는 없습니다'라는 복잡한 문장이다. 어떤 행동이 전적으로 이타적일 필요가 없다는 말은 그 행동이 부분적으로는 이타적이라는 말과 바꾸어 쓸 수 있다. 따라서 이 말은 그 행동이 전적으로 이타적이라는 주장을 약화시킨다. 또한 그 행동이 전적으로 이타적일 '필요는 없다'는 말은 해당 행동이 전적으로 이타적이라는 주장을 더욱 약화시킨다. 이렇게 이중으로 방어된 주장은 대단히 약한 주장이어서 어떤 결정이 부분적으로 이타적일 가능성이 있기만 하다면 그 결정이 실제로는 전혀 이타적이지 않다는 말로도 해석할 수 있다. 반박할 수 있는 사람이 없는 주장이긴 하지만 여기에 결론을 뒷받침할 만큼의 힘이 있을까? 꼭 그래야 할 필요는 없다. 이 문장은 이퀄 익스체인지 커피를 마시는 일의 긍정적인 논거에 포함되지 않기 때문이다. 대신 이 문장은 작가가 독자에게 이타적이 될 것을 요구한다는 반박 가능성에 대한 대응이다. 축소적 용어는 없지만, 반박을 축소하는 모든 경우에 축소적 용어를 사용해야 하는 것은 아니다. 반박을 축소하는 기능은 문맥에서 분명히 드러난다. 이타주의에 대한 주장을 이중으로 방어하는 이유는 작가가 완벽한 이타주의를 요구한다는 반박의 가능성을 축소하는 것이다. 이기적인 사람도 이퀄 익스체인지 커피를 마실 이유가 있는 것이다.

왜 그러한가? 다음 문장이 그 이유를 말해준다. '우리는 커피를 생산하는 농부들을 돕는 것만큼이나 좋은 커피 맛을 다듬어내는 데 자부심을 갖고 있기 때문입니다.' 여기에서 '……있기 때문입니다'는 논거 표지이다. 이 단어의 기능은 '왜냐하면'을 넣어보면 알아볼 수 있다. '왜냐하면'이라는 다른 논거 표지를 넣어도 문장의 기본적인 의미가 바뀌지 않기 때문이다. '자부심을 갖고 있기 때문입니다'는 '왜냐하면…… 자부심을 갖고 있어서입니다'와 같은 말이다.

여기에서 '……때문이다'라는 말이 가리키는 논거는 무엇일까? 간단하다. '우리는 커피를 생산하는 농부들을 돕는 것만큼이나 좋은 커피 맛을 다듬어내는 데 자부심을 갖고 있다, 따라서 이퀄 익스체인지를 구입하는 당신의 결정은 전적으로 이타적일 필요가 없다'

이다. 이 이중으로 방어된 주장이 결론이다. 이 주장은 이중 방어로 인한 취약성 때문에 지지하기가 더 쉬워진다. 맛을 다듬는다는 것은 더욱 좋은 맛을 내기 위해 좀 더 노력해야 하는 맛일 수 있다는 가능성도 열어놓으며, 맛을 다듬어내는 데 자부심을 가진다는 것은 부적절한 자부심을 가지고 있다는 말도 된다. 하지만 작가는 자신들의 커피가 대단히 맛이 좋고 그것이 커피를 구매해야 하는 이유임을 명백히 드러내고 있다.

마지막으로 우리는 두 가지 가닥으로 나뉜 이 논거를 결합시킬 수 있다. 이퀄 익스체인지 커피를 구입하는 첫 번째 이유는 그렇게 하는 것이 나쁜 시스템에 변화를 일으키는 것을 도울 수 있기(또한 소농을 행복하게 만들 수 있기) 때문이다. 이퀄 익스체인지 커피를 구입하는 또 하나의 이유는 잘 다듬어진 고급스런 맛 때문이다. 이 두 부분이 소농을 돕는 일이나 개인적으로 잘 다듬어진 고급 커피의 맛을 즐기는 일에 관심이 있는 독자 모두에게 이유를 제시한다. 이퀄 익스체인지의 사람들은 이 두 가지 면에 자부심을 갖고 있지만, 논거는 둘 중 어느 하나에만 관심이 있는 독자 전부에 영향을 줄 수 있다. 농부에게만 관심이 있거나 맛에만 관심이 있다 해도 말이다. 따라서 논거를 드러내는 이유의 범위를 넓힘으로써 더 강한 논거를 만들고 있다.

늘 그렇듯이, 나는 이 논거나 결론을 개인적으로 지지하는 것이 아니다. 당신이 이퀄 익스체인지 커피를 구매해야겠다는 확신을 얻었든 아니든, 심지어 당신이 커피를 마시든 아니든 간에 이런 정밀 분석 연습의 요점은 설득이 아니다. 목적은 이해에 있다. 나는 이 논거가 가능한 한 가장 좋은 모습을 갖추도록 만들기 위해 노력했다. 결론을 지지하는 최선의 이유들을 분석하고 거기에서 배움을 얻을 수 있도록 하기 위해서였다.

또 다른 목적은 아주 간단한 논증도 얼마나 복잡할 수 있는지 보여주는 것이었다. 우리는 정밀 분석을 통해 고작 열 문장 정도의 문단 속에서도 논거 표지와 방어적, 보증적, 평가적, 축소적 용어에 집중함으로써 얼마나 많은 내용과 전략을 밝혀낼 수 있는지 살펴보았다. 하나의 사례를 이렇게 상세히 살피는 과정이 다른 논증에 이 기법을 적용할 때 따를 본보기가 되었기를 희망한다. 면밀한 분석은 다른 많은 영역의 논거에도 똑같이 적용할 수 있다. 당신이 좋아하는 주제에 시도해보라. 재미있을 것이다. 친구와 함께 다른 해석들에 대해서 논의해본다면 더 재미있을 것이다.

CHAPTER 08

논증을 완성하는 방법

앞서 7장에서 우리는 결정적인 단어들을 면밀히 살펴보며 논증을 분석하는 방법을 알아보았다. 이 정밀 분석 기법은 독자들이 글에서 명시적으로 주어진 논거 부분, 즉 전제와 결론을 찾아내는 데 도움을 준다. 이런 정밀 분석 후에도, 이러한 논거 요소들을 이해하기 쉬운 순서로 배열하고, 명시적으로 드러나지는 않지만 추정 가능한 추가적 전제를 끼워 넣음으로써 이 구조를 보완하고 완성하는 과정을 거쳐야 한다. 이 방법을 **심층** 분석이라고 부른다. 정밀 분석과 심층 분석이 결합되면 논거 **재구성**이 가능하다. 이 장의 목표는 심층 분석에 대해 설명하고 실례를 통해 논거의 재구성을 구체적으로 보여주는 것이다. 그렇지만 우선 심층 분석과 논거 재구성의 지침이 될 타당성^{validity}의 정의와 기준에 대해 설명해야 한다.

어떤 논증이
타당한가

철학자가 아닌 사람들이 어떤 논증을 타당하다고 말할 때 그 의미는 대부분 논증이 좋다는 것이다. 그렇다면 '타당하다'는 단어는 평가적인 용어이다. 반면, 철학자(논리학자를 비롯한)들이 어떤 논증을 타당하다고 말할 때 그 의미는 논증이 좋다거나 나쁘다는 의미와 전혀 다르다.

철학자들이 생각하는 타당성이라는 개념은 논증 내의 전제와 결론 사이의 관계에 관한 것이다. 이 기술적이고 철학적인 의미에서 논증은 '모든 전제가 참이고 그에 따른 결론이 거짓인 상황'이 존재할 가능성이 전혀 없을 때, 오직 그때에만 타당하다. 이 정의는 결론이 거짓이 되려면 모든 가능한 상황에서 논거의 전제 중 최소한 하나가 반드시 거짓인 때, 오로지 그때에만 논증이 타당하다고 정의하는 것과 동일하다. 타당성은 어떤 표현이 가장 이치에 맞다고 생각되는지에 따라 이들 중 하나로 생각할 수 있다.

어느 쪽이든, 이 정의가 실제가 아닌 가능성을 논한다는 것이 핵심이다. 논증이 타당한지 여부는 전제나 결론이 실제로 사실인지 여부에 좌우되지 않는다. 문제가 되는 것은 특정한 조합(참인 전제와 거짓인 결론)이 가능한가(이 경우 논증은 타당하지 않다), 혹은 불가능한가(이 경우 논증은 타당하다) 여부뿐이다.

결과적으로, 참인 전제들과 참인 결론을 가진 논증이라고 해서 항상 타당한 것은 아니다. '모든 이집트 국민은 키가 1킬로미터 이하이다, 모든 이집트 국민은 공기를 호흡한다, 따라서 공기를 호흡하는 모든 동물은 키가 1킬로미터 이하이다'라는 말에 대해 생각해보자. 이 논증에 포함된 전제들과 결론은 모두 참이다. 그럼에도 이 논증은 타당하지 않다. 결론이 거짓일 때에도 전제들이 참일 가능성이 있기 때문이다. 기린의 키가 1킬로미터 이상으로 자라는 세상을 상상해보라. 이런 진화는 가능하다. 이렇게 되면 결론은 거짓이 된다. 하지만 이집트 국민이 실제 세상과 똑같은 상태라면 두 전제는 여전히 참이다. 이런 가능성은 철학자들이 말하는 기술적인 의미에서 볼 때 이 논증에 담긴 세 명제가 모두 참임에도 이 논증이 타당하지 않음을 보여준다.

반면에 전제가 거짓이고 결론도 거짓이지만 타당한 논증도 있을 수 있다. '모든 일식 요리사는 여성이다, 모든 여성은 크리켓을 한다, 따라서 모든 일식 요리사는 크리켓을 한다'는 우스꽝스러운 논증을 예로 들 수 있다. 전제와 결론 모두가 거짓이다. 하지만 이 모든 거짓에도 이 논증은 기술적인 의미에서 타당하다. 결론이 거짓일 때 전제들이 참일 가능성이 없기 때문이다. 모든 일식 요리사가 크리켓을 한다는 명제가 거짓이라면, 크리켓을 하지 않는 일식 요리사가 있어야만 한다. 그 일식 요리사는 여성이거나 여성이 아닐 것이다. 그 일식 요리사가 여성이 아니라면, 첫 번째 전제(모든 일식 요리사는 여성이다)는 거짓이다. 그 일식 요리사가 여성이라면 이번에는 두 번째 전제(모든 여성은 크리켓을 한다)가 거짓이 된다. 그 여성이 크리켓을 하지 않을 가능성이 있기 때문이다. 두 개의 전제가 모두 참이고 결론이 거짓이 되는 조합이 존재할 가능성은 없다. 이로써 기술적인 의미에서 이 논증은 타당하다(다른 방식에서는 매우 나쁜 논증이라 하더라도).

논증이 타당한지 판단하기 위한 한 가지 방법은 전제를 참으로, 결론을 거짓으로 만드는 스토리를 최선을 다해 만들어내는 것이다. 이런 진릿값들의 조합으로 일관성 있는 스토리를 만들 수 있다면 논증은 타당하지 않다. 물론 스토리에 정말로 일관성이 있어야만 한다. 스토리가 조금만 조리에 맞지 않아도 안 되기 때문에 주의 깊게 살펴야 한다. 이런 진릿값들의 조합을 이용해, 면밀한 검토 뒤에도 일관적으로 보이는 스토리를 만들어낼 수 있다면 그 명백한 일관성은 논증이 타당하지 않다고 믿을 이유가 된다. 반면에 진릿값들의 조합으로 일관성 있는 스토리를 만들 수 없다고 가정해보자. 여기에 실패한 것은 논증이 타당하지 않아서가 아니라 당신의 상상력이 부족하기 때문일 수도 있다. 하지만 충분히 열심히 노력했는데도, 결론이 거짓이면서 전제가 참인 스토리를 상상할 수 없다면 그것은 논증이 타당하다고 믿을 이유가 된다.

참인 전제들을 거짓인 결론과 결합시키는 일관된 스토리를 만들려고 노력하는 것은 더 기술적인 방법이 없는 상황에서 유용한 출발점이다. 이 기법을 숙련하는 가장 좋은 방법은 친구들과 사례들에 대해서 논의하는 것이다. 친구들은 당신이 간과했던 가능성을 상상해낼 수 있을지도 모른다.

어떤 논증의 형태가 타당한가

특정한 단어나 문장 때문에 타당성을 얻는 논증들도 있다. '내 애완동물은 호랑이다, 따라서 내 애완동물은 고양이다'라는 논증은 타당하다. 고양이가 아니면서 호랑이일 수 있는 가능성은 없기 때문이다. 그렇지만 '내 애완동물은 맥*이다, 따라서 내 애완동물은 개다'처럼 다른 단어들로 대체하면 타당성은 사라진다. 그렇기 때문에 원래의 논증을 타당하게 만든 것은 단어들 '호랑이'와 '고양이'의 (의미론적) 뜻이다.

반면, 형태 덕분에 타당성을 갖는 논증도 있다. '내 애완동물은 호랑이 또는 맥이다. 내 애완동물은 호랑이가 아니다. 그러므로 내 애완동물은 맥이다.' 이런 논증을 생각해보라. 결론이 거짓이고(내 애완동물은 맥이 아니다) 두 번째 전제가 참이라면(내 애완동물은 호랑이다), 첫 번째 전제는 거짓이어야 한다(내 애완동물은 호랑이 또는 맥이다). 그러므로 이 논증은 타당하다. 더구나 '호랑이'와 '맥'은 물

---

*　貘. 중남미와 서남아시아에 서식하는, 코가 뾰족한 돼지 비슷하게 생긴 동물.

론 '내 애완동물'이란 단어를 어떤 단어로 바꾸어도 타당성은 유지된다. '당신의 애완동물은 개 또는 돼지이다, 당신의 애완동물은 돼지가 아니다, 그러므로 당신의 애완동물은 개다'라는 논증 역시 타당하다. '우리나라는 전쟁 중이거나, 또는 빚을 진 상태이다. 우리나라는 전쟁 중이 아니다. 그러므로 우리나라는 빚을 진 상태이다.' 이 논증도 타당하다. 이런 형태의 경우, 전제가 모두 참인 상황에서 결론이 거짓일 가능성은 없다. 따라서 이 논증은 그 형태로 인해 타당하다. 이런 논증 형태를 선언지 부정^{denying a disjunct}('또는'과 '혹은'의 명제가 선언지^{選言肢}라고 불리기 때문이다) 혹은 **소거 과정**^{process of elimination}(두 번째 전제가 첫 번째 전제의 대안들 중 하나를 제거하기 때문이다)이라고 한다.

이처럼 형식적으로 타당한 몇 개의 논증 형태와 더불어 실제로는 타당하지 않지만 형태로 인해 종종 타당한 것으로 착각을 불러일으키는 몇 개의 논증 형태를 기억해두면 유용하다. 변수 x와 y는 어떤 문장으로 대체해도 된다(그 변수가 나올 때마다 동일한 문장이 동일한 변수를 대체하기만 한다면). 가령 다음의 논증 형태는 형식적으로 타당하다.

전건 긍정: 만일 x이면 y이다. x이다. 그러므로 y이다.
후건 부정: 만일 x이면 y이다. y가 아니다. 그러므로 x가 아니다.

반면 다음의 논증 형태는 타당하지 않다.

후건 긍정: 만일 x이면 y이다. y이다. 그러므로 x이다.

전건 부정: 만일 x이면 y이다. x가 아니다. 그러므로 y가 아니다.

(논증 형태의 명칭은 '만일 ……이면 ……이다'라는 명제에서 '……라면'의 앞에 오는 문장을 전건, 그 뒤에 이어지는 문장을 후건이라고 부르는 데서 유래되었다. 이런 명제를 조건 혹은 가정이라고도 부른다.) 이 외에 타당한 논증 형태가 두 개 더 있다.

가언적 삼단논법: 만일 x이면 y이다. 만일 y이면 z이다. 그러므로 만일 x라면 z이다.

선언적 삼단논법: x이거나 y이다. 만일 x이면 z이다. 만일 y이면 z이다. 그러므로 z이다.

이런 논증 형태들에 대해서 생각하고 변수를 당신이 선택한 문장으로 바꾼다면 이들 형태 중 어떤 것이 타당한지, 왜 타당한지 알 수 있을 것이다. 형식 논법(진리표를 비롯한)은 명제 형식을 통해 타당성을 보여주기 위해 개발되었다. 다른 방법들(벤다이어그램, 행렬, 증명 등)은 비명제적 형식을 통해 타당성을 보여주기 위해 개발되었다. 여기에서 이런 세부적인 사항을 논의하지는 않을 것이다. 여기에서 중요한 것은 어떤 논증이 타당하고, 어떤 경우 형태가 논증을 타당하게 만드는지에 대한 대략적인 첫인상을 얻는 것이다.

무엇이 논증을
건전하게 만드는가

물론 형식적 타당성만으로는 논증을 좋거나 가치 있게 만들 수 없다. 다음 논증에 대해 생각해보라.

> 만일 아마존이 세계에서 가장 긴 강이라면, 아마존에 세계에서 가장 긴 물고기가 살고 있을 것이다.
>
> 아마존에는 세계에서 가장 긴 물고기가 없다.
>
> 그러므로 아마존은 세계에서 가장 긴 강이 아니다.

이 논증은 후건 부정의 형태를 띠고 있다. 따라서 형식적으로는 타당하다. 하지만 결론은 거짓이다. 아마존은 실제로 세계에서 가장 긴 강이기 때문이다. 어떻게 논증의 결론이 타당하면서 동시에 거짓일 수 있을까? 답은 간단하다. 첫 번째 전제가 거짓이기 때문이다. 세계에서 가장 긴 강에 가장 긴 물고기가 사는 것은 아니다.

이처럼 좋은 논증이 되기 위해서는 타당성만이 아니라 건전성 soundness이 있어야 한다. 건전한 논증이란 타당한 논증이면서 동시에 그 안의 모든 전제가 참인 논증으로 정의된다. 이 정의에 따르면 모든 건전한 논증은 결론이 참이어야 한다. 타당성을 확보하려면 전제가 참이면서 결론이 거짓일 수는 없다. 따라서 전제의 진실성은 결론이 거짓이 아님을 보장해준다. 이것이 건전성을 가치 있게 만든다.

논증에서 가정하고
있는 것은 무엇인가

타당성과 건전성의 개념은 논증이 명시적으로 진술되지 않은 가정에 좌우되는 때 판단을 내리는 데 유용하다. 이런 일은 자주 벌어진다. 당신과 내가 2019년 업무 회의 계획을 세우고 있다고 가정해보자. 당신이 이렇게 말한다.

> 6월 3일에는 회의를 잡지 말아야 해요. 왜냐하면 그날은 라마단 마지막 날이기 때문이에요.

회의를 다른 가능한 날짜로 옮기기 위해서는 이 말이면 족하다. 만약 당신이 우리 두 사람 모두가 회의 참석자 중에 라마단 마지막 날에 회의를 잡을 경우 참석을 거절하는 사람이 있을 것이라고 가정한다는 점을 알고 있다면 말이다. 그런 가정을 덧붙이려면 좀 더 많은 논거가 필요하다.

> 회의 참석자 중에 라마단 마지막 날의 회의 참석을 거절하는 사람이 있을 거예요. 회의 참석자 중에 참석을 거절할 사람이 있는 날에 회의 스케줄을 잡아서는 안 돼요. 따라서 라마단 마지막 날에는 회의 스케줄을 잡아서는 안 돼요. 2019년 6월 3일은 라마단의 마지막 날이에요. 따라서 2019년 6월 3일에 회의 스케줄을 잡아서는 안 돼요.

짧은 두 문장이 두 단계의 다섯 문장으로 늘어났다. 무엇이 이렇게 많은 말을 해야 하는 상황을 정당화해줄까? 더 긴 논증에서 당신이 추가적인 전제들을 가정하고 있다는 걸 어떻게 알 수 있을까? 대답은 타당성에 달려 있다. 추가적인 가정들은 논증을 타당하게 만들기 위해서 필요하다. 따라서 그것들을 말하지 않았어도 당신이 말한 것으로 간주하는 것이 온당하다. '라마단의 마지막 날에 회의 스케줄을 잡을 수는 없다'라는 암묵적인 가정이 없다면, '6월 3일은 라마단의 마지막 날이다'라는 명시적 전제가 '6월 3일에는 회의 스케줄을 잡아서는 안 된다'라는 명시적 결론에 대한 이유가 되는지 알기 어렵다. 추가적인 전제를 덧붙이는 것이 논증을 타당하게 만든다. 동일한 상황에서 두 전제가 참이며 결론이 거짓인 것은 불가능하기 때문이다. 그 때문에 새로운 전제는 왜 원래의 전제가 원래의 결론에서 이유가 되는지 설명해준다.

이런 추가는 우리가 왜 새로운 전제를 수용해야 하는지 의문을 갖게 한다. 결국 이 전제를 가진 논증이 타당하다 하더라도, 타당성 자체는 전제가 참이지 않은 한 결론이 참이라는 것을 보여주는 데 아무런 역할도 하지 못한다. 우리에게 필요한 것은 건전성이지 타당성이 아니다. 따라서 우리는 왜 라마단의 마지막 날에 회의 스케줄을 잡으면 안 되는가 하는 질문을 던져야 한다.

가능성 있는 한 가지 이유는 그날의 회의가 어떤 종교적 규칙을 위반하는 것이다. 하지만 회의가 종교적인 규칙을 위반하는지 여부는 회의의 종류와 시간에 좌우된다. 더구나 회의가 종교적인 규칙을 위반한다 하더라도 그 사실은 종교적 규칙이 우리가 해야 하는 일을 결정하지 않는 한 그날 회의를 해서는 안 된다는 결론을 뒷받침하지 않는다. 이런 가정을 수용하는 사람들도 있겠지만 무신론자와 세속적인 인문주의자라면 이런 전제를 거부할 것이다. 따라서 이 추가적인 전제는 논증을 미심쩍은 것으로, 이 청중에게 영향을 줄 수 없는 것으로 만든다.

아무도 참석하지 않으면 회의가 잘 진행될 수 없다는 점에 동의하기 위해서 종교적인 규칙까지 지지할 필요는 없다. 그것이 사람들이 참석을 거부하는 날에 회의 스케줄을 잡고 싶지 않은 이유이다. 따라서 우리가 회의 참석자 중에 일부가 라마단 마지막 날의 회의를 거부할 걸 알고 있다면, 그것은 그날 회의 스케줄을 잡지 않는 이유가 된다. 이 이유는 더 긴 논증의 초반 전제에서 포착되며 그 전제들은 종교적 규칙을 내세우는 대안적 전제보다 광범위한 청중에게 용인된다. 더구나, 이 전제는 그 결과가 되는 논증을 타당하게 만들기 충분할 만큼 강력하다. 전제들이 참일 때 결론이 거짓일 가능성은 없기 때문이다.

이런 특징들은 이 논증의 세속적인 해석을 지지한다. 보다 약한 가정들이 논자들의 논증을 더 낫게 만드는 경우에 그들에게 더 강력한 논증을 요구하는 것은 부당하다. 논증의 전제를 채우는 목적은 논자들을 어리석거나 멍청하게 보이도록 만드는 것이 아니다. 오히려 그들의 입장을 이해하고 그로부터 배움을 얻는 것이다. 이런 목적을 위해서 우리는 논증들을 가능한 한 좋아 보이게 만들어야 한다. 그래야 우리가 더 많은 것을 배울 수 있기 때문이다. 그렇더라도 여전히 동의하지 못할 수는 있지만, 기존의 입장에서 가능

THINK AGAIN

한 한 논증을 최선의 것으로 보지 않는 한 그 입장에서의 좋은 논증이 존재하지 않는다고 결론지을 수는 없다.

이는 명시적으로는 짧은 논증의 주장만을 한 사람에게 추가적인 전제와 보다 긴 논증이 포함된 것으로 가정하는 것이 공정한 이유를 설명해준다. 이런 암묵적인 전제들이 억제되었다[suppressed]고 표현하는 것은 논자들이 그런 전제들을 공개적으로 주장하려는 의도를 억제했다고 추정하기 때문이다. 일반적으로 우리는 전제들이 원래의 논증을 타당하게 만들기 위해 필요한 때에만, 그리고 논자들이 추가된 전제들을 참으로 보고 그 때문에 보다 긴 논증을 건전한 것으로 볼 때에만 억제된 전제들을 논자들이 말한 것으로 보아야 한다. 이런 면에서 타당성과 건전성은 억제된 전제를 추가함으로써 논증을 보완하는 데 필수적인 기준이다.

어떤 전제를 억제된 전제라고 말하는 건 자칫 그 전제를 교활한 것으로 폄하하는 듯이 보일 수 있다. 그렇지만 여기에서 '억제된'이라는 용어는 부정적인 평가가 아니다. 누구나 전제들을 억제한다. 그리고 우리가 어떻게(혹은 왜) 그것을 피하는지 확인하기는 어렵다. 논자들이 전제를 억제하는 것이 정당하고 오히려 전제를 억제하지 않는 것이 나쁜 경우가 종종 있다. 실제로 보완된 논증이 원래의 문장에 비해 얼마나 긴지 생각해보라. 어떤 논증을 제시할 때마다 모든 가정을 세세하게 설명해야 한다면 이야기하는 데 대단히 긴 시간이 걸릴 것이다. 전제의 억제는 소통의 효율을 높인다.

물론 이런 방어적 도구를 비도덕적인 목적에 사용하는 논자들도 있다. 이들은 자신들의 논증에서 가장 의심스런 전제들을 억제해서 어리석은 사람들을 속이려 한다. '저희 대리점에서 5년간의 서비스 권을 구입하셔야 합니다. 그렇게 한다면 수리 비용을 부담할 필요가 없기 때문입니다'라고 주장하는 중고차 딜러를 상상해보라. 그는 수리 비용을 면하게 하는 것이라면 무엇이든 구입해야 한다는 전제를 억제하고 있다. 그는 추가적인 전제를 절대 알리지 않는다. 그렇게 할 경우 당신이 의문을 제기할 수 있기 때문이다. 그럼에도, 그의 논증을 타당하게 만들기 위해서는 그 전제가 필요하다. 문제는 이 억제된 전제가 딜러가 숨기려고 하는 결정적인 사안을 부각시킨다는 점이다. 서비스 계약의 비용은 얼마인가? 차에 수리가 필요할 가능성은 어느 정도인가? 수리비는 얼마나 비쌀 것인가? 그리고 그런 비싼 수리비가 들 가능성이 높은 차를 왜 당신에게 팔고 있는가? 그의 수법은 문제가 되는 전제가 아닌 다른 전제들에 당신의 주의를 집중시켜서 당신을 그런 문제들로부터 멀어지게 만드는 것이다. 그런 수법에 놀아나지 않기 위해서는 논증에서 억제된 전제들을 모두 채우는 것이 유용하다. 그런 연습은 논자가 숨기고 있는 의심스런 전제를 간과할 가능성을 낮추어줄 것이다.

이 방법들을
확장할 수 있는가

확장된 사례는 정밀 분석과 심화 분석이 어떻게 같이 작용하는지를 보여준다. 익명으로 발표된 「태평양 연안의 열악한 어번 빌리지 urban village 증가 문제 해결을 위한 새로운 접근법 필요」라는 글의 시작 부분을 예로 들어보자.

아시아 개발은행 Asian Development Bank, ADB의 새로운 보고서에 따르면, 이른바 '어번 빌리지'라고 일컫는, 정착에 필요한 기본적 서비스가 적절히 제공되지 않은 열악한 주택 단지에 거주하는 태평양 연안의 도시 거주자 증가 문제를 해결하기 위해 새로운 접근법이 필요하다고 한다. "빈곤의 심화와 기후 변화의 부정적인 영향 확대로 인해 최근 들어 어번 빌리지가 급격히 증가했다." 피지 수바의 ADB 태평양 소구역국장 로버트 존시 Robert Jauncey의 말이다. "이런 비공식적 혹은 비계획적 정착은 정부 계획 체계에서 배제되거나 도외시되는 경우가 많다. 그러므로 어번 빌리지를 중심 정책, 전략, 프로젝트, 프로그램에 포함시키기 위해 도시 관리와 개발에 대한 접근법을 재고해야 한다."

「태평양 어번 빌리지의 발생: 태평양 제도 내 도시화 추세 The Emergence of Pacific Urban Villages: Ubranization Trends in the Pacific Islands」라는 제목의 보고서는 어번 빌리지를 도심 내 전통적인 자생 커뮤니티와 마을 유사 정착촌으로 정의한다. 어번 빌리지는 특정 인종 집단의 연계, 강한 사회문화적 유대, 관습을 기반으로 한 토지 보유권, 비공식 경제에 대한 높은 의존도, 최저 생계 활동의 지속이라는 공통된 특징을 보인다. 어번 빌리지 거주자들은 빈곤하고 곤궁하게 사는 경우가 많으며 부정적인 특성들로 정형화되어…….

우리는 이 글에 논증이 포함되어 있는지, 그 논증이 어디에 위치하는지, 논증이 무엇인지, 논증이 어떤 목적을 가지고 있는지, 논거가 어떻게 구조화되어 있는지 살펴봐야 한다. 이 과제를 위해서는 세부적인 것에 주의를 집중해야 한다. 텍스트를 거슬러 올라가며 살펴보자.

▶ 논증의 부재

원고의 두 번째 단락을 먼저 생각해보자. 이 단락은 논증을 제시하고 있는가? 그렇지 않다. 이 단락은 먼저 보고서의 제목을 제시한다. 그래서 독자가 보고서를 찾아볼 수도 있을 것이다. 이후 어번 빌리지가 무엇인지를 규정하면, 이를 통해 독자들은 이 글이 무엇에 대한 것인지 알 수 있을 것이다. 다음으로 어번 빌리지 주민의 삶을 말한다. 이 문장의 평가적 단어들은 독자들로 하여금 논증에 대해서 생각하게 만든다. 어번 빌리지 주민들은 빈곤과 곤궁은 물론 '부정적인' 특성의 정형화에 직면하고 있다. 그러므로 누군가는 그들을 도와주어야 한다. 이런 논증이 내재되어 있는 것 같지만 이 단락은 이를 비롯해 어떤 다른 논증도 명시적으로 제시하지 않는다. 논증의 정의를 적용하고 논거 표지를 찾아봄으로써 이것을 파악할 수 있다. 전제와 결론이 어디에 있는지 자문해보라.

THINK AGAIN

▶ 정당화

다음으로 첫 단락의 마지막 문장에 대해 생각해보자. '그러므로'라는 논거 표지는 여기에 논거가 드러난다는 것을 보여준다. 그렇지만 이 논거는 존시에게서 인용된 것이다. 따라서 이 글의 작가가 이 논거를 주장하는 것이 아니다. 존시가 주장하는 것이다. 이 글의 작가는 기자로서 중립성을 지키고자 하는 것일 수 있다. 혹은 존시의 의견에 동의하는 것일 수도 있다. 어찌 됐든, 이 글은 존시(혹은 ADB)가 말한 것에 아무 의혹도 제기하지 않는다. 어떤 경우이든 적어도 존시는 논거를 제시한다는 것을 알 수 있다. 그러니 그 논증을 다음과 같이 재구성해보도록 하자. 여기에서 '그러므로'라는 단어는 독자들에게 앞의 이야기가 뒤따르는 이야기의 이유라는 것을 알려주는 결론 표지이다.

> 어번 빌리지는 정부 계획 체계에서 배제되거나 도외시되는 경우가 많다. 그러므로 어번 빌리지를 중심 정책, 전략, 프로젝트, 프로그램에 포함시키기 위해 도시 관리와 개발에 대한 접근법을 재고해야 한다.

두 번째 문장에 포함된 '……위해'라는 단어는 목적의 의미를 가진 '……하도록'으로 해석하는 것이 타당한 경우 마찬가지로 논거 표지가 된다. 여기에서 이유 표지는 앞의 말이 뒤에 이어지는 말의 이유라는 것을 가리킨다. 따라서 전체 논거를 다음과 같이 재구성할 수 있다.

어번 빌리지를 중심 정책, 전략, 프로젝트, 프로그램에 포함시켜야 한다. 어번 빌리지는 정부 계획 체계에서 배제되거나 도외시되는 경우가 많다. 그러므로 도시 관리와 개발에 대한 접근법을 재고해야 한다.

이제 우리에게는 두 개의 전제와 한 개의 결론이 있다. 이 논증의 목적은 무엇인가? 누군가의 의도가 무엇인지 정확히 말하는 것은 어려울 때가 많으며 이 글의 화자도 예외는 아니다. 하지만, 존시는 자신의 결론(도시 관리를 특정한 방식으로 재고해야 한다)이 참이라고 청중을 설득하거나 납득시키려고 노력하고 있는 듯하다. 그는 아마도 청중의 대부분이 자신이 이야기를 하기 전에는 그런 믿음이 없었다고 생각하는 듯하다. 사람들은 이 지역에서 도시 관리가 잘 진행되고 있다고 생각했거나 이 문제에 대해서 전혀 생각하지 않았다. 따라서 존시는 사람들의 믿음을 바꾸려고 노력하고 있다. 하지만 그것이 우리가 가정할 수 있는 전부는 아니다. 또한 그는 청중들이 독단적으로가 아니라 이유를 토대로 자신의 결론을 믿길 원하고 있다. 단순히 결론만 주장하는 것이 아니라 그 결론에 대한 이유를 제시하는 논거를 내놓는 것은 그 때문이다. 이런 이유로, 존시는 설득만을 시도하는 것이 아니라 결론에 대한 청중의 믿음을 정당화하려는 노력도 보이고 있다.

이 논증이 그 목적을 어떻게 뒷받침하는지 확인하기 위해서는 전제와 결론이 결론을 정당화하기 위해 어떤 작용을 하는지 보여주는 구조에 넣어보아야 한다. 두 가지 논거 표지의 존재는 각 전제가 결론에 대한 별개의 이유를 제시한다는 것을 암시하는 듯하다. 이런 식으로 해석하면, 두 개의 다른 논증이 존재한다.

어번 빌리지는 정부 계획 체계에서 배제되거나 도외시되는 경우가 많다. 그러므로 도시 관리와 개발에 대한 접근법을 재고해야 한다.

어번 빌리지를 중심 정책, 전략, 프로젝트, 프로그램에 포함시켜야 한다. 그러므로 도시 관리와 개발에 대한 접근법을 재고해야 한다.

각각의 논증을 타당하게 만들기 위해서는 억제된 전제들이 필요하다. 특히 첫 번째 논증에는 '우리는 어번 빌리지를 배제하거나 도외시하는 도시 관리와 개발에 대한 접근법을 재고해야 한다'와 같은 억제된 전제가 필요하다. 하지만 그런 억제된 전제는 두 번째 논거의 명시적 전제, '우리는 어번 빌리지 주민들을 중심 정책, 전략, 프로젝트, 프로그램에 포함시켜야 한다'와 유사하다. 마찬가지로 두 번째 논증에는 '기존의 도시 관리와 개발에 대한 접근법은 어번 빌리지를 포함시키지 않고 있다'와 같은 억제된 전제가 필요하다. 하지만 그런 억제된 전제는 첫 번째 논증의 전제와 유사하다. 따라서 이런 억제된 전제들의 탐색을 통해 두 전제가 함께(따로가 아닌) 결론을 정당화시키는 작용을 하고 있음이 드러난다. 각각의 전제는 다른 전제에 좌우된다. 이런 구조를 연대라고 부를 수 있다.

이런 전제들이 어떻게 협력하는지 확인하기 위해서 우선적으로 해야 할 일은 단어들을 명료하게 하는 것이다. 특히, 첫 번째 전제는 '중심 정책, 전략, 프로젝트, 프로그램'을, 두 번째 전제는 '정부 계획'을, 마지막 전제는 '도시 관리와 개발에 대한 접근법'을 언급하고 있다. 작가는 반복으로 비치지 않도록 미묘하게 표현을 달리하고 있다. 그렇지만 그런 중요치 않은 변화가 논증의 구조를 보호하게 만들 수도 있다. 이 세 문장이 다른 것들을 표현하는 경우, 어떤 하나에 대한 전제가 다른 것에 대한 결론을 적절하게 시사하는지 확인하기가 어렵다. 그렇다면 논증은 이치에 닿지 않게 된다. 논증이 어떻게 작용하는지 보여주기 위해서는 이들 문장을 어느 정도 결부시켜주어야 한다. 한 가지 방법은 문장들을 확인하는 전제를 추가하는 것이다. '중심 정책, 전략, 프로젝트, 프로그램은 물론 도시 관리와 개발에 대한 접근법은 모두 정부 계획이다.' 이 문장은 참으로 보일지는 모르지만 장황하다. 간략하게 만들기 위해서 나는 이들 모두를 하나의 문장으로 대체할 것이다.

어번 빌리지를 도시 관리에 포함시켜야 한다.

어번 빌리지는 정부 계획 체계에서 배제되고 도외시되는 경우가 많다.

그러므로 도시 관리를 재고해야 한다.

이런 간단한 어구 변경은 존시가 마음에 두고 있는 것을 포착하는 동시에 전제와 결론 사이의 관계를 드러내준다.

첫 번째 전제의 '포함시키다'와 두 번째 전제의 '배제되고 도외시된다'에서도 비슷한 문제가 발생한다. 배제되고 도외시되는 것은 포함되지 않는 것과 별반 다르지 않은 표현이다. 따라서 우리는 이 논증을 다시 약간 바꾸어 쓸 수 있다.

THINK AGAIN

어번 빌리지를 도시 관리에 포함시켜야 한다.

어번 빌리지는 정부 계획 체계에 포함되지 않는 경우가 많다.

그러므로 도시 관리를 재고해야 한다.

통일적인 어구 사용이 이 논증의 다른 부분들이 동일한 주제에 대한 것임을 명확하게 드러내준다.

다음으로 방어적인 용어인 '많다'에 주목해보자. 존시는 왜 '어번 빌리지는 도시 관리에 포함되지 않고 있다'라고 하는 대신 '어번 빌리지는 도시 관리에 포함되지 않는 경우가 많다'라고 말하고 있을까? 아마도 전자는 '어번 빌리지가 도시 관리에 전혀 포함되지 않는다'라고 해석될 수 있기 때문일 것이다. 이 말은 거짓이다. 거기에는 몇 가지 예외가 있다. 때문에 이 전제를 방어가 가능하게 만들기 위해서는 방어적 용어인 '많다'가 필요하다. 그렇다면 그것이 이 전제의 결론을 뒷받침하기에 지나치게 약하게 만들고 있지는 않은가? 그렇지는 않다. 도시 관리의 절반이 어번 빌리지를 도외시한다면, 다른 절반은 양호하다 하더라도 도외시되는 절반을 재고해야 한다. 왜일까? 우리는 언제나 도시 관리에 모든 어번 빌리지를 포함시켜야 하기 때문이다. 절반 혹은 80퍼센트를 포함시키는 것으로는 충분치 않다(어번 빌리지 중에 적어도 일부는 배제되고 있다). 이 점을 명확하게 하기 위해서는 첫 번째 전제에 '모든'을 추가해야 할 것이다. 그렇게 추가한 후라면, 두 번째 전제의 '많다'라는 방어적 용어가 문제없이 받아들여질 것이다.

보다 민감한 방어적 용어는 '재고'이다. 정말로 존시는 고작 우리가 도시 관리에 대해서 더 생각해야 한다는 점을 주장하는 것일까? 이 질문에 대답하기 위해서 이런 질문을 던져보자. 우리가 도시 관리를 재고한 후에도 여전히 도시 관리를 변화시키거나 어번 빌리지를 돕는 일을 실행하지 않는다면 어떨까? 존시는 만족할까? 나는 그렇지 않다고 생각한다. 그렇지 않다면, 그가 정말로 주장하고 싶은 바는 우리가 도시 관리를 재고할 뿐만 아니라 도시 관리를 변화시켜서 어번 빌리지를 포함시켜야 한다는 것이다. 이런 경우, 존시의 진짜 주장은 이렇게 될 것이다.

> 도시 관리에 모든 어번 빌리지를 포함시켜야 한다.
> 어번 빌리지는 도시 관리에 포함되지 않는 경우가 많다.
> 그러므로 어번 빌리지를 포함하도록 도시 관리를 변화시켜야 한다.

첫 번째 방어적 단어에서와 달리, 존시가 말하려는 바의 진정한 강도를 포착하기 위해서는 이 두 번째 방어적 단어를 제거해야 한다.

이 논증은 이제 대단히 좋은 모습을 갖추고 있다. 하지만 전제들이 참이 아니거나 최소한 정당화되지 않는다면 아무 소용이 없다. 특히, 첫 번째 전제를 정당화하는 것은 무엇인가? 왜 우리는 어번 빌리지를 도시 관리에 포함시켜야만 하는가? 존시는 이 문장에서 이런 질문에 답하지 않는다. 그렇지만 그는 ADB에서 일을 한다. 따라서 ADB가 주장하는 바를 자기 논거의 기반으로 둔다 해도 놀라울 것이 전혀 없다.

ADB 보고서는 발췌문의 첫 번째 문장에서 인용되어 있다. "이른

바 '어번 빌리지'라고 일컫는, 정착에 필요한 기본적 서비스가 적절히 제공되지 않은 열악한 주택 단지에 거주하는 태평양 연안의 도시 거주자 증가 문제를 해결하기 위해 새로운 접근법이 필요하다." 이 문장이 공개적으로 말하고 있는 것은 새로운 접근법이 필요하다는 점, 주택의 질이 열악하고 기본적인 서비스가 적절히 제공되지 않는다는 점이다. 이 문장들은 서로 간에 어떤 문장이 다른 문장의 원인이라고 말하면서 주장들을 명시적으로 연결시키지는 않는다. 그럼에도 ADB가 주택을 '열악하다'고, 기본적인 서비스가 '적절치 않다'고 평가한다는 사실이 하나의 논거를 시사한다.

> 태평양 연안의 도시 거주자 증가 문제를 해결하기 위해 새로운 접근법이 필요하다. '왜냐하면' 그들은 기본적 서비스가 적절히 제공되지 않은 열악한 주택에 살기 때문이다.

유일한 차이는 이 수정된 문장에 '왜냐하면'이라는 논거 표지가 포함되어 있다는 것뿐이다. 이 작은 차이가 중요하다. 원래의 문장은 하나의 주장에서 다른 주장이 비롯되었다거나 하나가 다른 하나의 이유라고 명확히 말하지 않는다. 새로운 문장은 그 점을 정확하게 짚어주고 있다. 결과적으로 원래의 문장은 논거를 제시하지 않지만 새로운 문장은 논거를 제시한다.

작가가 정말로 의미하거나 의도하는 것은 어떤 문장일까? 대답하기 어려운 문제이다. 맥락으로 보면 작가는 독자에게 새로운 접근법이 필요한 이유로 '열악함'과 '부적절'을 제시하려 한다. 하지만 우리는 작가가 의도한 것이 무엇인지 확실히 알 수 없다. 작가가 '왜냐하면'이라는 단어를 사용하지 않기로 했기 때문이다. 이러한 불확실성 앞에서 우리가 할 수 있는 일은 무엇일까? 작가에게 물어볼 수도 있을 것이다. 하지만 이 글은 익명으로 작성되었다. 설사 누가 작가인지 안다 하더라도 그에게 연락을 할 방법이 없을지도 모른다. 그렇다면 가장 건설적인 접근법은 작가가 정말로 의미하는 것이 무엇인지는 잊고 제시된 논거가 어떤 도움이 되는지 알아보는 일일 것이다. 논쟁에서 작가의 잘못을 잡아내는 일은 우리의 관심밖이다. 정말 중요한 것은 우리가 어번 빌리지 계획에 대한 새로운 접근법을 채택해야 하는가 여부이다. 논증이 제대로 작용한다면, 우리에게는 어번 빌리지에 대한 새로운 접근법이 필요하며, 이 논증이 우리에게 그 이유(이 작가 혹은 다른 어떤 사람이 제시한 진짜 의미와 관계없이)를 제시한다.

이제 ADB(그리고 어쩌면 작가 역시)가 다음과 같이 주장하려는 의도를 갖고 있다고 가정해보자.

어번 빌리지 주민들은 기본적인 서비스가 적절히 제공되지 않는 열악한 주택에 살고 있다.
그러므로 태평양 연안의 어번 빌리지 거주자 증가 문제를 해결하기 위해 새로운 접근법이 필요하다.

불행히도 이 논증은 타당하지가 않다. 전제가 기존의 접근법을 언급하지 않는 것이 한 가지 이유이다. 도시 관리에 대한 기존의 접근법이 효과적이며 약간의 시간만으로도 성공하는 경우라면 어떨까? 이런 경우, 전제는 참이지만 결론은 거짓일 것이다. 새로운 접근법이 필요하지 않기 때문이다.

이런 문제를 피하기 위해서는 기존 접근법에 있는 문제에 무언가를 추가해야 한다. 네 번째 문장에서 존시가 한 말이 기존 접근법의 잘못된 점(기존 접근법이 어번 빌리지를 포함시키지 않는 경우가 많다)을 구체화한 것을 기억해보라. 그렇다면 이러한 논거들을 결합시키는 것이 도움이 되지 않을까? 그렇다면 어떻게 결합해야 할까? 한 가지 가능성은 첫 번째 문장의 전제가 네 번째 문장의 전제에 대한 이유를 제시한다는 점이다. 이런 관계는 명백하지 않다. 이들 주장이 병치되지 않았고, 이런 관계를 표시하는 논거 표지도 없기 때문이다. 그럼에도, 이 제안은 논거와 앞뒤가 맞는다.

> 어번 빌리지 주민들은 기본적인 서비스가 적절히 제공되지 않는 열악한 주택에 살고 있다.
> 그러므로 도시 관리에 모든 어번 빌리지를 포함시켜야만 한다.
> 어번 빌리지는 도시 관리에 포함되지 않는 경우가 많다.
> 그러므로 어번 빌리지를 포함시키도록 도시 관리를 변화시켜야 한다.

위의 두 단계 논증은 각각 논거 표지 '그러므로'를 포함한 두 개의 논증으로 구성되어 있다. 첫 번째 논증의 결론은 두 번째 논증의 전제로 활용된다. 이러한 두 개의 파트는 일렬로 연결되어 최종 결론을 뒷받침한다. 이러한 구조를 가리켜 선형 linear 이라고도 한다.

하지만 끝난 것이 아니다. 첫 번째 논증이 타당하지 않기 때문이다. 어번 빌리지 주민들이 서비스가 부적절한 열악한 주택에서 사는 것은 맞을지 몰라도 모든 어번 빌리지 주민을 도시 관리에 포함시켜야 할 필요는 없다. 그들을 도시 관리에 포함시키지 않고도 주택과 서비스가 개선될 수 있다면 말이다. 그들을 도시 관리에 포함시키는 것이 그들의 주택과 서비스를 개선하는 데 아무런 도움이 되지 않는 경우에도 마찬가지이다. 따라서 이 논증은 우리가 주택의 질과 서비스, 그리고 도시 관리의 관계에 대한 숨겨진 전제를 몇 가지 덧붙일 때까지 타당하지 않다.

① 어번 빌리지 주민들은 기본적인 서비스가 적절하게 제공되지 않는 열악한 주택에서 산다.
② 기본적인 서비스가 적절하게 제공되지 않는 열악한 주택에서 사는 사람들이 있는 모든 지역은 도시 관리에 포함되어야 한다.
③ 그러므로 모든 어번 빌리지를 도시 관리에 포함시켜야 한다.
④ 어번 빌리지는 도시 관리에 포함되지 않는 경우가 많다.
⑤ 그러므로 어번 빌리지를 포함하도록 도시 관리를 변화시켜야 한다.

이 논증은 타당하고(충분히 타당성에 가까워져 있고) 설득력 있는 추론을 제시한다.

이제 우리는 마침내 존시의 논증을 적절하게 재구성했다. 물론, 이것이 그의 논증이라고 말하는 게 그 논증을 보증해주지는 않는다. 결론이 참이라고 주장하는 것은 더더욱 아니다. 이 재구성에는 의심을 받을 수 있는 몇 가지 전제가 있다. 비판가들은 ①의 전제를 부정하고 어번 빌리지의 주택과 기본 서비스가 실제로는 적정하다고 주장할 수 있다. 어쩌면 이들 어번 빌리지는 존시가 주장하는 것만큼 나쁘지 않을 수도 있다. 비판가들은 ④의 전제도 부정하고 이미 도시 관리 계획이 대부분의 어번 빌리지를 포함하고 있다고 주장할 수 있다. 이들 프로그램은 존시의 주장만큼 나쁘지 않을 수 있다. 마지막으로 비판가들은 ②의 전제를 부정하고 어번 빌리지를 포함시키는 데 비용이 너무 많이 든다거나 스스로 이겨내는 법을 배우는 것이 더 낫다는 이유로 도시 관리에서 일부 빈곤 지역을 배제시켜야 한다고 주장할 수도 있다. 이런 비판가들에게 대응하기 위해서 존시는 더 많은 논거를 추가해야 할 것이다. 따라서 기존 형태의 재구성으로는 문제를 거의 해결할 수 없다. 다만 이 재구성이 하는 일은 비판가들이 반대의 표적을 어디에 둘지 확인하고, 존시가 전제를 뒷받침할 논거를 준비할 부분이 어디인지 분명하게 하는 것이다. 이런 방식으로 재구성은 존시가 제기한 문제를 이해하는 데 도움을 준다. 이것이 바로 내가 하려는 일이다. 그것은 그의 논증을 재구성하지 않고는 달성하기 힘든 일이다.

▶ 설명

우리는 네 번째 문장에서 첫 번째 문장으로 이동하면서 두 번째 문장은 지나쳤다. 혹시 논증의 일부를 놓친 건 아닐까? 어쩌면 두 번째 문장이 다른 논증을 제시하는 건 아닐까? 나아가 하나 이상의 논증을 제시하는 건 아닐까? 그렇다. 이 짧은 두 번째 문장은 새로운 결론을 가진 새로운 종류의 새로운 논증을 두 개나 제시한다. 그 이유를 알기 위해서는 두 번째 문장의 논증을 재구성해야 한다.

두 번째 문장은 '빈곤의 심화와 기후 변화의 부정적인 영향 확대로 인해 최근 들어 어번 빌리지가 급격히 증가했다'라고 말한다. '……로 인해'라는 이유 표지가 앞에 온 내용이 뒤따르는 내용의 전제임을 시사한다.

> 빈곤이 심화되었다.
>
> 기후 변화의 부정적인 영향이 증가했다.
>
> 그러므로 최근 들어 어번 빌리지가 급격히 증가했다.

이 논증은 훨씬 더 자세히 설명할 필요가 있다. 하지만 이 논증이 달성하려는 목적이 무엇인지 알아보는 것부터 시작해보자.

존시는 여기에서도 독자들이 자신의 결론을 믿게끔 설득하고 싶을 것이다. 그렇지만 이 논증이 그 목적을 어떻게 달성할지는 알기 어렵다. 그가 왜 독자들에게 이 결론을 설득시켜야 하는지도 파악하기 어렵다. 어쩌면 독자들 대부분이 이미 어번 빌리지가 최근 들어 급격히 증가했다는 걸 알고 있을 수도 있기 때문이다. 그 점은 관찰을 통해 분명해진다. 존시가 자신이 무슨 일을 하고 있는지 알고 있다고 가정하면(그렇지 않다면 왜 주의를 기울이겠는가?) 그에게는 분명 다른 목표가 있을 것이다.

그게 무엇일까? 어번 빌리지가 늘어나고 있다는 사실을 알고 있더라도 왜 늘어나는지 이유가 궁금할 수 있다. 왜 그렇게 많은 사람

THINK AGAIN

들이 기본적인 서비스 제공이 적절하지 못한 열악한 주택으로 이주하고 있는 것일까? 바로 이 질문이 이 논증이 대답하려는 것이다. 답은 빈곤의 심화와 기후 변화 영향의 증가이다. 너무나 많은 사람들이 가난해지고 기후 변화 때문에 살던 곳에서 쫓겨났기 때문에, 서비스가 부적절한 열악한 주택으로 이주하려 하는 것이다. 그들에게는 선택의 여지가 없다. 이 설명은 원인을 짚어내 우리가 이런 추세가 왜 발생하고 있는지 이해하는 데 도움을 준다. 따라서 이 논증은 설득이나 정당화보다는 설명을 목표로 하는 듯하다.

그것이 목적이라면 논증은 무엇일까? 앞서와 같이, 논증에는 두 개의 전제가 있다. 따라서 그들이 공통된 구조 안에서 함께 작용하는지, 아니면 결론에 대한 독립적인 설명들로 보아야 하는지를 살펴야 한다. 그들이 독립적이라면 다음과 같은 두 개의 논증을 갖게 된다.

빈곤이 심화되었다.
그러므로 최근 들어 어번 빌리지가 급격히 증가했다.

기후 변화의 부정적인 영향이 증가했다.
그러므로 최근 들어 어번 빌리지가 급격히 증가했다.

앞에서 네 번째 문장의 논증을 분리하면서 두 개의 전제가 함께 일하고 있다는 것이 드러났다. 별개의 논증이 다른 논증의 명시적 전제와 유사한 억제된 전제를 가정하고 있었기 때문이다. 여기서는 그렇지가 않다. 이들 두 개의 논증은 타당하지 않으며, 따라서 억제된 전제를 가정하고 있다. 그렇지만 어떤 것도 다른 논증의 전제를 가정하지는 않는다. 그런 면에서 이들은 각기 독립적으로 작용한다. 하나의 설명은 빈곤이고 다른 하나의 설명은 기후이다. 이러한 구조를 가리켜 종종 분기branching라고 한다.

빈곤의 논증부터 살펴보자. 논증을 타당하게 만들기 위해서는 어떤 억제된 전제가 필요할까? 이 이야기는 이미 위에 언급되었다. 사람들이 가난해지면, 서비스가 부적절한 열악한 주택으로 이주하는 것 외에 더 나은 선택의 여지가 없다. 따라서 그들은 어번 빌리지에서의 생활을 참는 것이다. 몇 가지 추가를 통해 이 설명을 다음과 같은 논증으로 만들 수 있다.

최근 들어 빈곤이 심화되었다.

빈곤이 증가함에 따라 서비스가 부적절한 열악한 주택에서 사는 사람이 더 많아졌다. (억제된 전제)

그러므로 최근 들어 서비스가 부적절한 열악한 주택에서 사는 가난한 사람들이 급격히 증가했다.

점점 더 많은 사람들이 서비스가 부적절한 열악한 주택에서 살게 되면서, 어번 빌리지가 더 많아지고 더 커지고 있다. (억제된 전제)

그러므로 최근 들어 어번 빌리지가 급격히 증가했다.

이 재구성에는 존시가 하지 않은 말이 들어갔지만 논증의 각 부분을 타당하게 만들려면 이런 식의 추가가 필요하다. 추가된 부분들은 빈곤이 어떤 빌리지의 증가를 어떻게 설명하는지에 대한 이야기도 담아내야 한다.

기후 논증도 비슷하게 작동하지만 명확히 할 것이 있다. 이 전제는 기후 변화의 어떤 부정적인 영향이 문제가 되는지 구체화하지 않은 채 기후 변화의 '부정적인 영향'을 언급한다. 특히 기후 변화는 많은 사람을 죽음에 이르게 할 가능성이 있다. 그렇지만 죽음의 문제는 어떤 빌리지로 이어질 수 없다. 어떤 빌리지에 사는 사람들은 당연히 살아 있으니 말이다. 어떤 빌리지를 만들어내는 것은 인구의 이동이다. 기후 변화로 인한 폭풍으로 목숨을 잃는 사람도 있지만 폭풍으로 파괴된 지역을 떠나는 사람도 있다. 목숨을 잃는 일을 피하기 위해서, 혹은 이전에 살던 주택이 다른 사람들을 죽음으로 몰아넣은 폭풍 때문에 파괴되어서이다. 아마도 존시는 기후 변화의 영향을 피하려는 이런 사람들의 이동을 어떤 빌리지의 증가에 대한 이유로 들려 했을 것이다. 그렇다면 이 부분은 다음과 같이 재구성될 수 있다.

최근 들어 기후 변화의 영향이 급격히 증가했다.

기후 변화의 영향이 증가함에 따라 많은 사람들이 집에서 쫓겨나 이동했다. (억제된 전제)

그러므로 최근 들어 많은 사람들의 급격한 이동이 나타났다.

많은 사람들이 이동함에 따라 어떤 빌리지가 더 많아지고 더 커지고 있다. (억제된 전제)

그러므로 최근 들어 어떤 빌리지가 급격히 증가했다.

이렇게 재구성한 논증은 타당하다. 하지만 억제된 전제가 없으면 타당하지 않다. 존시라면 이 억제된 전제를 받아들일 것이다. 따라서 이 재구성은 아마도 그가 생각하고 있는 바를 적절히 드러내고 있을 것이다.

기후 논증의 결론은 빈곤 논증의 결론과 같다. 따라서 두 논증이 어번 빌리지의 증가 속도에 대한 좀 더 완벽한 설명을 위해 함께 작용한다고 말할 수 있다. 빈곤과 기후 변화가 더 많은 사람들을 원래 살던 곳을 떠나 어번 빌리지로 이동하게 하면서 어번 빌리지는 더 급속히 증가하고 있다.

비록 두 가지가 함께 어번 빌리지의 빠른 성장 이유를 설명하고 있지만, 각각의 이유로도 어번 빌리지의 급속한 성장 이유를 설명하는 데 적절하다고 볼 수 있다.

앞서와 같이 존시의 논증을 재구성하는 것이 곧 논증을 보증하는 건 아니다. 논증이 가능한 한 좋게 보이게끔 노력하고는 있지만, 한편으로 재구성을 통해서 비판가가 공격하거나 의문을 제기할 수 있는 전제가 무엇인지도 구체화된다. 빈곤과 기후 변화가 실제로 그렇게 빨리 증가하고 있는가? 빈곤과 기후 변화가 정말로 사람들을 살던 곳에서 쫓아내고 주거에 대한 기대 수준을 낮추는 이유인가? 진짜로 이런 영향 때문에 가난한 사람들이 열악한 어번 빌리지로 이주하는가? 존시는 이런 의문들에 답을 줄 수도 있고, 주지 못할 수도 있다. 만약 답을 주지 못한다면 비판가들은 그의 주장과 결론을 거부할 것이다.

재구성을 한다고 해서 항상 좋은 논증이 되는 건 아니다. 어떤 방식으로도 더 낮게 재구성하는 것이 불가능한 경우도 있다. 하지만 그런 경우라도 논증을 재구성하는 일은 논증을 이해하는 데 도움을 준다. 이 방법은 논증이 좋은지 여부는 물론 얼마나 좋은 논증인지를 판단하는 방법을 알려준다. 이런 식의 재구성은 다음 장의 주제인 평가로 가는 길을 닦는다.

CHAPTER 09

논증을 평가하는 방법

목적과 구조를 통해 논증을 찾고 억제된 전제를 채워 넣고 나면 논증을 평가할 시간, 즉 논증이 좋은지 알아볼 수 있는 시간이 온다. 앞서 보았듯이 어떤 것을 좋다고 하는 것은 그것이 관련된 기준에 부합한다는 뜻이다. 그렇다면 논증과 관련된 기준은 무엇인가?

한 가지 기준은 실용성이다. 광고의 경우, 매출을 올리는 광고를 좋다고 말한다. 매출 증가가 광고의 목적이기 때문이다. 이와 같이 논증이 의도한 목적을 달성할 때 우리는 그 논증을 좋다고 말한다. 논증이 어떤 청중을 설득하기 위해 제시되었다면 그 청중을 설득하는 데 성공하는 정도에 따라 실용적인 면에서 좋고 나쁨이 결정된다. 청중이 믿을 만한 실제적인 이유가 없는 어떤 것을 믿도록 속여야만 설득이 가능한 논증도 있다. 논증이 전혀 이유를 제시하지 않거나 대단히 나쁜 이유만을 제시하는 경우도 있다. 그러고는 정당화 없는 설득이 이루어진다.

단지 설득만이 아닌 정당화, 이해, 진실을 원한다면 논증을 좀 더 높은 기준에 맞추어야 한다. 우리는 적절한 이유를 제시하는 논증, 최소한 속임수나 오도가 아닌 진짜 이유를 제시하는 논증을 원한다. 하지만 그러려면 믿음이나 설득만이 아닌 진실과 정당화와 관련된 인식론적 의미에서 좋은 이유인지를 판단할 수 있는 기준이 필요하다. 그것이 이 장에서 우리가 논의할 판단 기준과 가치이다.

논증이 진실이나 정당성과 어떤 관계를 추구하는가는 논증의 형태와도 일부 관련이 있다. 결론을 보증하는 전제가 필요한 논증이 있는가 하면 어떤 보증도 하지 않는 증거에 만족하는 논증도 있다. 이에 따라 논증을 귀납적인 형태와 연역적인 형태로 구분하는 것이 일반적이고, 우리 역시 그 전통에 따를 것이다. 다만 이런 구분이 야기할 수 있는 몇 가지 문제도 함께 살펴볼 필요가 있다.

셜록 홈스는
연역의 대가일까

몇 가지 간단한 사례부터 시작해보자. 다음의 주장을 살펴보자.

① 노엘은 브라질 사람이다.

　그러므로 노엘은 포르투갈어를 한다.

　이 논증은 분명히 타당하지 않다. 노엘이 포르투갈어를 하지 않는 브라질 사람일 수 있기 때문이다. 어쩌면 노엘은 어떤 언어도 구사하지 못하는 아기일 수도 있고 최근 브라질로 이주해서 아직 포르투갈어를 배우지 못한 사람일 수도 있다. 하지만 이런 취약성에도 이 논증을 타당하게 만드는 억제된 전제 하나를 쉽게 추가할 수 있다.

② 모든 브라질 사람은 포르투갈어를 한다.

　노엘은 브라질 사람이다.

　그러므로 노엘은 포르투갈어를 한다.

　이제 결론이 거짓인데 두 전제 모두 참일 가능성은 없다. 만약 노엘이 포르투갈어를 하지 못하기 때문에 결론이 거짓이라면, 노엘은 브라질 사람이 아니거나(이 경우 두 번째 전제는 거짓) 노엘은 포르투갈어를 하지 못하는 브라질 사람이다(이 경우 첫 번째 전제는 거짓). 전제와 결론 사이의 이 관계가 이 논증을 타당하게 만든다.

　이제 논증은 타당하다! 그렇다면 타당성이 뒤의 논증을 앞의 논증보다 낫게 만드는가? 그렇지 않다. 타당하지 않은 기존 논증을 타당한 논증으로 바꾸는 억제된 전제를 덧붙인 것은 논증 ①의 전제와 결론 사이 관계에 대한 의혹을 논증 ②의 첫 번째 전제에 대한 의혹으로 이동시키는 역할밖에 하지 못한다. 이런 이동은 억제된 전제를 수용해야 하는가에 대한 의문을 제기시킬 뿐이다.

어떤 종류의 증거가 모든 브라질 사람이 포르투갈어를 한다는 전제를 뒷받침할 수 있을까? 어쩌면 화자는 자신이 아는 모든 브라질 사람에서 일반화한 것일 수도 있다. 그렇다면 그의 논증은 다음과 같을 것이다.

③ 내가 아는 모든 브라질 사람은 포르투갈어를 한다.
노엘은 브라질 사람이다.
그러므로 노엘은 포르투갈어를 한다.

불행히도, 논증은 다시 타당하지 못한 상태로 돌아갔다. 노엘이 브라질 사람이지만 포르투갈어를 하지 못하는 사람이라는 것을 그가 알지 못할 가능성이 있기 때문이다.

화자가 브라질 사람은 포르투갈어를 한다는 내용을 위키피디아에서 읽고 이것을 모든 브라질 사람이라는 의미로 추정했을 가능성도 있다.

④ 위키피디아에 따르면 브라질 사람은 포르투갈어를 한다.
그러므로 모든 브라질 사람은 포르투갈어를 한다.
노엘은 브라질 사람이다.
그러므로 노엘은 포르투갈어를 한다.

이 논증의 아래 세 문장은 논증 ②와 동일하다. 따라서 이 부분은 여전히 타당하다. 그렇지만 첫 문장에서 두 번째 문장으로의 추론은 명백히 타당하지 않다. 위키피디아가 틀렸을 수도 있고 아기나 새로운 이민자를 비롯한 모든 브라질 사람이 아닌 일반적인 브라질 사람만을 지칭한 것일 수도 있기 때문이다.

이런 논증들의 배열은 중요한 교훈을 준다. 앞에서 살펴본 네 가지 논증 중에 두 번째 논증(논증 ④의 2~4번째 문장에서 반복)은 유일하게 타당한 논증이다. 화자는 논증을 이 부자연스러운 형태에 밀어 넣음으로써 이 논증을 타당하게 만들려는 의도를 드러낸다. ②의 논증이 타당하고 이를 타당하게 만들기 위한 노력이 있었다는 것만큼은 확실하며, 따라서 화자는 이 논증이 타당하길, 적어도 타당하게 보이길 원했음이 분명하다. 그에 반해 논증 ①, ③, ④의 첫 두 문장은 전혀 타당하지 않다. 화자가 이들 논증을 타당하게 만들고자 했다면 이런 식으로 만들지 않았을 것이다. 이런 대조를 통해서 논증을 타당하게 만들려는 의도를 가진 화자와 그렇지 않은 화자가 있다는 것을 알 수 있다.

그런 의도가 연역적 논증과 귀납적 논증 사이의 차이이다. 연역적 논증은 타당하게 만들려는 지지자의 의도를 품고 있는 논증이다. 귀납적 논증은 지지자가 타당하게 만들려는 의도가 없는 논증이다. 따라서 논증 ②는 연역적이지만 ①과 ③은 귀납적이다. 그리고 논증 ④는 첫 두 문장의 귀납적 논증과 2~4번째 문장의 연역적 논증이 결합되어 있다.

화자의 의도가 무엇이냐는 측면에서 논증의 형태를 구분하는 것이 이상하게 보일 것이다. 그렇지만 의도에 대한 참조는 필요한 일이다. 다음과 같은 나쁜 연역적 논증 때문이다.

⑤ 모든 브라질 사람은 포르투갈어를 한다.
　모든 포르투갈 국민은 포르투갈어를 한다.
　그러므로 모든 브라질 사람은 포르투갈 국민이다.

화자가 이런 타당하지 못한 논증을 제시할 정도로 혼란스러웠는데도 이런 형태를 만들었다는 사실이 이 논증을 타당하게 만들 의도가 있었음을 암시한다. 이 논증이 비록 타당하지 못하고 잘못된 것임에도 이를 연역적 논증으로 분류하는 이유가 바로 그런 의도 때문이다.

의도의 유무를 기준으로 연역과 귀납을 구분하는 방법은 이런 구분이 중요한 이유를 보여준다. 연역적 논증에는 타당하게 만들려는 의도가 존재하기 때문에, 타당하지 못하다는 이유로 비판하는 것이 적절하다. 반면, 귀납적 논증이 타당하지 않다는 사실은 비판할 대상이 되지 못한다. 타당하게 만들려는 의도가 없어서이다. 귀납적 논증이 타당하지 않다고 비판하는 것은 다른 경기에 쓸 의도가 전혀 없이 만들어진 럭비공이 축구공으로서 실격이라고 비판하는 것만큼이나 부적절하다.

철학자들과 논리학자들 사이에서는 이런 연역의 개념이 평범한 것이지만 일반인들은 연역을 매우 다르게 생각한다. 귀납이 세부사항에서 일반화로 옮겨가는 것이라고 말하는 사람들이 있다. 이것은 부정확한 설명이다. 앞으로 보게 될 것처럼 그 반대로 진행하는 귀납적 논증도 있기 때문이다.

작가 아서 코난 도일도 이런 혼란에 일조했을 가능성이 있다. 그는 자신의 소설 속에 등장하는 허구의 탐정 셜록 홈스를 연역의 달인으로 묘사한다. 홈스가 다른 사람들은 지나치는 사소한 관찰들로부터 결론을 이끌어내는 능력을 가지고 있다는 이유로 말이다. 한 에피소드에서 홈스는 거리에서 한 남자를 스치듯 보고는 곧바로 '왕립포병대로 인도에서 복무했던 퇴역군인'이라고 단정한다. 어떻게 그리 빨리, 그렇게 자세하게 알 수 있었을까?

홈스가 대답했다. '저 자세와 권위적인 표정, 햇볕에 그을린 피부를 조합하면 군인, 적어도 사병 이상이고, 인도에서 온 지 얼마 되지 않았다는 것을 어렵지 않게 알 수 있지……. 기병들과 같은 걸음걸이는 아닌데, 이마의 한쪽 면만 피부가 밝은 것으로 보아 모자를 한쪽으로 썼었어. 체중으로 판단하건대 방어시설에서 일하는 공병은 아니란 말이지. 그러니 그는 포병대 소속이야.'

놀라운 추리이다. 그렇지만 이것이 연역적인가? 논증은 전혀 타당하지 않다. 그 남자는 인도에서 복무하는 포병 역할을 맡은 배우일 수도 있다. 타당하지 않다는 것이 너무나 확실해서, 홈스처럼 똑똑한 사람이 그것을 타당하게 만들려는 의도가 있었을 리는 없다. 따라서 우리의 정의에 따르면 이 논증은 연역적이지 않다. 그렇다고 해서 논증이 좋지 않다는 의미는 아니다. 홈스의 뛰어난 재기가 이 에피소드의 핵심이다. 하지만 이들 용어의 철학적 의미에서 보면 홈스는 연역의 대가가 아닌 귀납의 대가이다.

　　　　　　　　　　　　　　　　　　THINK AGAIN

연역이
왜 그리 대단한가

왜 코난 도일은 셜록 홈스는 귀납이 아닌 연역의 대가라고 묘사해 오해를 불렀을까? 아마 홈스의 추론에 가능한 한 최고의 찬사를 보내기 위해서였을 것이다. 많은 사람들이 연역이 귀납보다 뛰어나다고 생각한다. 앞의 네 가지 논증만 비교해보아도 이런 생각에 회의가 들지만, 왜 많은 사람들이 그런 믿음을 갖고 있는지는 의문을 가져볼 만한 문제이다.

연역을 선호하는 한 가지 이유는 연역적 논증이 모든 가능성을 배제하고 확실성을 달성하는 듯 보이기 때문이다. 타당한 논증은 전제가 참일 때 결론이 거짓일 모든 가능성을 배제한다. 연역의 또 다른 명백한 장점은 논증이 타당하면 이 논증에 추가적인 전제를 덧붙여도 무효로 만들 수 없다는 의미에서 타당성의 파기가 불가능하다는 데 있다(논증 ②로 시도해보라). 어떤 전제를 추가해도 타당성을 없앨 수 없다.

확실성을 원하는 경우 연역의 이런 특성은 바람직하게 보일 수밖에 없다. 불행히도, 철학자 믹 재거^{Mick Jagger}와 키스 리차드^{Keith Richards}에 따르면 언제나 원하는 것을 가질 수는 없다. 연역적 논증에서 드러나는 확실성은 환상이다. 타당한 논증의 결론은 오직 전제가 참일 때에만 보장된다. 전제가 참이 아니라면 설령 형식적으로 타당한 논증이라도 보여줄 수 있는 건 아무것도 없다. 결국 전제를 확신할 수 없는 경우라면 연역적으로 타당한 논증이라 해도 결론에 확실성을 부여할 수 없다.

논증의 타당성은 전제를 믿으면서 결론을 부정할 수 있는 선택권을 배제한다. 하지만 당신에게는 여전히 몇 가지 대안이 남아 있다. 결론을 받아들일 수도 있고 전제를 부정할 수도 있는 것이다. 앞에서 살펴본 ②의 논증에서 노엘이 브라질 사람이라는 전제나 모든 브라질 사람이 포르투갈어를 한다는 전제를 포기하기만 한다면 노엘이 포르투갈어를 한다는 결론을 부정할 수 있다. 논증은 그 안에 포함된 전제들이 참인지 거짓인지를 판단해주지 못한다. 따라서 당신이 전제 중 하나를 포기한다면 논증은 당신에게 결론을 받아들이라고 강요할 수 없다.

이 점은 '누군가의 전건 긍정이 다른 누군가에게는 후건 부정이다'라는 격언에 담겨 있다. 전건 긍정이 '만일 x이면 y이다, x이다, 그러므로 y이다'라는 논증 형태이며 후건 부정은 '만일 x이면 y이다, y가 아니다, 그러므로 x가 아니다'라는 논증 형태라는 것을 기억해보라. 전건 긍정에서는 선행하는 x가 수용되고 그에 따라 그 결과인 y도 수용된다. 하지만 후건 부정에서는 결과인 y가 거부되며 그에 따라 선행하는 x도 거부된다. '만일 x이면 y이다'라는 조건은 선행하는 x를 수용하고 전건 긍정을 적용해야 하는지, 아니면 결과인 y를 부정하고 후건 부정을 적용해야 하는지를 알려주지 않는다. 마찬가지로 타당한 논증 역시 전제들을 수용하고 결론을 수용해야 하는지, 아니면 결론을 거부하고 전제 중 하나를 거부해야 하는지 알려주지 않는다. 결과적으로, 타당한 논증이라도 논증 자체는 결론을 믿어야 하는지 아닌지 알려주지 않는다.

두 개의 전제가 모두 확실하거나 정당화되어 있다면 하나의 전제를 포기하기가 쉽지 않다. 하지만 여기에서 알 수 있는 건 타당한 논증의 진정한 힘이 타당성이 아니라 논증의 정당화에서 비롯된다는 점이다. 모든 브라질 사람이 포르투갈어를 한다고 믿는 유일한 이유가 내가 아는 모든 브라질 사람이 포르투갈어를 한다는 것이라면 타당한 논증(논증 ②)이 타당하지 않은 논증(논증 ③)보다 나은지 알기는 어렵다. 유일한 차이는 논증 ②의 불확실성이 첫 번째 논거에 대한 것인 반면 논증 ③의 불확실성은 전제와 결론의 관계에 대한 것이라는 점이다. 두 논증 모두 불확실성을 피하지 못한다. 단 두 논증의 불확실성은 각기 다른 곳에 있다.

이런 이유들 때문에 우리는 논증의 확실성을 포기해야 한다. 이 불가능한 꿈을 꺾는 한 가지 방법은 연역적 논증에서 귀납적 논증으로 이동시키는 것이다. 귀납적 논증에는 타당화나 확실성을 획득하려는 의도가 없다. 귀납적 논증은 모든 반대되는 가능성을 배제하려 하지도 않고 그런 척하지도 않는다. 또한 추가적인 정보나 전제로 인해 강력한 논증을 약한 것으로 만들 수 있다는 의미에서 타당성을 잃을 수 있다는 점을 받아들인다. 실망스럽게 보일 수도 있지만, 사실 이런 면들이 활력을 불어넣는다. 더 많은 정보가 차이를 만들 수 있다는 깨달음은 더 많은 탐구 동기를 부여한다. 불확실성에 대한 인식은 반대되는 증거와 상충하는 입장에 대한 겸손하고 개방적인 태도를 부른다.

당신의 논증은
얼마나 강한가

귀납적 논증이 타당성을 목표로 하지 않는다면, 귀납적 논증이 목표로 삼는 것은 무엇일까? 바로 힘이다. 전제들이 결론에 대한 더 강력한 이유를 제시할 경우에는 귀납적 논증이 더 낫다. 만족하는가? 그렇지 않길 바란다. 당신은 '그런데 힘이란 게 뭡니까?'라는 질문을 해야 한다. 여기에서 말하는 힘은 전제들과 결론 사이의 관계이다. 하지만 어떤 이유나 논증이 다른 것보다 강하다는 걸 어떻게 알 수 있단 말인가? 이유나 논증을 보다 강하게 만들어주는 것은 무엇인가?

이 같은 질문에 대해 합의에 이른 답은 없다. 귀납적 논증의 강도라는 개념에는 논란이 많다. 하지만 힘에 대해 생각하는 가장 자연스러운 관점은 확률이다. 이런 관점에서 귀납적 논증의 강도는 전제로부터 주어진 결론의 조건부 확률이다(또는 거기에 달려 있다). 귀납적 논증은 전제를 고려한 결론의 확률이 높을수록 강해진다.

이런 강도의 기준을 이해하기 위해서는 조건부 확률에 대해 조금 배울 필요가 있다. 평균 5일에 한 번 비가 오지만 우기에는 5일 중 4일 동안 비가 오는 인도의 어느 지역을 상상해보자. 간디의 생일에 그곳에서 비가 올 확률은 얼마일까? 그것은 간디의 생일이 언제인가에 달려 있다. 간디의 생일이 언제인지 모른다면, 그 확률을 5일 중 1일, 즉 0.20으로 추정하는 것이 합리적이다. 하지만 간디의 생일이 이 지역의 우기 중에 있다는 것을 알았다고 가정해보자.

이런 추가적인 정보를 통해 이제는 간디의 생일에 비가 올 확률을 5일 중 4일, 즉 0.80으로 추정하는 것이 합리적이다. 이 새로운 수치는 간디의 생일이 이 지역의 우기에 해당된다는 사실을 고려하여 도출한 이 지역에서 간디의 생일에 비가 올 조건부 확률이다.

귀납적 논증에 대한 적용은 간단하다. 다음의 논증을 살펴보자.

> 퍼레이드는 간디의 생일에 그 지역에서 열릴 것이다.
> 그러므로 퍼레이드 때 비가 올 것이다.

이 논증은 타당하지도 연역적이지도 않다. 때문에 귀납적 강도의 기준으로 평가하는 것이 적절하다. 전제 자체는 간디의 생일이 언제인지에 대한 정보를 주지 않는다. 따라서 전제를 고려한 결론의 조건부 확률은 0.20이다. 이 논증은 그리 강하지 않다. 전제 내의 정보만을 고려하면 그곳에서 그때에 비가 오지 않을 가능성이 높기 때문이다. 그럼 여기에 새로운 전제를 추가해보자.

> 퍼레이드는 간디의 생일에 그 지역에서 열릴 것이다.
> 간디의 생일은 그 지역의 우기 중에 있다.
> 그러므로 퍼레이드 때 비가 올 것이다.

이 논증은 여전히 타당하지 않다. 하지만 보다 강해졌다. 전제를 고려한 결론의 조건부 확률이 0.80으로 높아졌기 때문이다. 새로운 전제가 주는 추가 정보가 확률을 높인다. 이 모든 것은 상식이다. 간디의 생일이 언제인지 모른다면, 첫 번째 논거는 퍼레이드 날짜를 다시 잡을 강력한 이유가 아니다. 하지만 누군가가 '간디의 생일은 우기야!'라고 말한다면 퍼레이드 날짜를 다시 잡는 것이 적절하다. 빗속을 걷고 싶지 않다면 말이다.

어떤 논증으로 설득할 것인가

귀납적 논증이라는 보따리 안에는 무엇이 들어 있을까? 주머니 깊숙이 손을 넣어 무엇이 있는지 살펴보자.

당신이 새롭게 식당을 열려고 한다고 가정해보자. 일단 식당 위치는 스코틀랜드 에든버러로 선택했다. 하지만 아직 주방장의 두 가지 특기인 에티오피아 음식과 터키 음식 중에 어떤 것을 팔지 결정하지 못했다. 식당의 성공은 인근에 사는 사람들 중에 각각의 음식을 좋아하는 사람들이 얼마나 많은지에 따라 결정된다. 이 중대한 질문에 답을 구하기 위해 당신은 인근에서 임의로 고른 사람들에게 질문을 했고 60퍼센트가 터키 음식을 좋아하며 에티오피아 음식을 좋아하는 사람은 30퍼센트밖에 되지 않는다는 것을 발견했다. 그리고 이 비율이 동네 전체에 적용된다는 결론을 내렸다. 당신이 실험했던 작은 표본에 대한 전제를 통해 보다 큰 집단에 대한 결론을 주장하는 이런 식의 추론을 **통계적 일반화**statistical generalization 라고 부른다. 이러한 일반화는 귀납적 논증이다. 타당하게 만들려는 의도가 없기 때문이다. 실험으로 얻은 표본은 분명히 전체 주민과 일치하지 않을 것이다.

다음으로 당신은 메뉴에 들어갈 음식을 시험해야 한다. 그래서 친구들과 이웃들에게 음식을 대접하기로 마음먹는다. 하지만 터키 음식을 싫어하는 사람들에게는 굳이 시험해보지 않을 생각이다. 어차피 그들은 식당에 오지 않을 것이기 때문이다. 이제 당신은 식당 남쪽에 사는 이웃이 터키 음식을 좋아하는지 궁금하다. 당신은 그 사람에 대해서 특별히 아는 것이 없어서 그가 터키 음식을 좋아할 확률이 60퍼센트일 것이란 결론을 내린다. 이 논증을 통계적 응용 statistical application 이라고 부른다. 전체 인구에 대한 일반화를 개인에게 응용하기 때문이다. 이것은 귀납적이다. 분명히 타당하지 않아서이다. 가령 이 논증은 당신 이웃이 터키 음식을 좋아할 확률을 과소평가할 수 있다.

마침내 당신이 식당을 열었지만 아무도 오지 않는다. 왜일까? 인근의 사람들이 터키 음식을 좋아하지 않아서라는 설명은 불가능하다. 60퍼센트가 터키 음식을 좋아하기 때문이다. 가격이 너무 높거나 음식 맛이 좋지 않다는 설명도 불가능하다. 잠재 고객들은 가격이나 요리의 질에 대해 아직 모르기 때문이다. 광고가 부족했다는 설명도 불가능하다. 큰 현수막을 달았으며 멋진 웹사이트를 만들었고 지역 신문에 광고도 했기 때문이다. 이후 당신은 어떤 사람이 당신 식당에 바퀴벌레가 우글거린다는 소문을 퍼뜨리고 다닌다는 이야기를 듣는다. 대체 누구일까? 주위에 그럴 동기가 있는 사람이 없어서 당신은 건너편의 오래된 식당 주인을 의심한다. 이런 결론은 **최선의 설명에로의 추론**inference to the best explanation(귀추 추론)에 의해 뒷받침된다. 이는 귀납적 논증이기도 하다. 전제가 결론을 믿게 하는 이유를 제시하기 때문이다. 하지만 여전히 당신의 의심이 틀릴 가능성은 있다.

당신은 비록 낙심했지만, 개점 첫 달 고전을 거듭하다가 점차 식당을 찾은 손님들 사이에 입소문이 나며 큰 인기를 얻었다는 다른 터키 식당의 이야기를 떠올리고 다시 희망을 얻는다. 그 식당은 당신의 식당과 닮은 점이 많아서 이 식당도 곧 도약할 것이라는 결론을 내린다. 이 **유비 논증**argument from analogy(혹은 유비 추리, 유추)은 귀납적이다. 분명히 타당하지 않지만 희망을 갖게 된 데 이유를 제시하기 때문이다.

다행히 당신의 식당은 크게 성공한다. 손님이 몰려온다. 사람들은 식당의 어떤 점에 매력을 느끼는 것일까? 이를 알아내려고 음식 가격을 조금 내려본다. 하지만 매출에는 영향이 없다. 이후 당신은 고객들이 가장 많이 주문하는 요리가 무엇인지 알아보려고 기록을 확인한다. 하지만 특별히 눈에 띄는 것은 없다. 호기심에 자극을 받은 당신은 메뉴에서 요리를 하나씩 빼면서 고객들의 변화를 관찰한다. 코코레츠*를 메뉴에서 빼자 고객이 크게 줄어들었다. 당신은 지역 주민들이 내장을 그렇게 좋아하는지 몰랐다. 하지만 당신의 실험은 이 요리가 사람들로 하여금 당신 식당을 찾게 하는 요인이라는 결론을 뒷받침한다. 이 **인과 추론**causal reasoning은 귀납적이다. 다른 것

---

* kokoreç, 양이나 염소의 창자에 심장, 폐, 신장 등을 넣어 만든 터키식 순대이다.

이 원인일 수도 있어서 논증이 타당하지 않기 때문이다. 하지만 결론을 믿게 하는 이유도 제시한다. 이런 이유로 당신은 코코레츠를 메뉴에 다시 넣는다.

식당에 도둑이 들기 전까지 모든 것이 순조로웠다. 유일한 목격자는 강도가 피아트 차량을 타고 달아났다고 말한다. 에든버러에 있는 차 중에 피아트가 차지하는 비율은 2퍼센트에 불과하다. 그래서 목격자의 증언에 놀란 당신은 그 말을 믿어야 할지 고민한다. 당신과 경찰은 이런 조명 조건에서 이 증인이 피아트를 정확하게 알아볼 확률은 90퍼센트 정도이고, 다른 종류의 차를 피아트로 오인할 확률은 10퍼센트 정도라고 추정한다. 그럴 듯하게 보이지만, 당신은 베이즈의 정리*를 이용해서 이 신고가 정확할 확률이 6분의 1 이하라고 계산한다. 목격자가 다른 차를 피아트로 오인할 가능성이 다섯 배나 높은 것이다. 이 논법은 **확률에 대한 추론**reasoning about probability의 전형적인 예이다.

이야기를 계속 이어갈 수도 있겠지만, 지금까지 살펴본 내용에 이미 통계적 일반화, 통계적 응용, 최선의 설명에로의 추론, 유비 논증, 인과 추론, 확률에 대한 추론이라는 여섯 종류의 귀납적 논증이 포함되어 있다. 이런 형태의 논증들은 일상생활의 많은 영역에서 흔하게 발견된다. 각각의 논증에는 나름의 기준이 있고 적절히 기능하기도 하고 그렇지 않기도 하다. 또한 각 논증에는 그것에만 관련된 특

---

* Bayes' theorem, 영국의 수학자 베이즈가 발표한 이론으로, 주어진 조건에서 어떠한 현상이 실제로 나타날 조건부 확률을 계산하는 방법.

정 오류들도 존재한다. 여기에서는 모든 논증을 자세히 점검하는 대신 몇 가지 중요한 귀납적 논증들에만 초점을 맞출 것이다.

표본조사의 함정에서
어떻게 벗어날 것인가

프로파일링과 고정 관념은 많은 사람들이 배척하는 것이다. 경찰은 사람들의 생김새나 위치 등의 정보가 아닌, 사람들의 행동을 관찰해서 수상한 사람을 검문하고 체포해야 한다. 일상에서 많은 사람들이 마틴 루터 킹의 비전을 동경한다. '나는 꿈이 있습니다. 언젠가는 나의 네 명의 자식들이 피부색 또는 출신 따위에 의해 편견을 받지 않는 날이 올 것이라는 꿈 말입니다.' 우리 모두는 집단의 구성원으로서가 아니라 개인으로 대우받길 희망한다.

이런 희망과 꿈에도 우리 모두는 종종 집단에 대한 고정 관념을 바탕으로 다른 개인들이 어떻게 행동할지 예측하곤 한다. 마케팅 전문가들은 집단에 대한 일반화를 이용해서 어떤 고객이 자사의 제품을 구매할지 예측한다. 우리가 앞서 다루었던, 터키 레스토랑처럼 말이다. 의사들은 환자의 위험 인자(그 사람이 어떤 집단의 구성원인가를 포함하여)를 기반으로 약물과 수술을 권한다. 보험업체는 가입자가 지출 가능성을 높이는 집단에 속해 있는지 여부를 근거로 보험료를 산정한다. 대학은 지원자의 출신 학교나 그들이 받은 SAT 점수의 백분위수 범위를 근거로 어떤 지원자를 받아들일지 판단한다. 우리는 이런 전문가들이 손님, 환자, 고객, 지원자를 접할 때 피부색을 판단 기준으로 삼지 않길 바라지만, 그렇다고 그들이 판단의 근거를 대상의 사람됨에 두지는 않을 것이다. 그렇게 할 수 없다. 상대의 됨됨이를 알지 못하기 때문이다.

살다 보면 고정 관념의 도움 없이 어떻게 판단해야 할지 알 수 없는 상황들이 많다. 어떤 사람을 전혀 알지 못하지만 빠른 판단을 내려야 할 경우라면 내가 사용할 수 있는 유일한 정보는 빨리 관찰할 수 있는 성질의 것이다. 예를 들어, 술집에서 낯선 사람이 나와 몇 분간 가벼운 대화를 나눈 후에 나에게 술이나 저녁을 사겠다고 제안한다면 나는 이 낯선 사람을 믿어야 할지 결정해야 한다. 그는 무슨 일을 꾸미고 있는 것일까? 앞서 보았듯이 셜록 홈스라면 이 낯선 사람에 대해서 많은 것을 추론해낼 수 있겠지만, 우리로서는 대부분의 경우 제한된 경험을 바탕으로 몇 가지 부정확한 일반화에 의존하는 것 외에는 선택의 여지가 없다. 낯선 사람의 제안을 받아들이든 그렇지 않든, 우리는 계속해서 이런 일을 한다.

이런 사례들의 결론은 논증에 좌우된다. 우선 사람들은 표본 집단에 대한 전제로부터 전체 집단에 대한 결론으로 일반화를 시킨다. 다음으로 그 결과인 일반화를 다시 개인에 대한 결론에 적용한다. 이 두 단계들은 일반화와 응용으로 표현할 수 있다.

▶ 일반화
이런 형태의 논증법들은 각각 수많은 복잡한 특징과 문제를 야기한다. 일반화에서는 대단히 정교한 추론도 완전히 잘못될 수 있다. 2016년 영국의 브렉시트 투표와 미국 대선에서 여론조사가 저지른 놀라운 실수들을 생각해보라. 이들 경우에 엄청난 데이터를 가지고 있는 전문적인 통계학자들의 예상도 완전히 빗나갔다. 그런 실수를 피하고 통계적 일반화와 응용을 완벽하게 이해하려면 통계와 확률에 대한 몇 가지 과정을 이수하고 고품질의 빅 데이터를 수집해야 한다. 그럴 만한 시간이 있을까? 다행히 간단한 사례를 통해 기술적인 세부 사항까지 파고들지 않고서도 몇 가지 흔한 방법과 실수를 파악할 수 있다.

당신이 함께 여생을 보낼 남성 반려자를 찾고 있다고 가정해보자. 이왕이면 함께 골프를 즐길 만한 사람을 원하고, 이런 사람을 찾기 위해 온라인 데이트 서비스에 관심을 갖고 있다. 한 사이트를 찾아 열 명의 데이트 상대를 임의로 고르고 그들에게 지난 6개월 동안 얼마나 자주 골프를 쳤는지 물어본다. 그 결과 단 한 명이 골프를 쳤다고 응답했다. 당신의 표본 중에 지난 6개월 동안 골프를 친 사람이 10퍼센트에 불과하기 때문에, 당신은 온라인 데이트 서비스를 이용하는 사람의 10퍼센트 정도가 골프를 친다는 추론을 한다. 이 논법은 통계적 일반화이다. 표본(당신이 질문을 한 열 명)에 대한 전제에서 전체 집단(온라인 데이트 서비스 이용자)에 대한 결론으로 이동했기 때문이다.

다음 날, 이 사이트를 이용하는 다른 사람이 당신에게 연락을 해온다. 당신은 답을 하지 않기로 결정한다. 왜냐하면 이렇게 추론을 했기 때문이다. '이 사람은 온라인 데이트 서비스를 이용한다. 온라인 데이트 서비스 이용자의 10퍼센트만이 골프를 친다. 따라서 이 사람은 아마도 골프를 치지 않을 것이다. 혹은 보다 정확하게, 이 사람이 지난 6개월간 골프를 쳤을 가능성은 10퍼센트에 불과하다.' 이 논법은 통계적 응용이다. 전체 집단에 대한 일반화가 포함된 전제를 이 특정한 사용자에 대한 결론에 적용하기 때문이다.

이 논법들은 모두 귀납적이다. 명백하게 타당하지 않아서이다. 표본의 10퍼센트만이 골프를 치지만 온라인 데이트 서비스 사용자 중에서 더 많은 사람이 골프를 칠 가능성이 있기 때문이다. 온라인 데이트 서비스 사용자의 10퍼센트만이 골프를 치지만 이 사람이 골프를 칠 가능성은 훨씬 높을 수도 있다. 이런 가능성들이 너무나 명백해서 이 논증은 아마도 타당하게 만들려는 의도가 없을 것이다.

이 귀납적 논증들은 얼마나 강력할까? 그것은 전제를 고려한 결론의 확률에 좌우된다. 논증의 강도를 평가하려면 각 논증이 어떻게 잘못된 방향으로 갈 수 있는지 판단할 수 있는 일련의 질문이 필요하다.

일반화에 대해 던져야 하는 첫 번째 질문은 전제가 참인지 여부이다. 실제로 표본 열 명 중에 한 명만이 지난 6개월간 골프를 쳤는가? 어쩌면 골프를 쳤다고 말한 이는 한 명뿐이지만 실제로는 더 많은 사람이 골프를 쳤고 다만 그 사람들이 그 질문에 사실대로 답하지 않기로 한 것일지도 모른다. 혹은 골프를 쳤다는 걸 잊었을 수도 있고, 상대가 골프를 너무 많이 치는 사람을 골라내기 위해서 그런 질문을 한다고 생각해 골프를 친 걸 일부러 부정했을 수도 있다. 온라인 데이트 서비스를 이용하는 사람들의 말을 항상 신뢰할 수 있는 건 아니다. 그렇게 놀랄 일도 아니지 않은가?

두 번째로는 표본이 충분히 큰가에 의문을 가져야 한다. 세 명보다는 열 명에게 묻는 것이 낫겠지만 100명에게 묻는다면 더 나을 것이다. 그렇게 큰 표본을 모으려면 시간이 많이 걸리겠지만 말이다. 따라서 열 명의 표본은 논증의 강도를 어느 정도는 높여주지만 그리 많이 높이지는 못한다. 강도가 충분히 높은지 여부는 표본의 크기에 달려 있다. 만약 표본이 지나치게 작다면 논증은 성급한 일반화hasty generalization의 오류를 범한다.

세 번째 문제는 당신의 표본이 편향되었는가이다. 당신이 찾는 특징을 가진 표본의 비율이 전체에서 그 특징을 가진 집단의 비율보다 눈에 띄게 높거나 낮을 때 표본이 편향되었다고 말한다. 크기가 큰 표본(100명이나 1,000명의 온라인 데이트 서비스 사용자)도 편향될 수 있다는 점에 주의하라. 골프를 치는 사람들이 대부분 다른 온라인 데이트 서비스를 사용해서 당신이 표본을 추출한 사이트를 이용하는 골퍼의 수가 줄어든 것이라면 이런 편향이 발생할 수 있다. 그렇다면 당신의 표본을 이용해서는 온라인 데이트 서비스를 이용하는 사람 중에 얼마나 많은 사람이 일반적으로 골프를 치는가에 대한 어떤 결론도 이끌어내서는 안 된다. 비록 당신이 특정한 웹사이트에만 관심이 있다 하더라도, 신청서에 당신이 골프를 친다고 언급했고 그 웹사이트가 이 정보를 이용해서 가능한 연락처를 제안한다면 당신의 표본은 편향될 수 있다. 그렇다면 당신이 받은 명단에는 전체 웹사이트에서의 비율보다 더 많은 골퍼가 포함될 것이다. 혹은 이 웹사이트가 당신의 인근에 사는 사용자만 소개했을 수 있고, 당신은 다른 지역보다 골퍼가 적은(혹은 많은) 지역에서 살고 있을 수도 있다.

표본을 편향되게 만드는 또 다른 방법은 특정한 방향으로 유도하거나, 혹은 오도하는 질문을 던지는 것이다. 만약 당신이 '골프를 즐기시나요?'라고 물어본다면 긍정적인 대답의 비율은 훨씬 높을 것이지만 '골프광이신가요?'라고 묻는다면 그 비율은 훨씬 낮아질 것이다. 이런 식으로 결과를 한 방향으로 밀어붙이는 방법을 피하기 위해서 당신은 '지난 6개월 동안 얼마나 자주 골프를 치셨나요?'라고 물었다. 하지만 이렇게 중립적인 질문도 숨겨진 편향이 있을 수 있다. 4월에 이 질문을 한다면 추운 날씨 때문에 지난 6개월 동안 많은 골퍼가 골프를 치지 못했을 것이다. 설령 눈이 녹고 코스가 개장한 후에는 매일같이 골프를 칠 사람이라도 말이다. 이런 문제를 피하기 위해서는 1년에 대해 질문을 해야 한다. 어쩌면 그들은 골프 치는 걸 즐기지만 당신과 마찬가지로 함께 칠 사람이 없어서 파트너를 구하고 있을지도 모른다. 그렇다면 좀 더 명확하게 골프 치는 걸 좋아하는지 물어보았어야 한다. 일반화의 결과는 표본을 모으는 데 사용하는 질문에 영향을 받는 경우가 많다.

종합적으로 볼 때, 표본을 통한 귀납적 일반화는 모두 몇 가지 기준에 부합해야 한다. 첫째, 전제가 반드시 참이어야 한다(너무나 당연하지만 사람들은 이를 종종 잊는다). 둘째, 표본이 충분히 커야 한다(이것 역시 당연하다! 하지만 사람들은 표본이 얼마나 큰지 묻는 수고를 거의 하지 않는다). 셋째, 표본이 편향되지 않아야 한다(편향은 명확하지 않은 때가 많다, 표본 추출 방법에 숨겨져 있기 때문이다). 스스로 귀납적 일반화를 할 때나 귀납적 일반화를 접할 때마다 이 세 가지 기준 모두가 충족되는지 묻는 습관을 기른다면 실수를 범할 가능성이 낮아질 것이다.

▶ 응용

이어서 살펴볼 귀납법은 일반화를 개인에게 적용하는 것이다. 다음의 논법이 그 예이다. '이 사람은 온라인 데이트 서비스를 이용한다. 온라인 데이트 서비스 이용자의 10퍼센트만이 골프를 친다. 그러므로 이 사람은 아마 골프를 치지 않을 것이다.' 이 논증은 얼마나 강력한가?

늘 그렇듯이, 당신이 던져야 할 첫 번째 질문은 전제들이 참인가 하는 점이다. 참이 아니라면(그리고 당신이 이 사실을 알고 있다면), 이 논증은 결론을 믿어야 할 강력한 이유를 제시하지 못한다. 하지만 일단 이 전제가 참이라고 가정해보자.

비율이 충분히 높은가(혹은 낮은가) 여부에도 의문을 가져야 한다. 전제가 10퍼센트가 아닌 1퍼센트라면 이 논증은 결론에 대한 강력한 이유를 제시할 것이고, 반대로 전제가 10퍼센트가 아닌 30퍼센트라면 결론에 대한 이유로서는 약해질 것이다. 전제가 '온라인 데이트 서비스 사용자의 90퍼센트는 골프를 친다'였다면 이 사람이 골프를 칠 것이라는 반대 결론에 대한 강력한 이유가 될 수 있다. 이 숫자들은 이런 종류의 귀납적 논증의 강도에 영향을 미친다.

또 다른 종류의 실수는 보다 미묘하며 꽤 흔하게 일어난다. 온라인 데이트 서비스에서 당신에게 연락한 사람이 웹사이트의 당신 프로필에 골프가 언급되어 있어서 당신에게 연락한 것이라면 어떨까? 프로필에 골프가 언급되어 있다는 이유로 해당 회원에게 연락하는 사람의 80퍼센트가 스스로도 골프를 즐기는 사람이라고 덧붙여보자.

우리는 이 새로운 정보를 상충되는 통계적 응용에 적용할 수 있다. 이 사람은 당신의 프로필에 골프가 언급되어 있어서 당신에게 연락을 했고, 상대 프로필에 골프가 언급되어 있어서 연락을 하는 사용자의 80퍼센트는 스스로도 골퍼이다. 그러므로 이 사람은 골프를 칠 것이다. 혹은 보다 상세하게, 이 사람이 골프를 칠 확률은 80퍼센트이다.

이제 반대되는 결론을 가진 두 가지 통계적 응용이 존재한다. 첫 번째는 이 사람이 골프를 치지 않을 것이라고 말했다. 두 번째는 이 사람이 아마도 골프를 칠 것이라고 말한다. 어떤 것이 더 정확할까? 우리는 어떤 것을 믿어야 할까? 결정적인 차이는 이들 논증이 다른 계층, 즉 다른 **참조 계층**^{reference class}을 인용한다는 것이다. 첫 번째 논증은 온라인 데이트 서비스 사용자라는 계층 내에서의 비율을 인용하는 반면 두 번째 논증은 프로필에 골프가 언급되어 있어서 사람들에게 연락을 하는 특정 사용자 계층 내에서의 비율을 인용한다. 두 번째 계층은 크기가 더 작으면서 첫 번째 계층의 진부분집합[*]이다. 이런 경우, 전제들이 참이고 똑같이 정당화되었다고 가정하면, 대체

---

[*]　proper subset, 집합 A의 모든 원소가 전체집합 U에 속하는 부분집합이면서 전체집합 U와 일치하지는 않는 집합 A를 이르는 말.

로 참조 계층이 더 좁은 논증이 참조 계층이 더 넓은 논증보다 강한 이유를 제시한다. 그 정보가 현재의 사례에서 보다 구체적이기 때문이다.

일반화를 개별적인 결론에 적용하는 사람들은 상충되는 참조 계층을 간과하는 경우가 많다. 이런 실수는 성급한 일반화의 오류와 합쳐져서 심각한 고정 관념화와 편견의 배경이 된다. 누구나 일반화와 고정 관념에 의존하는 경우가 있다. 하지만 사회적으로 혜택을 받지 못하는 취약한 인종, 성별 집단에 대한 실수는 특히나 피해가 클 수 있다. 편견이 심한 어떤 사람이 어떤 인종 집단의 어리석거나 폭력적이거나 부정직한 구성원과 마주친다고 생각해보라. 어느 집단에나 문제가 있는 사람은 있는 법이다. 편견이 심한 사람은 바로 그 인종 집단의 모든 사람이 비슷하게 어리석거나 폭력적이거나 부정직하다는 결론으로 성급한 일반화를 한다. 이후 그 사람은 해당 인종 집단의 새로운 구성원을 만나서 성급한 일반화를 적용한다. 편견이 심한 사람은 이 새로운 개인이 지적이고 평화주의자이며 정직한 사람임을 나타내는 다른 특징을 가졌다는 사실을 고려하지 않고 이 사람 역시 어리석거나 폭력적이거나 부정직하다는 결론을 내린다. 편견이 심한 사람의 작은 표본과 편협하고 상충적 참조 계층에 대한 인식 부족은 나쁜 추론이 편견의 발생과 지속에 어떤 영향을 미칠 수 있는지 보여준다. 물론 감정, 역사, 개인의 이익도 편견을 부추기기 때문에 나쁜 추론이 원인의 전부는 아니다. 하지만 귀납적 논증에서의 단순한 실수들을 피함으로써 편견을 어느 정도는 줄일 수 있지 않을까.

왜 그런 일이
일어났을까

    귀납적 추론의 다음 형태는 최선의 설명에로의 추론이다. 이것이 가장 흔한 형태일 것이다. 케이크가 부풀지 않으면 제빵사는 이 참사에 대한 최선의 설명을 찾아내야 한다. 위원회의 구성원이 회의에 나타나지 않으면 동료들은 무엇이 이 상황을 설명하는지 궁금해한다. 아침에 차에 시동이 걸리지 않으면 차 주인은 어떤 부분을 고쳐야 하는지 파악하기 위해 최선의 설명을 찾아내야 한다. 이런 종류의 귀납적 논법은 탐정들이(셜록 홈스와 같은) 범인을 잡을 때 사용하는 것이기도 하다. 탐정들은 누가 범죄를 저질렀는지에 대한 결론을 유추한다. 그 결론이 범죄 현장, 용의자, 기타 증거에 대한 관찰에 최선의 설명을 제시하기 때문이다. 대부분의 범죄 드라마는 사실상 최선의 설명에 이르는 긴 추론이다. 과학 역시 실험에서 관찰된 결과에 대한 최선의 설명을 이론으로 상정한다. 뉴턴이 조수를 설명하기 위해 중력을 가정하거나 고생물학자들이 공룡의 멸종을 설명하기 위해 운석을 가설로 세우는 것같이 말이다. 이런 논법들은 공통적인 형태를 갖고 있다.

    ① 관찰: 어떤 놀라운 현상에 대한 설명이 필요하다.

    ② 가설: 특정한 가설이 ①의 관찰을 설명한다.

    ③ 비교: ②의 설명이 ①의 관찰에 대한 다른 어떤 대안적 설명보다 낫다.

    ④ 결론: ②의 가설이 정확하다.

앞서 언급한 사례들에서 ①의 관찰은 케이크가 부풀지 않고, 동료가 회의에 참석하지 않고, 차에 시동이 걸리지 않고, 범죄가 발생하고, 조수가 생기고, 공룡이 사라진 것이다. 이제 각각의 논증에는 여러 설명들 중 하나를 더 선호하는 이유를 비교하기 위해 일련의 상충되는 가설이 필요하다.

최선의 설명에로의 추론은 타당한 논증이 아니다. 전제 ①, ②, ③이 모두 참일 때 결론 ④가 거짓일 가능성이 있기 때문이다. 하지만 이런 타당성의 부재는 오류가 아닌 특징이다. 최선의 설명을 위한 추론에는 타당하려는 의도가 없다. 따라서 그런 추론들이 타당하지 않다고 비난하는 것은 공정하지 못하다. 자전거가 바다에서 작동하지 않는다고 비난하는 것이 공정치 못한 것과 마찬가지이다.

대신 최선의 설명에로의 추론은 다른 기준들에 부합해야 한다. 이 논증법은 전제들 중에 거짓이 있을 경우 잘못된 방향으로 갈 수 있기 때문이다. 전제 ①의 관찰이 정확하지 않아서 최선의 설명에로의 추론에 결함이 있는 경우가 있다. 차량 좌석에 있는 핏자국을 설명하려 하는데 사실 그 자국이 비트 주스라면 수사관은 호도될 수 있다. 최선의 설명에로의 추론은 전제 ②의 가설이 실제로는 관찰을 설명하지 않을 경우에도 어긋날 수 있다. 당신은 시동 장치를 작동시키지 않은 채 기름이 떨어져서 차에 시동이 걸리지 않는다고 생각할 수도 있다. 기름이 없다는 것은 그 관찰을 설명하지 못한다. 기름이 없을 때도 시동 장치는 작동하기 때문이다(전기 시스템이 고장 났을 때는 작동하지 않는다). 최선의 설명에로의 추론에서 가장 흔한 문제는 아마도 상충하는 전제가 논자가 생각하는 것보다 낫거나 논자가 더 나은 설명을 제공하는 대안적 가설을 간과했기에 ③의 전제(비교)가 거짓이 되는 경우이다. 당신은 동료가 실제로는 회의에 참석하러 오는 길에 차에 치여 회의에 참석하지 못한 상황에서 동료가 회의가 있다는 사실을 잊어 회의에 참석하지 않았다고 생각할 수 있다. 그런 실수는 후회와 사과로 이어질 수 있다.

대개 최선의 설명에로의 추론 중에는 결론을 믿을 만큼 강력한 이유를 제공하는 것들이 있다. 수사관이 피의자에게 죄가 있다는데 합리적 의심을 넘어설 만큼 확실한 증거를 제시하는 경우처럼 말이다. 반대로 최선의 설명에로의 추론이 끔찍한 실패로 돌아가는 경우도 있다. 비트 주스를 피로 오인하는 경우처럼 말이다. 이 논증법이 얼마나 강력한지 판단하기 위해서는 각각의 전제는 물론 결론까지 주의 깊게 살펴야 한다.

▶ 후세인의 튜브

논란이 많은 사례를 검토해보자. 최선의 설명에로의 추론 중에 이라크 전쟁을 시작하겠다는 미국의 결정과 같이 정치적 결정의 배경이 되는 매우 중요한 추론들이 있다. 미 국무장관 콜린 파월은 2003년 2월 5일 유엔UN 안전보장이사회에서 한 증언에서 다음과 같은 논증을 제시했다.

사담 후세인은 핵폭탄을 손에 넣기로 결정했다. 그의 결심은 대단히 확고해서 11개국으로부터 최고 사양의 알루미늄 튜브를 입수하려는 은밀한 시도를 계속했다. 이 튜브가 무엇을 위한 것인지에 대해서는 논란이 있다. 미국의 전문가들은 대부분이 튜브들이 우라늄 농축을 위한 원심 분리기의 회전자 역할을하게 될 것이라고 생각한다. 다른 전문가들과 이라크인들은 재래식 무기, 다연장 로켓 발사기의 로켓 본체 생산을 위한 것이라고 주장했다. 우선 나는 이 튜브들이 이러한 로켓에 상응하는 로켓을 생산할 때 미국이 요구하는 내구성 기준을 훨씬 상회하는 수준에 맞추어 제작된다는 점이 이상하다고 생각했다. 단지 이라크인들이 우리보다 높은 기준에 따라 로켓을 제조하는 것일 수도 있다. 하지만 나는 그렇게 생각지 않는다. 둘째, 우리는 튜브들이 바그다드에 도착하기 전에 여러 묶음의 튜브들 중에서 일부를 비밀리에 입수해 조사했다. 우리는 이 여러 묶음에서 나온 튜브의 사양이 계속 높아지고 있다는 걸 발견했다. 그들은 왜 계속해서 사양을 높이는 것일까? 로켓은 발사하고 나면 곧 파편이 된다. 이런 로켓에 쓰이는 튜브에 왜 그토록 공을 들이는 것일까? 이런 식의 튜브 조달에 애를 쓰는 것은 통념에 어긋나는 일이다. 이는 사담 후세인이 핵무기 프로그램에서 빠진 핵심적인 부분, 핵분열성 물질의 생산 능력을 마련하는 데 대단히 집중하고 있음을 보여준다.

물론 내가 이 논증을 지지하는 것은 아니다. 이 논증의 전제들과 결론을 의심하는 데에는 여러 가지 이유가 있다. 우리가 이후에 알게 되는 것들을 고려하면 특히 더 그렇다. 지금 내 목표는 단지 이 논증을 이해하는 것뿐이다.

파월의 논증을 이해하는 가장 자연스러운 방법은 이를 최선의 설명에로의 추론으로 보는 것이다. 그는 설명이 필요한 놀라운 현상을 언급하며 그 현상에 대한 가능한 세 가지 설명을 비교하고 있다. 따라서 그의 논증은 위에서 언급한 형태에 정확히 들어맞는다.

① 관찰: 사담 후세인은 최고 사양의 알루미늄 튜브를 입수하고 그것을 점차적으로 개량하는 은밀한 시도를 계속했다.

② 가설: 핵분열성 물질을 생산하고 그것을 핵폭탄 제조에 이용하려는 후세인의 욕망이 그가 왜 ①의 관찰에서 이야기된 시도를 했는지 설명해줄 수 있다.

③ 비교: ②의 설명은 ①의 관찰에 대한 다른 설명, 즉 후세인이 재래식 로켓 몸체를 생산하려 한다는 것이나 이라크의 로켓 제조 기준이 매우 높다는 것보다 낫다.

④ 결론: 후세인은 핵폭탄을 위한 핵분열성 물질을 생산하려는 욕망을 가지고 있다.

파월은 자신의 전제들을 뒷받침하기 위해 이야기를 좀 더 덧붙였지만, 여기에서는 위의 중심적인 논증 위주로 시작해보자. 이런 형식으로 논증을 재구성함으로써 전제들이 어떻게 함께 작용해서 이 결론을 믿어야 할 이유를 제시하는지 드러낼 수 있을 것이다. 그런데 그 이유는 얼마나 강력한가? 논증의 강도를 평가하기 위해서는 전제들과 결론을 상세히 살펴야 한다.

전제 ①에 대해서는 여러 가지 의문이 생긴다. 후세인이 입수하려고 노력한 튜브의 사양이 얼마나 고사양인가? 그가 그런 최고 사양을 고집했다는 걸 어떻게 알고 있는가? 그동안 얼마나 많은 시도를 했는가? 얼마나 오래전부터 해온 일인가? 다른 모든 사람 혹은 미국에 이 사실을 숨기기 위해서 얼마나 은밀하게 움직였는가? 왜 이러한 시도들을 숨겼는가? 이런 질문들이 중요하기는 하지만, 아마 파월은 그런 질문들에 대답할 수 있을 것이다. 그리고 파월은 증언의 다른 부분에서 후세인의 튜브 입수 시도에 대한 증거를 든다. 따라서 여기에서는 파월의 다른 전제들에 주의를 집중하는 것이 타당하다.

전제 ②는 전제 ①의 현상이 핵폭탄을 제조하기 위해 핵분열성 물질을 생산하려는 후세인의 욕망으로 설명될 수 있다고 덧붙인다. 이는 타당하다. 핵분열성 물질을 만들려는 사람들은 그것을 만드는 데 필요한 걸 입수하고자 할 것이고 고사양 알루미늄 튜브는 핵분열성 물질을 생산하는 데 필요하다. 실제로 최고 사양의 튜브는 오로지 핵폭탄에 사용되는 종류의 핵분열성 물질에만 필요하며 핵폭탄 제조 이외에 이런 종류의 핵분열성 물질을 사용하는 곳은 거의 없다. 적어도 파월의 가정은 그렇다.

가장 심각한 문제들은 전제 ③에서 불거진다. 이 전제는 전제 ②에서 파월이 가장 선호하는 설명을 두 가지 경쟁적 설명, 즉 재래식 로켓 몸체를 생산하려는 의도와 로켓 제조에 있어 이라크의 높은 기준들과 비교한다. 파월은 로켓 몸체에 집중하고 있다. 그 설명이 후세인이 직접 내놓은 것이기 때문이다. 만약 다른 설명이 파월이 선호하는 ②의 설명보다 강력할 경우 파월의 논증은 설득력을 잃는다. 때문에 두 가지 대안들을 고려해볼 필요가 있다.

'그들은 왜 계속해서 사양을 높이는 것일까? 로켓은 발사하고 나면 곧 파편이 된다. 이런 로켓에 쓰이는 튜브에 왜 그토록 공을 들이는 것일까?' 파월은 이러한 수사적인 질문을 던지며 재래식 로켓이라는 측면의 대안적 설명을 비판한다. 여기서 파월이 주장하는 핵심은 로켓에는 이런 높은 사양의 튜브가 필요치 않기 때문에 재래식 로켓이라는 설명이 지속적인 사양 상승을 설명하지 못하는 반면, 핵폭탄이라는 자신이 선호하는 설명은 이런 추가적인 관찰 내용을 설명하는 데 성공한다는 것이다. 더 많은 관찰을 설명할 수 있다는 점은 그의 설명을 더 나은 것으로 만든다.

향상된 설명 능력은 다른 설명보다 해당 설명을 우위에 두는 공통된 기반이다. 그레고리의 구두 크기가 14호라서 그레고리가 막심을 죽였다는 가설이 살인 현장 밖에 있는 구두 자국의 크기가 14호라는 점을 설명한다는 논증을 가정해보자. 하지만 이 가설은 왜 그런 독특한 발자국이 나타나는지는 설명할 수 없다. 그레고리는 그런 발자국을 만드는 신발을 갖고 있지 않기 때문이다. 이반의 신발 크기가 14호이고 그런 독특한 발자국을 만드는 신발을 가지고 있을 경우라면, 앞의 설명은 이반이 막심을 죽였다는 가설보다 나을 것이 없다. 우리는 더 많은 것을 설명해주는 가설을 선호한다. 파월은 이 일반적인 원리를 알루미늄 튜브의 경우에 적용시키고 있을 뿐이다.

파월의 논증은 여전히 여러 가지 반대 의견에 부딪힐 수 있다. 비판가들은 이라크가 계속 사양을 높이고 있었다는 점을 부정하거나 거기에 의심을 가질 수 있고, 이 경우 이 점을 설명할 필요는 없을 것이다. 혹은 계속적으로 사양을 높인 것이 재래식 로켓에 필요한 것이며 따라서 대안적인 가설이 관찰을 설명한다고 답할 수도 있다. 이런 반대를 피하려면 파월에게는 인용된 글에 포함되어 있지 않은 배경 논거가 필요하다. 하지만 더 깊이 파고들지 않더라도 우리의 재구성은 탐구가 더 필요한 문제를 최소한 두 가지는 정확히 집어냈다.

파월이 언급한 다른 대안적 설명은 '이라크인들이 우리보다 높은 기준에 따라 로켓을 제조하는 것일 수도 있다'는 것이다. 여기에서 파월은 빈정대고 있는 듯하다. 자신이 '나는 그렇게 생각하지 않는다'라고만 말하면 된다고 생각하는 것이 그 이유이다. 이런 비꼬는 확신은 적어도 미국 제조 기준이 이라크의 제조 기준보다는 높다는 가정을 기초로 하는 듯하다. 파월의 말을 듣는 청중들에게는 이런 가정이 명백한 것일 수도 있다. 하지만 파월이 이 대안적 설명들이 아닌 자신의 설명을 택해야 하는 어떤 이유도 명시적으로 제시하지 않는다는 것은 놀라운 일이다.

논거 없이 대안적 설명을 무시하거나 묵살하는 것이 항상 문제가 되는 것은 아니다. 너무나 명백하게 부적절해서 반박할 가치가 없는 대안적 설명도 있다. 모든 어이없는 대안들을 일일이 다루자면 최선의 설명에로의 추론은 항상 짜증스럽게 길어질 것이다. 그럼에도 대안에 반하는 어떤 주장도 하지 않는 것은 청중들이 그 논증에 찬성할 가능성을 낮춘다. 이 대안적 설명을 받아들일 의도가 전혀 없는 사람에게는 영향을 줄 수가 없기 때문이다.

파월이 주장하는 논증의 가장 심각한 약점은 그가 언급하는 대안들이 아닌 그가 언급하지 않은 대안들에 있다. 최선의 설명에로의 추론에는 이런 문제가 흔하다. 형사들이 사건을 이미 해결했다고 생각한 후에 새로운 용의자가 등장하는 불가사의한 살인 사건만 생각해보아도 알 수 있다. 같은 종류의 가능성이 파월의 논증도 약화시킬 수 있다. 다만 여기에서는 가설들이 용의자의 위치에 선다. 파월의 반대자들이 그의 논증을 반박하기 위해서는 파월이 제시한 가설과 유사한 수준으로 관련 자료를 설명해주는 또 다른 가설을 세우기만 하면 되는 것이다.

반대자들이 파월의 가설보다 더 나은 대안적 설명을 만들 필요가 없다는 데 주목하라. 반대자들이 보여주고 싶은 것이 파월이 결론을 정당화하지 못했다는 것뿐이라면 그의 설명만큼 설득력 있는 다른 대안적 설명 하나만 보여주면 된다. 두 가지 대안적 설명이 무승부를 이룬다면, 파월의 논증은 두 가지 가설 중 어떤 것이 정확한지 결정할 수 없다. 이 경우 파월의 반대자들이 승자가 된다. 한 가지가 다른 것보다 낫다고 주장하고 있는 사람은 파월이기 때문이다.

하지만 적절한 대안을 하나 만드는 것조차도 힘든 일일 수 있다. 핵분열성 물질을 먹는 외계인이 후세인을 조종하고 있을 수도 있다. 후세인은 그 물질을 전혀 원하지 않는데도 말이다. 그런 외계인의 존재를 알아낼 방법이 없다면 이 대안적 가설이 거짓임을 입증할 수 없다. 그럼에도 이런 외계인의 존재는 현재의 정립된 물리 법칙에 위배되기 때문에 우리에게는 이 가설을 어리석은 것으로 묵살할 충분한 이유가 있다. 좀 더 현실적으로, 어쩌면 후세인이 강박장애를 갖고 있어서 계속해서 사양이 높은 튜브를 요구하는 것일 수도 있다. 그렇지만 그는 다른 영역에서 비슷한 증상을 보이지 않았다. 따라서 그가 이런 정신 장애를 갖고 있다는 독립적인 증거는 없다(자아도취와 같은 다른 정신 장애를 가지고 있을 수는 있겠지만). 결국 이런 가설들은 전혀 적절한 설명이 아니다.

파월의 설명만큼 좋은 현실적인 설명을 위해 우리에게 정말로 필요한 것은 후세인으로 하여금 점점 더 고사양의 알루미늄 튜브를 추구하게 만드는 공통적이고 설득력 있는 동인이다. 후세인은 튜브를 이용해 무해한 종류의 물건을 제조하고자 할 수도 있다. 하지만 그런 가설은 설명적인 힘이 부족하다. 좀 더 구체화하기 전까지는 많은 것을 설명해주지 못한다. 그런 고사양의 튜브가 필요한 제품은 무엇일까? 후세인이 이 튜브들을 다른 제품을 만드는 데 사용할 계획이라는 가설은 후세인이 자기변호를 위해서 재래식 로켓에 대해서만 언급한 이유를 설명하지 못한다. 그리고 파월은 이미 로켓 가설을 거부했다.

따라서 파월의 것만큼 좋은 설명을 만들어내는 건 쉽지 않다. 물론 이런 어려움이 로켓, 핵분열성 물질, 이라크의 제조 기준에 대한 나의(혹은 당신의) 지식 부족 때문일 수도 있다. 우리가 그럴 듯한 대안을 만들어낼 수 없다 해도 파월의 설명만큼 좋은 설명이 존재하기는 할 것이다. 그럼에도 그런 대안이 없는 상황에서는 파월의 논증이 그의 결론을 믿어야 할 이유가 된다.

그렇지만 결론을 자세히 살피면 다른 문제가 불거진다. 최선의 설명에로의 추론에서 결론은 관찰을 설명하는 가설과 동일한 것이어야 한다. 그렇지만 이런 형태의 논법을 사용하는 사람들은 종종 결론에 미묘한 변화를 준다. 여기에서도 그런 일이 일어나고 있다. 첫째, 튜브를 입수하려는 후세인의 시도는 과거에 일어난 일이다. 후세인의 시도를 설명하는 건 그런 시도가 있었던 과거의 욕망인 것이다. 그렇지만 '후세인은 핵폭탄을 위한 핵분열성 물질의 생산을 원한다(원했다가 아닌)'라는 결론은 현재에 대한 것이다. 파월은 과거형을 현재형으로 바꾸었다! 더구나 현재라는 시점은 극히 중요한 문제이다. 파월은 이 증언 직후 미국의 이라크 침공을 정당화하고자 하기 때문이다. 후세인이 과거에는 핵분열성 물질을 원했지만 더 이상은 그런 욕망을 갖고 있지 않다면 파월의 논증은 기능하지 않는다. 따라서 파월은 우리에게 후세인의 마음이 변하지 않았다고 믿을 만한 이유를 제시해야 한다.

마찬가지로, 후세인이 여전히 핵폭탄을 위한 핵분열성 물질을 원하고 있지만 그가 원하는 걸 얻을 방도가 전혀, 혹은 거의 없다면 어떨까? 롤링스톤스의 노래 가사가 이 상황에 꼭 들어맞는다. 언제나 원하는 걸 가질 수는 없다. 그렇다면 후세인이 핵폭탄을 위한 핵분열성 물질을 원한다는 결론은 이라크 침공을 정당화시키기 어렵다. 세계의 다른 많은 지도자들이 핵폭탄을 원한다. 하지만 그 모든 국가에 대한 미국의 침공은 정당화되지 못한다. 침략은 그것이 피해나 위험을 막기 위한 것일 때에만 정당화될 수 있다. 핵폭탄에 대한 단순한 욕망만 있을 뿐 그 욕망을 실현할 가능성이 없다면 해롭거나 위험하지 않다. 최소한 침공을 정당화할 정도로 해롭거나 위험하지는 않다. 따라서 파월은 우리에게 후세인이 핵폭탄을 손에 넣게 될 가능성이 상당히 크다고 믿을 만한 이유를 제시해야 한다.

이런 간극들은 파월의 논증이 아무리 좋게 보아도 불완전하다는 것을 보여준다. 다시 말하지만, 여기에서 내가 하는 일은 파월의 주장이 옳은지 그른지를 판단하는 것이 아니고, 미국의 이라크 침공이 정당한가를 판단하는 것은 더더욱 아니다. 비록 두 사건 사이에 드러난 것들 때문에 침공의 정당성을 의심하고 있긴 하지만, 여기에서는 그 점이 전혀 중요하지 않다. 내 목표는 다만 파월과 그의 논증을 좀 더 잘 이해하는 것뿐이다. 그의 논증에 존재하는 이런 간극들을 인정하는 것은 어느 정도 그의 논증이 성공한 부분이 있다는 점을 인정하는 것과 얼마든지 양립할 수 있다. 파월의 논증은 후세인이 핵폭탄을 손에 넣기 위해 핵분열성 물질을 생산하려 했다는 결론을 믿을 만한 얼마간의 이유를 제시하고 있다. 많은 논증들이 그렇듯이, 우리는 성과와 한계를 모두 인정할 때 그 논증을 보다 온전하게 이해할 수 있다.

이 사례가 주는 또 다른 가르침들이 있다. 파월의 논증은 최선의 설명에로의 추론이 불완전하거나 잘못되었을 때라도 큰 영향력을 가질 수 있다는 점을 보여준다. 그런 실수를 피하고 그에 수반되는 대가를 감당하는 일을 피하려면 우리 모두가 최선의 설명에로의 추론을 평가하는 방법을 배워야 한다.

THINK AGAIN

3부

어떻게
논쟁을 피할
것인가

CHAPTER 10

오류를 피하는 방법

좋은 소식과 나쁜 소식이 있다. 좋은 논증들은 가치가 있지만, 콜린 파월의 유엔 증언에서 보았듯이 나쁜 논증은 대단히 큰 파괴력을 가질 수 있다. 이보다 덜 극단적인 사례에서도, 나쁜 논증은 꾸며낸 이야기와 속임수를 믿고 불필요한 보험이나 믿을 수 없는 중고차를 사는 데 돈을 낭비하고 파괴적인 정부 프로그램을 선택하는 것은 물론 건설적인 정부 프로그램을 선택하지 못하도록 우리를 미혹시킬 수 있다. 이런 위험 때문에 나쁜 논증을 가려내고 피하는 일은 대단히 중요하다.

나쁜 논증은 명백하게 의도적일 수도 있고 그렇지 않을 수도 있다. 때로 화자들은 스스로 좋은 것이라고 생각하는 논증을 내놓는다. 그 논증이 정말 나쁜 것인데도 말이다. 이런 것들은 실수이다. 다른 경우, 화자들은 자신들의 논증이 나쁘다는 걸 알지만 다른 사람을 속이기 위해서 그 논증을 사용한다. 이런 것들은 속임수이다. 어떤 경우이든 똑같이 나쁜 논증이다. 유일한 차이는 화자의 인식과 의도에 있다. 두 경우 모두 오류를 찾아내는 것이 중요하다.

나쁜 논증들은 특이하고 다양해서 완벽하게 조사할 수 없다. 하지만 나쁜 논증들은 흔히 오류 fallacy라고 불리는 일반적인 형태를 띤다. 이미 앞에서 연역적 논증에서의 후건 긍정과 전건 부정, 귀납적 논증에서의 성급한 일반화, 상충되는 참조 계층을 간과하는 것 등 몇 가지 흔한 오류를 살펴보았다. 물론 거짓 전제는 형태에 관계없이 모든 논증을 나쁘게 만들 수 있다.

이 장에서는 사람들을 잘못된 길로 이끄는 오류를 몇 가지 더 소개할 것이다. 특히 흔하게 나타나는 세 가지 일반적인 오류 집합에 집중해보자.

무슨 의미인지
명확히 할 수 있는가

논증에 대한 우리의 정의는 논증의 목적과 형상은 물론 그 질료도 드러냈다. 논증은 언어로 이루어진다. 전제와 결론 모두 언어를 통해 선언적 문장으로 표현되는 명제이다. 그래서 언어가 와해되면 논증이 무너진다는 건 놀라운 일이 아니다. 다리를 이루고 있는 물질에 금이 가면 다리가 끊어지는 것과 마찬가지이다.

언어는 여러 가지 방식으로 금이 갈 수 있다. 하지만 두 종류의 불확실성이 두드러진다. 모호함^{vagueness}과 애매함^{ambiguity}이다. **모호함**은 단어나 문장이 그 맥락에서 충분히 정확하지 않을 때 생긴다. 물건 찾기 놀이를 할 때 뭔가 긴 걸 찾으라는 지시는 너무 모호하다. 게임을 하는 사람 입장에서는, 평균보다 키가 약간 큰 사람을 내놓으면 이기는 것인지 정확히 판단할 수 없다. 반면 애매함은 단어에 두 가지 다른 뜻이 있을 때, 그리고 화자가 어떤 의미를 의도하고 있는지 확실치 않을 때 발생한다. 내가 당신과 '뱅크'* 옆에서 만나자고 약속을 한다면, 내가 은행을 의미하는 것인지 강둑에서 만나자는 것인지 명확히 말해주는 편이 좋을 것이다. 한 단어가 모호함과 애매함을 동시에 가질 수도 있다. 강둑이 정확히 어디에서 끝나는지가 문제가 될 때처럼 말이다.

▶ 이중적 의미

애매함은 신문 헤드라인에서 흔하게 나타난다. 내가 좋아하는 사례는 「Mrs. Ghandi Stoned in Rally in India」라는 것이다. 그렇다. 실제로 한 신문이 이런 헤드라인을 뽑았다. 이 문장은 군중이 간디 여사에게 돌을 던졌다는 의미도 될 수 있고 간디 여사가 마약

---

* bank는 은행이라는 뜻과 둑, 제방이라는 뜻을 모두 갖고 있다.

을 복용했다는 의미도 될 수 있다.* 어떤 의미인지 알아내기 위해서는 기사를 읽어야 한다. 내가 좋아하는 또 다른 사례는 「Police Kill Man With Ax」이다. 이것은 'stoned'의 경우에서와 같이 단어 하나가 의미를 바꾸는 경우가 아니다. 이 남성이 '도끼를 가지고' 있을 수도 있고 경찰이 '도끼를 가지고' 있을 수도 있다. 문법이나 통사론이 이런 애매함을 야기할 때 이를 **애매한 표현**amphiboly이라고 한다. 이런 종류의 애매함은 헤드라인뿐 아니라 농담에도 재미를 줄 수 있다. 'I wondered why the Frisbee was getting bigger, and then it hit me.'**

농담과 달리 논증을 망칠 경우에는 이런 애매함이 무해하지만은 않다. 어떤 사람이 이런 주장을 펴고 있다고 생각해보자. 'My neighbor had a friend for dinner. Anyone who has a friend for dinner is a cannibal. Cannibals should be punished. Therefore, my neighbor should be punished.'*** 이 논증에는 오류가 있다. 왜일까? 첫 번째 전제는 이웃 사람이 친구를 집으로 초대해서 저녁을 대접했다는 의미로 보인다. 반면 두 번째 전제는 저녁 식사로 친구를 먹는 사람들을 이야기하고 있다. 따라서 이

---

* 영어 stoned는 '돌에 맞다'는 뜻과 술이나 마약 등에 취해 '몽롱한 상태가 되다'의 뜻을 모두 갖고 있다.

** 프리스비가 왜 점점 커지는지 모르겠어. 이제 프리스비가 나를 치겠어. / 프리스비가 왜 점점 커지는지 궁금했었는데 이제 생각이 났어.

*** 이웃 사람이 친구를 저녁 식사에 초대해서 저녁을 대접했어. / 이웃 사람이 친구를 저녁으로 먹었어. 친구를 저녁으로 먹는 건 식인종이야. 인육을 먹는 식인종은 처벌을 받아야 해. 따라서 이웃 사람은 처벌을 받아야 해.

두 전제들은 'had a friend for dinner'라는 문구의 의미를 다르게 사용하고 있다. 전체 논증에서 두 전제의 의미가 동일하려면 전제들 중 하나는 명백하게 거짓이 된다. 첫 번째 전제가 내 이웃이 저녁 식사로 친구를 먹었다는 의미라면 두 번째 전제는 참이 아니다. 두 번째 전제가 친구를 집으로 초대해서 저녁을 대접하는 이웃을 의미한다면 첫 번째 전제는 참이 아니다. 따라서 어떻게 해석하든 논증은 실패한다. 이런 오류를 애매성^{equivocation}(혹은 다의성)의 오류라고 한다.

보다 심각한 사례는 동성애가 부자연스럽기 때문에 부도덕한 것이라는 광범위하게 퍼진 논증이다. 이 논증은 부자연스러운 것은 부도덕하다는 억제된 전제에 의존한다. 이 추가적인 전제를 덧붙이면 다음과 같은 모습이 된다.

① 동성애는 부자연스럽다.
② 부자연스러운 모든 것은 부도덕하다.
③ 동성애는 부도덕하다.

이 논증의 힘은 '부자연스럽다'는 단어에 달려 있다. 여기에서 '부자연스럽다'란 무슨 뜻일까? 동성애가 자연의 법칙에 위배된다는 의미일 수 있다. 하지만 그것은 정확하지 않다. 동성애는 기적이 아니다. 따라서 이런 의미의 '부자연성'에서 보면 전제 ①은 거짓이어야 한다. 혹은 전제 ①이 동성애가 비정상적이거나 자연의 일반성에서 예외라는 의미일 수도 있다. 이 전제는 단지 동성애가 통계적으로 흔하지 않다는 이유만으로 참이다. 그렇다면 전제 ②는 참인가? 통계적으로 흔하지 않다는 것이 왜 부도덕한가? 시타르*를 연주하거나 평생 결혼을 하지 않는 것도 흔한 일이 아니다. 하지만 시타르와 독신은 부도덕하지 않다. 세 번째로 전제 ①은 동성애가 자연의 산물이 아니라 인위적인 것이라는 의미로 해석할 수도 있다. 전적으로 천연 재료로만 만들어진 음식처럼 말이다. 하지만 거기에 무슨 문제가 있단 말인가? 인공적인 재료 중에도 맛있고 몸에 좋은 것들이 있다. 따라서 이런 해석에 따르면 전제 ②는 거짓이라는 것이 드러난다.

동성애에 대한 이런 비판은 진화의 목적에 반한다는 등의 좀 더 정교하고 복잡한 의미를 담고 있을 수도 있다. 이런 해석은 좀 더 너그럽고 그럴 듯하다. 동성애를 비판하는 사람들은 진화에 역행하는 건 위험하다는 생각을 가지고 있을 수도 있다. 우리의 머리는 못을 박도록 진화한 것이 아니라서 머리로 못을 박으려고 하는 것이 위험한 것처럼 말이다. 이런 원리에 생식기의 진화 목적이 아이를 낳는 것이고 동성애자들은 생식기를 아이를 낳는 것과 다른 목적으로 사용한다는 전제를 덧붙이면 동성애가 위험하거나 부도덕하다는 결론을 뒷받침하는 것처럼 보일 수 있다.

동성애자나 동성애 지지자들은 이런 논증에 어떻게 대응할 수 있을까? 첫째, 생식기의 유일한 진화 목적이 아이를 낳는 것이란 점을 부정할 수 있다. 우리는 이성애는 물론 동성애에서도 성관계로 즐

---

*   sitar, 기타와 비슷한 남아시아 악기.

거움을 얻고 사랑을 표현하는 방식으로 진화했다. 이런 다른 목적에 부자연스러운 점은 없다. 성관계는 여러 가지 진화 목적에 부합한다. 둘째, 동성애를 옹호하는 사람들은 생식기를 진화 목적과 달리 사용하는 것이 항상 위험하거나 부도덕하다는 점을 부정할 수 있다. 우리의 귀는 보석을 달기 위해 진화하지 않았지만 그렇다고 해서 귀걸이를 다는 것이 부도덕한 일이 되는 건 아니다. 같은 이유로 동성애자들이 생식기를 진화 목적에 맞게 사용하지 않는다는 주장 역시 동성애가 부도덕하다는 점을 보여주지 않는다.

마지막으로, 이 논증은 '부자연'을 '자연에 대한 하나님의 계획, 의도, 구상에 반한다'는 의미로 사용하는 것일 수도 있다. 여기에서 가장 중요한 문제는 왜 동성애를 옹호하는 사람들이 동성애가 하나님의 계획이나 의도에 반한다고 주장하는 전제를 받아들여야 하는지 그 이유를 보여주는 것이다. 이 전제는 하나님이 존재하고, 하나님에게 적절한 계획이 있고, 동성애는 그 계획에 반한다고 가정한다. 동성애를 반대하는 많은 사람들이 이런 가정들을 받아들인다. 하지만 동성애 옹호자들은 그렇지 않다. 따라서 어째서 이 논증이 결론에 동의하고 있지 않은 사람에게 대항하는 힘을 갖게 되는지가 확실치 않다.

그렇다면 동성애가 부자연스럽기에 부도덕하다는 논증은 전반적으로 애매하다. 이 논증은 애매성의 오류를 범하고 있다. 이런 비판으로 토론이 끝나는 것은 아니다. 이 논증을 옹호하는 사람들은 전제를 참으로 만들고 정당화시키는 '부자연스러움'의 다른 의미를 대면서 대응하려 할 수 있다. 혹은 동성애를 반대하는 사람들이 다른 논증으로 옮겨갈 수 있다. 어찌됐든 동성애 반대자들은 뭔가를 해야 한다. 부담을 지는 것은 그들이다. 현재 형태의 이 단순한 논증이 애매하다면 거기에 의존할 수는 없다.

이 사례는 애매성의 오류가 의심될 때마다 우리가 던져야 하는 질문들의 패턴을 보여준다. 첫째, 어떤 단어가 의미를 변화시키는 것으로 보이는지 질문해본다. 이후 그 단어가 어떤 다른 의미들을 가질 수 있는지 질문한다. 이 단어가 논증에서 등장하는 지점마다 어떤 의미를 가지는지 구체화한다. 다음으로 그런 해석에 따라서 전제들이 참이 되고 결론에 대한 충분한 이유를 제시하는지 질문한다. 이런 해석들 중 하나가 논증을 강력하게 만든다면 그 의미는 논증을 작동시키는 데 충분하다. 하지만 논증을 강력하게 만드는 해석이 존재하지 않는다면 당신이 논증을 구하는 의미를 찾지 못한 것이 아닌 한 그 논증이 애매성의 오류를 범하고 있는 것이다.

▶ 미끄러운 비탈길

언어에서 나타나는 두 번째 종류의 불확실성은 모호함이다. 모호함은 모래 더미를 만들려면 모래 알갱이가 얼마나 필요한가와 같은 무시할 수 없는 문제들을 논의하는 철학 문헌이 수없이 다루어온 주제이다. 모호함 역시 일상에서 현실적인 문제들을 일으킨다.

내 친구는 종종 약속에 늦는다. 당신 친구들은 어떤가? 마리아가 정오쯤 당신과 만나 점심을 먹기로 약속하고 12시 1초에 도착했다고 가정하자. 12시에서 1초 지난 때는 정오쯤이다. 마리아가 12시 2초에 도착했다면 어떨까? 그것도 정오쯤이다. 그렇지 않은가? 그럼 3초는? 4초는? 그렇다면 12시 30초에 도착한 마리아는 늦었다는 비난을 받을까? 그럴 리는 없을 것이다. 1초 더 늦은 것은 마리아가 늦었는지 아닌지의 문제에 큰 차이를 만들지 못한다. 12시 59초는 늦지 않은 것이고 12시 1분은 늦은 것이라는 주장은 타당하지 않을 것이다. 이제 우리는 모순에 빠진다. 12시에서 1초 지나서 도착하면 마리아는 늦은 것이 아니다. 1초 전에 늦지 않았다면 1초가 더해진다고 마리아가 늦었다고 말할 수는 없다. 이런 전제들이 합쳐지면 마리아는 결코 약속에 늦을 수가 없다. 12시에서 한 시간이 지나서 도착한다고 해도 말이다. 한 시간 역시 1초 전에서 계속 1초를 더한 것이기 때문이다. 문제는 이 결론이 명백하게 거짓이라는 점이다. 12시에서 한 시간이 지나 도착했다면 마리아는 분명히 늦은 것이기 때문이다.

이런 모순이 생기는 데에는 우리가 '정오쯤'이라는 모호한 용어에서 시작했다는 이유도 있다. 마리아가 정오 전에 당신을 만나기로 했다면 모순은 일어나지 않는다(혹은 일어난다 해도 크지 않다). 하지만 바로 그것이 중요하다. 모호함은 모순으로 이어진다. 그리고 우리는 일상에서 모호한 용어의 사용을 피할 수가 없다. 그렇다면 어떻게 해야 모순을 피할 수 있을까? 피할 수 없다.

이런 모순이 중요한가? 모호함에 대해서 이론적으로 이해하고자 한다면 그렇다. 마리아가 너무 늦어서 불평을 해야 할지, 그냥 가버려야 할지, 혼자 점심을 먹어야 할지 결정해야 할 때라면 현실적으로도 중요하다. 언제라면 그런 행동들이 정당화될까? 이 문제에 대해서 생각하자니 친구를 기다리며 보냈던 긴 시간들이 떠오른다.

얼마나 긴 시간을 기다리든, 우리는 절대 결론에 도달할 수 없다. 실제로 몇몇 철학자들은 정말로 늦을 수 있는 사람은 없다고 주장한다. 누군가가 늦었다고 말할 수 있는 정확한 시간이 없기 때문이다(최소한 정오쯤에 도착하기로 약속한 경우라면). 정각에 도착하는 것과 늦는 것 사이에는 실제적인 차이가 없다는 결론을 내리는 철학자들도 있다. 이런 종류의 추론은 **관념적 미끄러운 비탈길**^{slippery slope}의 오류이다. 이런 추론에 의하면 모두가 약속 시간을 잘 지키는 사람이 된다. 시간에 늦는 것이 절대 불가능하기 때문이다.

다른 종류의 미끄러운 비탈길은 관념이 아니라 인과관계에 초점을 맞춘다. 인과적 미끄러운 비탈길은 그렇지 않았다면 무해했을 행동이 당신을 말로가 비참한 미끄러운 비탈길로 이끌 것이고, 따라서 당신은 그 첫 번째 행동을 해서는 안 된다고 주장한다. 마리아가 1분 늦게 도착한다면 아무도 불평하지 않는다. 그러나 이런 약간의 지각은 다음에 마리아가 2분 늦게, 다음에는 3분 늦게, 또 그다음에는 4분 늦게 도착할 가능성을 높일 수 있다. 이런 미끄러운 비탈길은 나쁜 버릇으로 이어진다.

우리는 이런 문제들을 어떻게 다루고 있을까? 선을 긋는 것이다. 마리아가 약속에 너무 늦기 시작하면 우리는 마리아에게 '12시 15분까지 오지 않으면 난 갈 거야'라고 말할 것이다. 이런 위협을 가했을 때 마리아가 이 경고를 받아들인다면 문제가 없다. 너무 독단적이라면 곤란하게 보일 테지만 말이다. 하지만 12시 14분이나 12시 16분이 아닌 12시 15분을 선택하는 것이 독단적으로 보인다 하더라도, 우리에게는 그렇게 선을 그을 만한 이유가 있다(이렇게 하지 않고 마리아가 약속에 점점 늦게 나타나는 걸 어떻게 막을 수 있겠는가?). 또한 특정한 범위(12시 이후 1시 이전) 안에서 선을 정하는 다른 이유도 있다. 한계점 사이에 선을 긋는 이유는 미끄러운 비탈길 오류의 현실적인 문제를 해결해주기 때문이다. 철학적인 여러 문제는 미정인 채로 남겨두기는 하지만 말이다.

약속에 늦는 친구들이 짜증스러운 건 사실이지만 다른 미끄러운 비탈길 논증들은 고문과 같은 훨씬 심각한 문제들을 제기한다. 고문은 거의 모든 경우에 부도덕하다. 하지만 '거의'라는 방어적 용어가 중요하다. 아부그라이브*에서와 같은 무익한 고문은 아무 정당성이 없지만 시한폭탄과 같이 극단적인 피해를 피할 가능성이 있을 때의 고문은 옹호하는 윤리학자들이 있다. 경찰이 시한폭탄을 설치했다고 자백한 테러리스트를 체포해두고 있다고 생각해보자. 이 폭탄의 신관을 제거하지 못할 경우 많은 사람들이 목숨을 잃게 된다. 경찰은 테러리스트가 폭탄이 어디에 있는지 말을 해야만 이런 대량 살상을 막을 수 있지만 그는 입을 열지 않고 있다. 물고문과 같은 것으로 범인에게 적절한 고통을 가하면 그가 폭탄의 위치를 밝힐 가능성이 있다.

이런 경우에 대해서는 논란이 많다. 하지만 여기에서 살펴볼 핵심은 고문의 정당화를 둘러싼 양측의 논증이 모두 모호함과 미끄러운 비탈길의 문제를 갖고 있다는 점이다. 하나는 폭탄이 터지면 피해를 입게 될 사람들의 수이다. 고문을 정당화하는 데 필요한 정확

---

* Abu Ghraib, 이라크 최대의 정치범 수용소.

한 숫자는 존재하지 않는다. 또 다른 문제는 확률이다. 고문을 통해 얻어낸 정보는 거짓인 경우가 많지만 성공의 가능성은 여전히 존재한다. 특정한 수의 생명을 구하기 위해 고문을 정당화하려면 정확한 정보를 얻을 확률이 얼마나 되어야 할까? 이를 정확하게 말하는 건 불가능하다. 세 번째 문제는 고문으로 야기되는 고통의 양이다. 물고문은 1분 동안 할 수도, 한 시간 동안 계속할 수도 있다. 때리거나 화상을 입히거나 전기로 고문하는 건 어떨까? 그런 것들도 허용될까? 어느 정도? 얼마나 오래? 여기에서도 특정한 수의 생명을 구할 가능성을 특정한 정도만큼 높이는 데 허용되는 고통이 얼마나 되는지 정확히 말하는 건 불가능하다.

이와 같은 문제들을 통해 연속적인 숫자들로 관념적 미끄러운 비탈길 논증을 만들 수 있다. 경찰이 폭탄의 폭파 가능성을 0.00001퍼센트 줄이기 위해 극심한 고통을 가하는 건 정당화되지 않을 것이다. 방지하는 피해의 양이나 성공의 가능성을 아주 조금 높이거나, 가하는 고통의 양을 아주 조금 줄이는 것으로는 고문을 정당화하지 못한다. 그만큼 조금 더 높이거나 더 줄이는 것으로도 마찬가지이다. 그러므로 어떤 고문(심문 중에 고통을 가하는 모든 일)도 정당화될 수 없다.

이 논증은 반대로도 이용할 수 있다. 테러리스트의 핵폭탄이 수백만의 목숨을 빼앗을 가능성을 10퍼센트 줄이기 위해 경찰이 용의자를 불편한 의자에 1분간 앉아 있게 하는 것은 정당화되는 일이다. 목숨을 구하는 사람들의 수나 성공의 가능성이 조금 줄거나 고통의 양이 조금 늘어나도 정당화되는 심문이 정당화되지 않는 고문으로 변하지는 않는다. 아주 조금씩 고통의 양이 늘어나도 마찬가지이다.

그러므로 모든 고문은 정당화된다.

논증이 어느 방향으로든 똑같이 매끄럽게 진행되면 이 논증은 어느 쪽으로나 실패한다. 하나의 결론이 다른 것보다 나은 이유를 제시하지 못하기 때문이다. 여기에 우리 모두가 얻을 수 있는 보편적인 가르침이 있다. 상대가 반대편에서 나와 비슷한 논증을 들 수 있는지 자문함으로써 자신의 논증을 시험해봐야 한다는 점이다. 상대가 비슷한 논증을 들 수 있다면 그런 대칭성은 우리 자신의 논증이 현 상태로는 부적당하다는 강력한 신호이다.

하지만 이런 가르침도 가파른 비탈을 미끄러져 내려가는 일을 어떻게 막을 수 있는지는 알려주지 않는다. 가능한 한 가지 해법은 정의定義를 내리는 것이다. 미국 정부는 한때 장기 손상에 상응하는 고통을 유발하지 않는 한 심문은 고문이 아니라고 규정했었다. 이런 정의에 따르면 심문자는 긴 시간 동안 용의자를 물고문해도 고문을 한 것이 아니다. 하지만 반대자들은 고문을 보다 넓게 정의할 수 있을 것이다. 예를 들어 경찰이 의도적으로 신체적 고통을 유발할 때마다 고문이 된다고 말하는 것이다. 그렇다면 단 몇 초의 물고문도 고문에 해당된다. 용의자들을 좀 더 순응적으로 만들려는 의도에서 그들을 한 시간 동안 서 있게 하는 것(혹은 불편한 의자에 앉아 있게 하는 것) 역시 고문에 해당한다. 따라서 앞서의 논증에서와 같이 반대자들은 같은 주장을 반대로 할 수 있다.

그럼에도 정의는 어렴풋한 희망을 준다. 그런 정의들은 사전에 있는 것과 같은 일반적인 용법만을 포착해서는 안 된다. 일반적인 용법은 너무나 모호해서 이 문제를 해결할 수 없다. 대신 고문에 대

THINK AGAIN

한 정의들은 실제적, 혹은 도덕적 목적을 목표로 한다. 그런 정의들은 도덕적인 측면에서 유사한 모든 사례들을 모으기 위해 노력한다 (노력해야 한다). 그 결과 반대자들은 어떤 정의가 이런 목표를 달성하는지 논의하게 된다. 복잡하고 논란이 많은 논쟁이 될 것이다. 하지만 적어도 우리는 이 사안을 진전시키기 위해서 무엇을 해야 하는지는 알게 된다. 우리는 어떤 정의가 가장 정당하다고 인정되는 법과 정책으로 이어질지 결정해야 한다.

인과적 미끄러운 비탈길은 어떤가? 이 경우에는 옹호와 반대의 두 면이 대칭이 아니다. 약간의 물고문에서 시작하면, 미끄러운 비탈길을 디디는 첫 걸음은 고문에 대한 심리적, 법적 장벽을 무너뜨리고, 피할 수 있는 해악이 줄어들고 성공의 가능성이 줄어드는 상황에서도 더 긴 시간의 물고문으로 이어질 수 있다. 결국 정당성이 없는 고문이 널리 퍼지는 결과를 낳는 것이다. 반면 다른 방향으로 우리가 극단적인 고문의 정도를 조금 낮춘다면 어떨까? 이 작은 자비가 경찰이 완전히 심문을 포기하도록 이끌 가능성은 대단히 낮아 보인다. 심문의 강력한 필요성으로 인해 인과적 미끄러운 비탈길이 극단으로 이어지는 일은 없을 것이다. 따라서 고문에 반대하는 인과적 미끄러운 비탈길 논증은 같은 결론의 관념적 미끄러운 비탈길 논증에서와 같이 대칭적이라는 이유로 묵살할 수 없다.

계속 이야기하지만, 나는 이 논증이나 결론을 지지하지 않는다. 다만 이 논증을 관념적 미끄러운 비탈길이 아닌 인과적 미끄러운 비탈길로 분류하면, 반대자들이 이의를 제기할 수 있는 여지가 드러난다. 이 논증은 논란이 많은 예측, 즉 약간의 물고문이 결국 심한 물고문을 유발할 것이라는 예측에 좌우된다. 이 전제가 정확할 수도 있다. 하지만 명백하지는 않다. 특히 관련 기관들이 허용되는 고문의 정도와 양에 한계를 정하는 규칙을 채택할 수 있기 때문이다. 극단적인 고문을 피하고자 한다면 효과가 있을 만한 두 가지 선택지가 있다. 하나는 모든 고문을 금지하는 것이고 또 다른 하나는 고문을 제한하는 규칙을 시행하는 것이다. 물론 모든 고문에 반대하는 사람들은 그런 제한이 효과적으로 시행된다는 걸 부정하겠지만 그런 주장을 하기 위해서는 논거가 필요할 것이다. 거기에 대응해서 제한적인 고문을 옹호하는 사람들은 어떻게 해서 기관들이 실제로 고문을 효과적으로 제한할 수 있는지 보여주어야 한다. 이런 상충하는 전제들을 어떻게 확립시킬지는 분명치 않다. 하지만 이들 논증을 인과적 미끄러운 비탈길로 분석함으로써, 중대한 문제가 밝혀지고 분명해지는 진전이 있었다.

고문에 반대하는 논증을 당신이 받아들이든 그렇지 않든, 그 논증은 모든 미끄러운 비탈길 논증을 분석하기 위해 우리가 해야 할 일을 드러낸다. 첫째, 미끄러운 비탈길이 관념적인지 인과적인지 판단해야 한다. 관념적이라면 비탈길이 반대 방향으로도 똑같이 미끄러운지, 실제적 혹은 이론적 장점에 의해 정당화되는 정의로 해결할 수 있는 문제인지 자문해본다. 미끄러운 비탈길이 인과적이라면, 정말 비탈길에 한 걸음 발을 디디는 것이 걷잡을 수 없이 밑바닥으로 이어지는지 자문한다. 이런 질문을 하고 거기에 답을 하는 과정은 우리가 정말 피해야 하는 미끄러운 비탈길이 무엇인지 판단하는 데 도움을 줄 것이다.

당신을
믿어도 될까

두 번째 오류 집단에서는 전제들이 결론과 제대로 연결되는지가 문제가 된다. 우리는 한 주제에 대한 전제들에서 그와 무관한 다른 주제에 대한 결론으로 비약하는 논증을 놀라울 정도로 많이 본다.

그 노골적인 사례들은 사람들이 받은 질문에 답하지 못할 때 자주 등장한다. 이런 속임수는 정치적 논쟁에 대단히 많이 등장하며 이해를 막는 역할을 한다. 우리 모두가 이런 오류를 잡아내고 멈추게 하는 법을 배워야 한다. 우리는 사람들이 질문에 답하지 못할 때를 알아차리고 공개적으로 지적해야 한다.

여기에서 우리는 무관성無關性의 보다 미묘한 사례에 초점을 맞출 것이다. 많은 논증들이 어떤 제의나 신념에 대한 결론의 이유로 사람에 대한 전제들을 제시한다. 이런 논증들은 긍정적일 수도 있지만 부정적일 수도 있다. 가령 어떤 사람이 이렇게 주장한다고 하자. '그는 나쁜 사람입니다. 따라서 그가 하는 말은 거짓입니다.' 반대로 이렇게 주장할 수도 있다. '그는 좋은 사람입니다. 따라서 그가 하는 말은 참입니다.' 전자를 인신공격ad hominem, 후자를 권위에의 호소appeal to authority 라고 한다. 그 사람을 믿으라고 하느냐 믿지 말라고 하느냐에 차이가 있다.

▶ 사람에 대한 공격
다음은 부정적인 패턴의 전형적인 사례이다.

왜 그렇게 많은 정치적 시위자들이 형편없는 외모를 가지고 있는 것일까? 이는 흥미로운 질문이다. 손으로 쓴 현수막을 들고 시위대에 끼어 행진하는 학생과 일반인들이 대부분 대단히 못생긴 사람들이라는 것은 눈에 보이는 사실이다……. 너무 뚱뚱하거나 너무 말랐고 비율이 이상한 경향을 보인다……. 설령 태생적으로 타고난 것이 빈약하더라도 스스로 모습을 훨씬 더 낫게 개선할 수 있지 않을까? 그렇게 하지 못한 것은 자기 책임이다. 그들은 몸에 잘 맞지 않는 청바지를 유니폼처럼 입고 있다. 단정하지 못한 머리는 감지도 않은 것 같고, 발에는 가지각색의 멍청해 보이는 신발을 신고 있다. 윽…….

이 글을 쓴 사람은 독자들이 시위자들을 불신하거나 멸시하도록 만들려는 것이 분명하다. 시위대의 외양을 이유로 말이다. 과연 이런 노골적인 오류에 호도될 사람이 있을까 의심스럽지만, 혐오, 경멸, 두려움과 같은 부정적인 감정과 대상을 결부시키는 일이 효과를 거두는 때도 있다. 이런 부정적인 감정은 불신을 낳을 수 있다. 부정적인 감정을 촉발하는 특징들이 당면한 주제와 전혀 관련이 없을 때에도 말이다. 이런 속임수를 사용해 의견을 달리하는 집단의 견해를 배제한 사례는 역사의 도처에서 발견된다. 흉악 전과가 있는 사람들의 투표권을 빼앗는 법규(미국의 대다수 주에 존재하는)를 뒷받침하는 것도 이런 속임수이다. 전과자들은 형사 정책과 같이 그들이 잘 알고 있고 많은 관심을 가지는 문제에 대해서도 투표권을 행사하지 못한다. 이런 속임수는 형사 재판에도 영향을 미친다.

가령 일부 배심원들은 한 강간 피해자의 주장을 믿지 않았다. 그 피해자가 과거 자신들이 적절하다고 생각하는 것 이상으로 많은 자발적 성관계를 맺었다는 것이 이유였다.

인신공격의 논증은 다양하게 나타난다. 가장 명백한 오류는 '그 여자는 못생겼다, 그러므로 그녀가 하는 말은 틀림없이 거짓이다'와 같은 주장에서 나타난다. '그 여자는 못생겼다, 그러므로 당신은 그녀가 하는 말을 믿을 수 없다'와 같이 신뢰성을 의심하는 경우의 오류는 조금 덜 노골적이다. 이 두 형태 사이의 가장 중요한 차이는 전자가 그 여자의 주장이 거짓이라는 결론을 내리는 반면 후자는 우리로 하여금 무엇을 믿어야 할지 모르는 채로 놓아둔다는 점이다. 세 번째 버전은 누군가의 말할 권리를 완전히 부정한다. '그 여자는 못생겼다. 그러니 이 주제에 대해서 말할 권리가 없다.' 이 결론 역시 우리에게 무엇을 믿으라고 말하지는 않는다. 그 여자가 이야기를 할 경우 그의 견해가 참이고 믿을 만한지에 대한 문제는 해결 짓지 않은 채 남겨두었기 때문이다. 앞의 인용구에서와 같이 어딘가에 요점이 있기는 하지만 명확히 요점이 어떤 것인지 짚어내기가 어려운 경우가 많다.

이러한 인신공격 오류가 때때로 우리를 오도할 수 있는 것은 같은 종류의 다른 논증들이 결론에 대한 이유를 올바로 제시하기 때문이다. 의회 토론의 경우 방청객에게는 발언권이 없다. 믿을 만한 발언을 할 수 있는 사람이더라도 말이다. 물리학 과목에서 낙제한 사람이 물리학에서 논란이 되는 문제에 대해 입장을 밝힌다면 그 사람을 믿기 어렵다. 때로는 어떤 사람의 특성이 그가 하는 말을 거짓으로 믿어야 할 이유가 되기도 한다. 값싼 의류를 취급하는 상점의 주인이 그가 파는 제품이 최고급 실크로 만들어졌다고 말하는 경우와 같이 말이다.

이런 가능성에도 인신공격 논증은 일단 의구심을 가지고 점검해보아야 할 만큼 오류에 빠져 있는 경우가 많다. 믿는 대상에 대한 부정적인 전제를 바탕으로 믿음에 대한 결론을 이끌어낼 때에는 항상 주의를 기울여야 한다.

불행히도 사람들은 거의 주의를 기울이지 않는다. 우리가 1부에서 보았듯이, 보수주의자들은 반대자들을 진보주의자라고 부르면서 상대의 견해를 거부한다. 마찬가지로 진보주의자들은 반대자들을 보수주의자라고 부르면서 상대의 견해를 무시한다. 진보주의자이거나 보수주의자라는 사람에 대한 전제를 사용해서 그 사람들의 특정한 주장에 대한 결론에 이르게 되는 경우, 이런 분류는 인신공격 오류를 범하게 된다. 진보주의자들이 옳을 때도 있고 보수주의자들이 옳을 때도 있다. 따라서 화자가 진보주의자이거나 보수주의자라는 이유만으로 그의 믿음이 참이거나 거짓이라고 주장하는 것은 대단히 미심쩍은 일이다.

누군가가 반대자들을 멍청하거나 미쳤다고 말하는 건 다른 문제이다. 멍청하거나 미친 것은 그 사람의 속성이기 때문에, 이 논증 역시 인신공격이기는 하다. 그럼에도 정말로 멍청하거나 미친 사람의 견해를 불신하는 것은(최소한 그들의 견해가 특이할 때라면) 정당하다. 여기에서 문제는 보통 그런 공격을 받는 사람이 실제로는 멍청하거나 미치지 않았기 때문에 전제들이 거짓이라는 데 있다.

이런 오류에 속는 경향은 협력과 사회적 진전을 방해하는 정치적 양극화를 부채질한다. 사람의 속성을 기반으로 상대를 무시하는 것은 그들을 이해하거나 그들로부터 배움을 얻으려는 모든 희망으로부터 스스로를 차단하는 일이다. 그래서 이런 종류의 오류를 피하는 데 주의를 기울여야 하는 것이다.

어떤 사람의 부정적인 특성에 대한 전제들로부터 그 사람의 주장에 대한 결론으로 비약하는 인신공격 논증을 만날 때마다 그 전제들이 참인지, 그 부정적인 특성이 정말 그 주장의 진실, 그 사람의 신뢰성, 이 문제에 대해 발언할 수 있는 이 사람의 권리와 관련되는지 비판적으로 평가해야 한다. 이런 의문을 갖는 것은 사적인 실수를 줄이는 데 유용할 뿐 아니라 사회적 양극화를 줄이는 데에도 기여할 것이다.

▶ 권위에 이의 제기하기

사람에서 입장으로 비약하는 오류에서 긍정적인 패턴은 부정적인 패턴만큼이나 흔하다. 좋아하거나 존경하는 사람을 믿는 경향은 후광 효과* 라고 부르며 우리가 싫어하는 사람을 불신하는 경향은 뿔 효과** 라고 부른다. 우리는 후광 효과와 뿔 효과 모두의 지배를 받는다. 우리는 적을 불신하는 것만큼이나 동지를 믿는다. 사실 동지를 지나치게 신뢰할 때가 많다.

---

*   halo effect, 후광이 있는 천사에서 따온 말이다.
**   horn effect, 뿔이 있는 악마에서 따온 말이다.

권위자를 신뢰할 때 사람들은 권위자에 대한 전제를 근거로 그 권위자가 한 말에 대한 결론을 주장한다. 만약 '내 친구가 우리 이웃이 바람을 피운다고 말해줬어, 그러니까 이웃 사람은 바람을 피우고 있는 거야'라는 주장을 한다고 생각해보자. 이 논증의 강도는 이런 문제에 대해서 내 친구를 신뢰할 수 있는 정도에 좌우된다. 마찬가지로 '이 웹사이트 혹은 뉴스 채널에서 우리 대통령이 바람을 피우고 있다고 말했어, 그러니까 우리 대통령은 바람을 피우고 있는 거야'라고 주장한다면 어떨까? 이 논증의 강도는 이와 같은 문제에서 해당 웹사이트, 혹은 뉴스 채널을 어느 정도 신뢰할 수 있느냐에 좌우된다. 만약 친구나 뉴스 채널의 신뢰성이 낮은 경우라면 이들은 이 문제에 대해서 우리의 신뢰를 받을 자격이 없다. 하지만 믿을 만하다면, 그들이 우리의 생각과 다르더라도 최소한 어느 정도 신뢰를 받을 자격을 가진다.

특정한 사안에 대해 정보원을 신뢰할 수 있는지 여부를 어떻게 확인할 수 있을까? 실패할 염려가 전혀 없는 완벽한 테스트는 존재하지 않는다. 하지만 우선 일련의 간단한 질문들을 던지는 것으로 시작해보자.

우리가 항상 던져야 하는 첫 번째 질문은 간단한 것이다. '논자가 권위자의 말을 정확하게 인용했는가?' 8장에서 우리가 재구성했던 뉴스 기사는 로버트 존시의 말을 인용했고 아시아 개발은행의 보고서 내용을 제시했다. 우리는 '존시가 정확히 이런 단어들을 입에 올렸는가? ADB의 보고서가 정말로 기사가 주장하는 것과 같은 내용을 담고 있는가?'라는 질문을 던져야 한다. 의도적이든 실수이든 사람들이 권위자의 말을 잘못 인용하는 경우는 깜짝 놀랄 만큼 많다. 또한 권위자들의 말을 정확하게 인용하기는 하지만 그들이 사용한 단어를 맥락에서 제거해 전체 내용의 의미가 왜곡되도록 하는 경우도 있다. 기사에서 존시는 '빈곤의 심화와 기후 변화의 부정적인 영향 확대로 인해 최근 들어 어번 빌리지가 급격히 증가했다'라고 말한 것으로 인용되어 있다. 이제 그의 다음 문장이 '다행히 이런 추세의 속도는 떨어지거나 심지어 역전되고 있다, 따라서 우리는 앞으로 어번 빌리지에 대해서 걱정할 필요가 없다'라고 상상해보라. 그는 이렇게 말하지 않았지만 만약 그랬다면, 이 기사의 인용문에는 엄청난 오해의 소지가 있다. 정확히 그가 말했다고 적힌 내용과 실제로 말한 내용이 일치하는데도 말이다. 따라서 권위에 대한 호소와 마주칠 때면 그 호소가 권위자의 말을 정확히 옮기고 있는지는 물론이고 그 호소가 권위자의 의도를 정확하게 대변하고 있는지 역시 의문을 가져야 한다.

권위에 대한 호소에 가져야 할 두 번째 의문은 좀 더 복잡하다. '인용된 권위자가 진실을 말한다고 믿을 수 있는가?' 첫 번째 질문은 단어와 의미에 대한 것인 반면, 두 번째 질문은 동기에 대한 것이다. 이 권위자에게 거짓말을 할 유인이 있다면, 혹은 이 권위자에게 자신이 발견한 것을 대략적으로, 혹은 미혹적인 방식으로 전하는 경향이 있다면, 그의 말이 정확하게 인용된 경우라도 그 말은 신뢰할 수 없다. 예를 들어 존시가 자신이 고용되어 있는 자선 단체의 자금 조달을 위해 노력하고 있고, 따라서 어번 빌리지 문제를 해결하는 데 돈을 기부하도록 당신을 설득할 경우 그에게 사적인 이익이 돌아온다면, 당신에게는 그가 자신의 목적을 위해서 문제를 부풀리고 있지 않은지 궁금증을 가질 이유가 생기는 것이다. 그의 이해관계가 불신을 초래한다. 이러한 이해관계로 인해 그가 진실을 알고 있더라도 거짓을 전할 수 있기 때문이다.

이해관계와 같은 문제로 권위자를 신뢰할 수 없을 때는 어떻게 해야 할까? 한 가지 방법은 독립적인 권위자들을 확인하는 것이다. 서로에게 의존하고 있지 않고 동일한 견해를 조장할 동인이 없는 다른 권위자들이 공통적인 의견을 갖고 있다면, 그들의 의견이 합치되고 있는 이유를 가장 잘 설명해주는 건 그 믿음이 정확하다는 것이다. 따라서 우리에게도 그들을 신뢰할 이유가 생긴다. 신뢰를 정당화하려면 확인을 구하라.

세 번째 의문은 더 까다롭다. '인용된 권위자가 정말로 적절한 분야의 권위자인가?' 한 분야에서라도 권위자가 되기 위해서는 많은 노력이 필요하다. 때문에 광범위한 분야에서 권위를 얻을 수 있는 사람은 많지 않다. 역사에 대해 많이 아는 사람들이라도 수학에 대해서는 잘 알지 못하고 그 반대도 마찬가지이다. 진정한 만물박사는 대단히 드물다. 하지만 권위자들은 특정 주제에 제한된 전문 지식을 갖고 있으면서도 다른 주제들에 대해 실제보다 많이 알고 있다고 생각하는 때가 많다. 한 분야에서의 성공이 다른 분야에 대한 과도한 자신감을 낳는 것이다.

가장 눈에 띄는 경우가 운동선수들이 스포츠처럼 그들이 전문지식을 갖고 있는 분야와는 아무런 관계도 없는 자동차나 다른 상품을 홍보하는 것이다. 스포츠 스타는 물론 배우, 실업가, 전쟁 영웅들이 정치 후보자를 지지하는 경우도 많다. 다양한 분야의 이런 전문가들이 정치 후보자나 정책에 대해 다른 사람보다 더 잘 알 것이라고 가정할 아무런 근거가 없는데 말이다.

법조계에서도 같은 문제가 발생한다. 정신과 의사나 임상심리학자들은 정신질환의 진단과 치료에 대한 교육을 받을 뿐인데, 변호사들은 그들에게 피고인들의 향후 범죄를 예측해달라고 요청한다. 그들이 이 분야의 권위자인가? 그들이 속해 있는 전문 조직이 그렇지 않다고 분명히 말하고 있다. 연구에 따르면, 위험한 행동(적어도 선고나 방면을 고려하는 경우에는)에 대한 심리적 예측의 타당성은 대단히 낮다. 그 타당성은, 심리학자들은 그런 판단 능력이 없다는 엄밀한 실험적 근거에서 심리적 예측의 이용을 반대할 수 있을 정도로 낮다. 간단히 말해, 심리학적 진단과 치료의 권위자들은 범죄 행위의 예측에 대한 권위자가 아니다. 결과적으로 법적 결정의 근거로 그들의 권위에 호소하는 건 오류이다. 이처럼 인용된 권위자가 적절한 분야의 권위자인지 의문을 가짐으로써 이런 오류를 밝히고 피해갈 수 있다.

넷째로 우리는 '이 문제에 대한 적절한 전문가들 사이에 합의가 존재하는가?'라는 질문도 던져야 한다. 물론 적절한 전문가들이 없다면 적절한 전문가들 사이의 합의가 존재할 수 없다. 전문가의 의견으로 해결할 수 없는 사안들도 있다. 현재로서는 어떤 전문가 집단도 화성에 생명체가 있는지의 문제를 결정지을 수 없다. 현재 우리가 갖고 있는 것보다 많은 증거가 필요하다. 어떤 전문가 집단도 어느 종의 물고기가 가장 맛있는지 결정할 수 없다. 확정적으로 결론을 내릴 수 있는 종류의 사안이 아니기 때문이다. 전문가의 합의에 의해서 결정될 수 있는 종류의 문제인지 질문함으로써 전문 지식에 존재하는 그러한 간극을 파악할 수 있다.

　이 문제가 확정적으로 결정지을 수 있는 사안이라면 전문가들이 합의에 이르렀는지 여부를 질문할 수 있다. 물론 만장일치가 필요한 건 아니다. 언제나 반대하는 사람이 몇몇은 있게 마련이다. 하지만 거의 모든 전문가들이 동의한다면 그 증거는 강력한 힘을 가질 수 있다. 의사들은 흡연이 암을 유발한다는 점에서 합의에 도달했다. 물론 전문가들은 이 주장에 대한 증거를 가지고 있지만, 비전문가들은 전문가들을 합의에 이르게 한 연구들의 세부적인 사항들에 대해서 잘 알지 못한다. 그래서 전문가의 권위에 의존해야 하는 것이다. 비전문가가 '의사들은 흡연이 암을 유발한다는 데 동의한다, 그것은 내가 그렇게 믿을 만한 충분한 이유가 된다'라고 말할 때, 의사들이 어떻게 합의에 도달했는지도 알려주어야 한다고 주장하는 것은 이치에 맞지 않는다. 비전문가들로서는 전문가들이 합의에 도달했다는 점을 아는 것만으로 충분하다.

　때로 단순한 목격자가 적절한 전문가가 되는 경우도 있다. 정부 관료가 외국 스파이와 소통했는지 여부에 대한 전문가에는 그들이 만나는 것을 보고 그들의 대화를 들은 목격자들이 포함된다. 이 경우, 한 목격자가 다른 목격자의 말을 확인하는 것이 곧 전문가들 사이에서 합의를 도출하는 것이다. 그들의 공통된 이야기가 다른 믿을 만한 정보원에 의해 부정되지 않는 한 그런 확인이 오류의 가능성을 줄이고 믿음을 정당화할 수 있다. 대부분의 좋은 기자들이 여러 독립적인 정보원한테서 사실에 대한 확인을 받은 후에야 기사를 내는 이유도 거기에 있다.

다섯 번째 질문은 권위에 호소하는 사람의 동기에 대한 것이다. '왜 권위에 호소해야 했던 것인가?' 만약 주장이 명백한 경우에는 단언을 하고 확실하다고 말하기만 하면 된다. 권위에 대한 호소를 덧붙일 필요가 없다. '대부분의 수학자들이 2 더하기 2는 4라는 데 동의한다, 따라서 그것은 참임에 틀림없다'라고 주장하는 것은 무의미한 일이다. 그러므로 누군가가 권위에 호소한다는 것은, 적어도 비전문가들에게는 자신의 주장이 명백하지 않다는 걸 안다는 신호이다. 즉 청중이 합리적인 의심을 제기하리란 점을 알고 있다는 뜻이다. 따라서 그런 질문을 피하기 위해서 권위를 인용하는 것이다. 이에 대한 최선의 대응은 그들이 피하려고 노력하는 바로 그 질문을 던지는 것이다.

지금까지 살펴본 다섯 가지 질문이 함께 어떤 작용을 하는지 확인하기 위해서 이 일련의 질문들을 과학에 적용시켜보자. 많은 사람들이 과학은 권위에 의존하지 않는다고 생각한다. 그들의 견해에 따르면, 종교와 법은 권위에 의존하지만 과학은 오로지 관찰과 실험에 의해서 움직인다. 그것은 잘못된 생각이다. 거의 모든 과학 논문은 이전에 다른 사안들을 정리한 많은 권위자들을 인용한다. 기존의 자료와 사료들을 기반으로 논문은 새로운 사안을 다룰 수 있다. 역사상 가장 유명한 과학자 중 한 명인 아이작 뉴턴은 자신이 거인들의 어깨 위에 올라서 있다고 말했다. 여기에서 그가 의미한 것은 자기 이전의 권위자들이다.

과학자들이 다른 과학자들을 권위자로서 신뢰하는 게 어떻게 정당화되는 것일까? 결국, 과학자들도 인간이므로 나머지 우리와 마찬가지로 실수를 할 수 있다. 차이는 개별 과학자들이 신뢰성을 강화하기 위해 체계화된 보다 큰 집단과 기관 내에서 일한다는 점이다. 신뢰성에 도움이 되는 과학의 특징은 개별 과학자들이나 연구소들이 행하는 고집스러울 정도의 복제이다. 사적 동기나 실수로 결과가 왜곡될 경우에는 독립적인 복제가 불가능하다. 신뢰성을 낳는 과학의 또 다른 특징은 경쟁이다. 한 과학자가 새로운 발견을 발표하면 다른 과학자들은 거기에 반박하려는 강한 유인을 갖게 된다. 그렇게 많은 똑똑한 사람들이 실수를 찾기 위해 노력하는 가운데에서는 최고의 이론들만이 살아남을 수 있다. 이런 과정에서 살아남은 견해에는 믿을 만한 이유가 있다. 물론 과거의 많은 과학적 이론들이 뒤집혀왔고 현대의 과학적 이론 대부분은 미래에 뒤집힐 것이다. 그럼에도 우리에게는 현재에 존재하는 최선의 이론과 자료를 신뢰할 만한 이유가 있다.

최근의 사례 중 하나는 유엔 산하의 기후 변화에 관한 정부 간 협의체Intergovernmental Panel on Climate Change, IPCC이다. 여기에는 전 세계 최고의 기후 학자들 수백 명이 포함되어 있다. 다양한 사람들이 모여 있는 이 큰 규모의 집단은 기후 변화의 여러 측면(결코 전부는 아니지만)에 대한 합의에 도달하기 위해 오랫동안 노력을 기울여왔다. 온실가스를 방출하는 인간의 행동이 기후 변화를 유발하는 요인 중 하나라고 주장하기 위해 IPCC라는 권위에 호소한다고 가정해보라. 이런 권위에 대한 호소는 강력한 논증인가? 평가를 위해서는 질문을 던져보아야 한다.

첫째, 논자가 권위자를 정확히 인용하고 있는가? 간혹 IPCC 보고서의 단서들을 명확히 인용하지 않는 환경 운동가들이 있다. 이런 누락은 그들의 논거를 왜곡할 수 있고 따라서 주의 깊게 확인해야 한다. 하지만 실제로 IPCC 보고서의 많은 단락이 인간의 온실가스 방출이 기후 변화의 한 요인이라는 결론을 정당화하고 있다.

둘째, 인용된 권위자가 진실을 이야기하고 있다고 신뢰할 수 있는가? 이 질문은 IPCC의 과학자들이 기후 변화의 정도를 과장할 만한 동인을 갖고 있는지 묻고 있다. 만약 그렇다면 그들을 불신할 이유가 생긴다. 그러나 IPCC 구성원들에게는 실수를 적발할 유인이 있다. 일을 망친다면 자신들의 명성에 흠이 갈 것이기 때문이다. 그렇게 많은 이질적인 과학자들 사이에 어떤 음모가 있다고 상상하는 건 너무나 설득력이 없다.

셋째, 인용된 권위자가 실제로 적절한 분야의 권위자인가? 여기에서 우리는 IPCC 구성원의 전문 지식 분야와 자격을 확인해야 한다. 하지만 그들이 IPCC 구성원으로 선정된 것은 그들의 전문 지식이 주제와 관련성이 있기 때문이다.

넷째, 이 사안에 대한 적절한 전문가들 사이에 합의가 존재하는가? IPCC가 모든 사안에 합의를 하고 있는 것은 아니다. 주류에서 벗어나 있는 몇몇 반대자들이 있다. 그럼에도 그렇게 많은 다양한 전문가를 IPCC에 모아놓은 목적은 그들이 뜻을 같이하는 주장이 어떤 것인지 판단하고 합의한 부분에 대한 공동 보고서에 서명을 하게 하는 것이다.

다섯째, 왜 권위에 대한 호소가 필요한가? 기후 변화의 미래와 원인은 광범위한 연구 없이는 불명확하고, 한편으로 기후 변화의 영향을 줄이기 위한 제안들은 많은 사람들에게 상당한 비용의 부담을 안길 것이기 때문이다. 무척 중요한 문제인 것이다. 따라서 주의를 기울일 필요가 있다.

이런 질문을 던지고 나면 IPCC의 권위에 대한 호소가 바른 모습을 갖게 될 것이고, 따라서 온실가스를 방출하는 인간 활동에 의해 기후 변화가 심화되고 있다고 믿을 만한 강력한 이유를 갖게 된다. 이런 평가는 IPCC에 전혀 문제가 없다는 의미가 아니다. 완전한 것은 아무것도 없다. 여기에서의 요점은 이 기관이 전체로서의 과학과 마찬가지로 자기수정적이라는 점뿐이다. IPCC도 틀릴 수 있고 미래에 나타나는 증거가 IPCC의 주장을 약화시킬 수도 있다. 그것은 모든 귀납적 논증에 존재하는 위험이다. 하지만 귀납적 논증은 확실성 없이도 강력할 수 있고 따라서 IPCC 보고서는 기후 변화 중 적어도 일부는 인간의 행동으로 인한 것이라고 믿을 만한 강력한 이유를 제공한다.

그렇더라도 이런 과학적 결론 자체가 기후 변화나 온실 효과에 대해서 어떤 일을 해야 할지에 관련된 정책 문제를 해결해주는 건 아니다. IPCC는 기후 변화의 미래와 원인에 대한 이야기에서만 자주 인용되는 것이 아니다. 그에 대해서 정부가 어떤 일을 해야만 하는가의 문제에서도 IPCC가 인용된다. 이런 다른 권위에의 호소를 평가하려면 우리는 '인용된 권위자가 실제로 적절한 분야의 권위자인가?'라는 질문에 집중해야 한다. 기후 과학자들은 과학 분야의 전문가이지 정부 정책 분야의 전문가가 아니라서 부정적인 답이 나올 수 있다. 기후 과학자는 온실가스 방출을 감소시키는 것이 온실 효과의 진전을 늦춘다는 점은 알고 있지만 탄소세나 배출권 거래제가 온실가스 방출을 줄이는 데 성공적일지, 얼마나 성공적일지, 혹은 이런 정책들이 경쟁 성장의 속도를 늦출지, 얼마나 늦출지, 이런 정책들이 정치적으로 실현 가능한지, 기존의 법규를 위반하지는 않는지에 대해서는 잘 알지 못한다. 이런 별개의 사안들을 해결하려면 과학 외 분야의 전문가들이 필요하다. 따라서 우리의 질문들은 과학의 힘뿐 아니라 과학의 한계까지 밝힌다.

물론 이런 질문들에도 실패의 가능성이 있다. 반대자들은 전문가들 사이에 합의가 존재하는가, 특정한 정보원이 적절한 분야의 전문가이고 진실을 말한다고 신뢰할 만한 사람인가에 대한 질문에 아주 다른 대답을 하는 경우가 많다. 이처럼 계속되는 논란은 우리가 이런 질문을 우리 스스로만 해서는 안 된다는 점을 보여준다. 다른 사람에게도 이런 질문을 하도록 요청해야 한다. 우리와 뜻을 같이하는 동지들에게 요청하는 것이 아니라 반대자들에게 요청해야 한다. 우리는 그들에게 누가 신뢰할 만한 권위자인지는 물론, 그들이 왜 그 권위자들을 신뢰하는지도 물어야 한다. 논란이 있는 분야에서라면 우리는 권위에 대한 모든 호소를 뒷받침하는 이유를 찾아야한다. 이 사례는 우리가 이유에 대한 질문을 비롯해 적절한 질문을 던지는 방법을 배워야만 하는 이유를 다시 한 번 보여준다.

우리는 여전히
제자리인가

세 번째 종류의 오류는 전제를 넘어서는 진전을 이루지 못하게 한다. 보다 기술적으로 말하자면, 전제에 정당화가 필요하지만 결론에 의존하지 않고서는 전제의 정당화가 불가능할 때 논증은 **논점선취**begging the question(혹은 선결문제 요구)의 오류를 범한다. '내 혈당 수치는 대단히 높다, 이는 내가 케이크를 먹고 있는 이유에 의문을 제기한다'와 같은 흔한 문장에서 그 의미를 엿볼 수 있다. 여기에서 '의문을 제기한다'는 것은 '문제를 야기한다'는 의미이다. 마찬가지로 결론에 대한 의심으로 인해 왜 이 전제들을 믿어야 하는지 이유의 문제가 야기될 때 논증에 의문이 제기된다.

여기에 흔한 사례가 있다. '사형제도는 부도덕하다. 살인을 하는 것은 언제나 잘못이기 때문이다.' 사형제도의 의미에는 살인이 포함되어 있다. 따라서 이 논증은 엄밀히 따지자면 타당하다. 모든 형태의 살인이 부도덕하다면 사형제도는 반드시 부도덕하기에 결론이 거짓이라면 전제가 참일 수 없다. 비록 이 논증은 타당하기는 하지만 어떤 것도 정당화시키지 못한다. 살인이 언제나 잘못이라는 전제는 사형제도라는 특정한 경우의 살인 역시 잘못이라는 결론을 이용하지 않고는 정당화할 방법이 없기 때문이다. 오히려 사형제도는 모든 살인이 잘못이 아닌 이유를 보여주는 예외일 수 있다. 정말로 잘못된 일은 무고한 사람들을 죽이는 것이기 때문이다. 이 논증을 옹호하는 사람들은 결론을 상정하지 않고 전제를 정당화시켜야 한다. 하지만 위의 간단한 논증에서는 아직 정당화가 이루어지지 않았다. 그들이 어떻게 결론과 별개로 전제를 정당화하는지 확인하기는 어려울 것이다. 이런 식으로 이 논증은 처음부터 결론을 가정하고 있어서 아무런 진전을 보지 못한다.

다음과 같이 주장함으로써 다른 측면에서 동일한 오류를 범할 수 있다. '사형제도는 부도덕하다. 생명을 생명으로 갚기 때문이다.' 우리가 생명을 생명으로 갚는다는 전제는 이미 사형제도가 부도덕하다는 결론을 다시 전제로 상정하고 있다. 살인에 대한 사형은 생명을 생명으로 갚는 것이기 때문이다. 따라서 이 논증은 결론을 정당화하지 못한다. 전제가 정당화되어야 하지만 결론을 먼저 상정하지 않고는 정당화될 수 없기 때문이다.

또 다른 사례가 있다. '성경은 하나님이 존재한다고 말한다. 성경은 하나님의 말씀이다(디모데 후서 3장 16절에 따라). 하나님은 진실이 아닌 말씀을 하지 않는다. 따라서 하나님은 정말로 존재한다.' 성경이 하나님의 말씀이라는 전제는 두 가지 의문을 제기한다. 첫째, 어떤 존재든 존재하지 않고서는 말을 할 수 없다. 즉 이 전제는 이미 하나님이 존재한다는 결론을 상정하고 있다. 둘째, 디모데 후서 3장 16절은 성경의 일부이다. 따라서 이 역시 성경이 하나님의 말씀이라는 증거로 성경 구절을 인용하는 데 의문을 제기한다. 성경이 스스로에 대해서 말한 것을 믿을 만한 이유의 논거는 무엇인가?

'이 진화 생물학자는 진화 이론이 참이라고 말한다. 진화 생물학자들은 진화에 대해서 참이 아닌 것은 말하지 않는다. 따라서 진화 이론은 참이다.' 종교에 반대하는 사람들은 이런 식의 주장을 하면서 같은 종류의 오류를 범한다. 두 번째 전제에서 논점 선취의 오류가 일어난다. 이것이 진화 이론이 참이라는 결론을 전제로 상정하기 때문이다. 진화 이론이 참이 아니라면 진화 생물학자들은 진화 이론이 참이라고 말할 때(첫 번째 전제가 전하듯이) 진화에 대해서 참이 아닌 것을 말할 수 있다(두 번째 전제의 반대). 결과적으로 진화 생물학자들에 대한 이 단순한 호소는 앞서 성경에 대한 종교적 호소만큼이나 결론을 정당화할 능력이 없다. 과학자들은 신학자들만큼이나 자신의 이론에 대한 독립적인 정당화를 필요로 한다. 중요한 문제는 누가 그런 정당화의 능력을 가지고 있느냐이다.

늘 그렇듯이 논증에 대한 이런 비판은 이 두 논증의 어떤 결론도 참이거나 거짓임을 암시하지 않는다. 이 비판의 핵심은 문제가 이런 논증들로는 해결되지 않는다는 사실이다. 증명되어야 하는 결론을 오히려 증명을 위한 전제로 사용하기 때문에 다른 논증이 필요하다. 더 나은 논증이 가능한지 여부에는 논란이 있겠지만 어떤 논증이 실패인지 아닌지를 인식하는 것은 분명한 진전이다.

이것이
전부인가

우리가 사람들이 저지르는 모든 오류를 다루었을까? 당연히 아니다. 수없이 많은 다른 오류들이 있다. 우리가 논의한 것과 유사한 패턴에 속하는 것도 있다. 발생론적 오류, 무지에의 호소, 피장파장의 오류(혹은 위선에 대한 호소)는 인신공격의 오류와 유사하다. 감정에 대한 호소, 개인적 경험에 대한 호소, 전통에 대한 호소, 대중적인 의견에 대한 호소는 권위에 대한 호소와 유사하다. 잘못된 이분법은 때때로 논점 선취의 오류와 비슷하다. 이런 다른 논법들은 유사한 다른 오류에 비교함으로써 이해할 수 있다. 하지만 도박사의 오류, 합성의 오류, 분할의 오류, 거짓 원인의 오류 등과 같은 새로운 패턴의 오류들도 있다. 수백 개의 오류들을 나열하는 책이나 웹사이트들도 있다. 우리는 여기에 그런 식으로 오류를 나열하지는 않을 것이다. 긴 목록은 지루함을 줄 뿐이다.

표준 목록들에 담긴 소위 '오류'들이 항상 잘못된 것은 아니다. 우리는 미끄러운 비탈길 논증과 권위에 대한 호소가 때로는 강력한 이유를 제시한다는 것을 살펴보았다. 이런 잠재력 때문에 일반적인 유형의 논법을 오류라고 언급할 때는 오해가 생길 여지가 있다.

감정에 대한 호소도 마찬가지이다. 감정에 대한 호소는 허위이고 이성에 반한다고 여겨지는 경우가 많다. 하지만 난민의 괴로움과 피폐함에 공감하고 그들이 대우받는 방식에 반감이 든다면, 이 감정들은 난민을 돕는 좋은 이유가 된다. 감정이 고통과 불의를 가리키기 때문이다. 불합리한 감정이라면 아무것도 보여주지 못하지만 정상적인 감정들은 권위와 흡사한, 믿을 만한 지침이 될 수도 있다. 권위에 대한 호소에서 던졌던 것과 비슷한 질문들을 던짐으로써 감정을 신뢰해야 할 때가 언제인지 판단할 수 있다. 내가 지금 이 감정을 느끼는 이유는 무엇인가? 내 자신의 이익, 혹은 그 주제와 무관한 다른 동기가 내 감정을 왜곡하고 있지는 않은가? 다른 사람들도 비슷한 상황에서 동일한 감정을 느끼는가? 이 감정이 관련된 사실(고통과 불의 같은)에 대한 신뢰성 있는 반응인가? 권위에 호소할 때 주의가 필요하듯이 감정에 호소할 때에도 주의를 기울여야 하지만, 감정에 대한 호소가 모두 허위인 것은 아니다.

나아가 우리는 지나치게 성급히 상대의 오류를 비난해서는 안 된다. 어떤 사람이 다른 누군가를 비판한다고 해서 언제나 인신공격 오류를 저지르는 것은 아니다. 약간 모호한 단어(모든 단어가 그렇듯)를 사용한다고 해서 그때마다 미끄러운 비탈길 오류를 저지르는 건 아니다. 자신들의 견해가 전통과 같은 길을 가고 있다고 지적하는 사람들이 매번 전통에 대한 호소의 오류를 범하는 것은 아니다. 오류에 대한 비난이 무의식적인 자동반사 반응이 되면, 계몽적인 가치는 사라지고 단지 짜증스럽고 양극화적인 것이 된다. 그런 식의 비판은 단순히 '동의하지 않습니다'라고 외치는 것보다 나을 것이 전혀 없다.

오류의 이름으로 반대편을 욕하는 대신 각각의 논증을 주의 깊게, 그리고 너그럽게 바라볼 필요가 있다. 특히 오류로 보이는 것이 억제된 전제를 덧붙이기만 하면 교정될 수 있는지를 항상 자문해보아야 한다. 예를 들어, 누군가가 '그 공무원은 자신의 개인 서버에 있는 기밀 정보를 드러내지 않을 것이 분명하다, 드러난 서버에서 기밀인 특정 이메일을 발견하지 못했기 때문이다'라고 주장한다고 가정해보자. 혹은 누군가가 '그 정치 후보자는 적과 결탁하지 않았다, 우리는 그가 했다는 것을 입증할 수 없기 때문이다'라고 주장했다고 가정해보자. 그 경우 비판가들은 '그건 무지에 호소하는 오류입니다!'라고 응수할 것이다. 그런 꼬리표는 사람들이 이 사안을 이해하는 데 전혀 도움을 주지 못한다. 해당 논증이 다음과 같은 억제된 전제를 상정하고 있지 않은지 의문을 가지는 편이 훨씬 더 건설적이다. '그 사람이 그런 일을 했다면, 우리가 알 것이다(혹은 적어도 현재 우리에게 없는 종류의 증거를 가지고 있을 것이다).' 이런 억제된 전제가 참일 경우가 있다. 가령 '내 아들이 지난밤 내 차를 엉망으로 만들었다면 차에서 흠집을 발견하게 될 것이다' 같은 경우이다. 하지만 동일한 숨겨진 전제가 거짓인 경우도 있다. '내 아들이 집에 늦게 왔다면 내가 알았을 것이다(자고 있었더라도).' 무지에의 호소에 대해서는 항상 억제된 전제가 참인지 의문을 가져야 한다. 이메일이 기밀 정보를 밝히고 있었다면 우리가 그것을 찾을 수 있을까? 후보자가 결탁했다면 우리가 알게 될까? 단순한 비난에서 벗어나 논증이 정말로 얼마나 강력한지 파악하기 위해서는 가능한 한 관대하게 논증을 재구성하고 최선의 형태일 때 그 논증이 얼마나 강력한지 물어야 한다.

물론 여전히 오류로 판명되는 논증들도 있을 것이다. 너무 성급하게 비난을 해서도 안 되겠지만 논증의 오류와 약점을 지적하는 데 너무 지체해서도 안 된다. 더구나, 우리는 그런 결함에 대한 이름이 없을 때라도 논증에서 결함을 찾아 설명할 수 있어야 한다. 다음 장은 그런 기술을 가르쳐줄 것이다.

CHAPTER 11

논증을 반박하는 방법

어떤 입장을 반박하기 위해 단순히 그것을 부정하거나 그에 대해 아무 말이나 하면 되는 것처럼 여기는 사람들이 많다. 그런 대화는 너무나 산만하다. 몬티 파이튼은 '논쟁은 단순히 반박만 하는 게 아니다'라고 가르쳤다. 부정에서 한 걸음 나아가 어떤 대응을 했다고 해도 모든 대응이 반박인 것은 아니다. 예를 들어, 한 유신론자가 이렇게 주장한다고 가정해보자. '신은 존재한다. 다른 어떤 것도 우주의 존재를 설명할 수 없기 때문이다.' 이에 대해 무신론자는 '아니, 신은 존재하지 않는다', '나는 신을 믿지 않는다', '그건 멍청한 소리다' 같은 말만으로는 그 논증을 반박할 수 없다. 반대도 마찬가지이다. 무신론자가 '악마는 존재한다, 따라서 신은 존재하지 않는다'라고 주장할 때, 유신론자는 '신은 분명히 존재한다'거나 '나는 신을 믿는다'거나 '바보같은 소리!' 등의 말만으로는 그 논증을 반박할 수 없다. 이런 단순한 대응은 반박이 아니다.

논증을 반박하기 위해서는 그 논증을 의심하는 적절한 이유를 제시해야 한다. 우리는 결론에 대한 믿음을 정당화하는 이유들을 제시하는 논증들도 보았고 현상을 설명하는 이유를 제시하는 논증들도 보았다. 반면, 반박은 다른 논증을 의심하는 이유를 제시한다. 따라서 반박은 정당화와 설명에 이은 논증의 또 다른 목적이다.

반박이 제시하는 이유는 믿어야 할 이유가 아닌 의심해야 할 이유이다. 신이 존재한다는 유신론자의 주장을 반박하기 위해 무신론자는 신이 존재하지 않는다는 것을 보일 필요가 없다. 무신론자가 해야 할 일은 유신론자의 논증이 신이 존재한다는 것을 믿기에 충분한 이유인지 의심할 만한 적절한 이유를 제시하는 것이다. 마찬가지로 유신론자는 신이 존재한다는 것을 믿을 만한 이유를 제시하지 않고도 신의 존재에 반하는 무신론자의 논증을 반박할 수 있다. 유신론자는 신이 존재하지 않는다고 주장하는 무신론자의 논증을 의심할 만한 적절한 이유만 제시하면 된다. 반박은 양 방향에서 믿음에 대한 의심과 보류로 이어질 수 있다.

논증을 반박하는 사람들은 계속해서 그 논증의 결론을 부정한다. 이런 행동은 '나는 모른다'라고 인정하는 것이 불편하기 때문에 나타난다. 신의 존재를 믿는 논증을 반박하는 많은 무신론자들은 신이 존재하지 않는다는 결론을 내린다. 여기에는 우유부단한 불가지론자가 되는 걸 원하지 않기 때문이란 이유도 있다. 비슷한 이유에서 신을 부정하는 논증들을 반박하는 많은 유신론자들은 신이 존재한다는 결론으로 뛰어넘는다. 그렇지만 추가적인 주장은 반박에서 나오는 것이 아니다. 반박 자체가 뒷받침하는 것은 믿음이 아니라 의심이다.

논증을 의심한다는 건 무슨 의미일까? 그것은 어떤 논증이 그 결론을 믿기에 충분한 이유를 제시한다는 점을 의심한다는 의미일 뿐이다. 이러한 의심은 논증의 다른 부분을 향할 수도 있다. 논증에 대한 우리의 정의에 따르면, 논증에는 전제들과 결론이 포함되며 전제들은 결론의 이유로 제시된다. 따라서 반박이 목표로 하는 주된 표적은 세 가지이다. 첫째, 하나 이상의 전제들을 의심할 만한 타당한 이유를 제시한다. 둘째, 결론을 의심할 만한 타당한 이유를 제시한다. 셋째, 전제가 결론에 대한 적절한 뒷받침이 된다는 점을 의심할 만한 타당한 이유를 제시한다. 반박의 이러한 형태들을 차례로 살펴보자.

예외가 규칙을 설명하는가

논증을 반박하는 첫 번째 방법은 전제들에 의심을 갖는 것이다. 이 과제는 전제가 참이 아님을 믿을 만한 이유를 제시하거나 그 전제에 대한 가장 강력한 논거에서 오류를 찾는 식으로 이루어진다.

여기에서 우리는 전제를 반박하는 흔한 방법, 즉 반증의 제시에 집중할 것이다.

한 사업자가 '높은 세금은 항상 고용 감소로 이어진다, 따라서 우리는 세금을 낮게 유지해야 한다'는 주장을 한다고 가정하자. 이 논증에 대한 의심을 제기하는 한 가지 방법은 높은 세금이 항상 고용 감소로 이어진다는 전제를 의심하거나 부정할 이유를 제시하는 것이다. 그것은 쉽다. 세금이 높은 수준으로 유지되지만 고용률이 하락하지 않는 때를 지적하기만 하면 된다. 그 하나의 반례만으로도 높은 세금이 항상 고용 감소로 이어지지는 않는다는 점을 보여주는 데 충분하다.

그렇다면 이런 반박은 강력한가? 반대편에서 쉽게 대응할 수 있다면 강력하다고 할 수 없다. 논자는 방어적인 용어만 있으면 여기에 대응할 수 있다. '좋다. 높은 세금이 항상 낮은 고용으로 이어지는 것은 아니다. 하지만 대개, 거의 항상 그렇다.' 이런 식으로 말이다. 하나의 반례로는 이렇게 방어된 전제에 의심을 제기할 수 없다. 이 경우 논자는 반박을 위해 제시된 반례가 오히려 정상적인 경우에는 규칙이 유지된다는 걸 보여주며, 그런 의미에서 (예외가 규칙을 시험한다는 의미와 달리) 규칙을 입증하는 예외적 특징이라고 주장할 수 있다.

하지만 그런 주장이 이 논의의 끝은 아니다. 논자가 예외를 인정하자마자 논의되고 있는 사례가 규칙에 가까운지, 예외에 가까운지에 대한 의문이 제기된다. 우리가 '(결론의 주장과 같이) 세금을 낮게 유지해야' 하는지 결정하려면, 우리의 현재 상황이 세금이 올라도 고용이 줄어들지 않은 예외적인 시기에 가까운지 세금이 오르면 고용이 줄어드는 평범한 시기에 가까운지 파악해야 한다. 하나의 반례를 내놓고 생각을 멈추는 것으로는 충분치 않다. 이 추가적인 문제는 해결하기가 쉽지 않지만 절대 무시해서는 안 된다.

어떤 반례에서든 마찬가지이다. 많은 종교적, 문화적 전통에는 황금률이 있다. '남이 자신을 대할 때 히기를 바라는 것처럼 남을 대하라(마태복음 7장 12절).' 이런 존중받는 원리에 대해서도 반례를 쉽게 생각해낼 수 있다. 판사는 자신에게 징역형이 선고되는 걸 원치 않지만 판사가 살인자에게 징역형을 선고하는 것은 잘못이 아니다. 가학, 피학적 성애자가 다른 사람에게 채찍질을 하는 것은 옳은 일이 아니다. 비록 그들이 채찍에 맞는 걸 좋아하더라도 말이다.

이런 사례들을 보면 황금률을 의심하게 된다. 이에 대해 옹호자들은 어떻게 반응할 수 있을까? 가학, 피학적 성애자의 경우에서 분명한 점은 (해당 욕구가 없는) 피해자들은 채찍질을 당하는 데 동의하지 않는 반면 가학, 피학적 성애자들은 그들이 동의한 때에 동의한 방식으로만 채찍질 당하는 걸 좋아한다는 것이다. 따라서 동의가 없는 채찍질이란 행동에만 적용하면 황금률은 여전히 유효하다. 이런 일의 피해자가 되는 걸 좋아하는 사람은 없다.

다른 반례에서 판사는 자신이 피의자가 되어 징역형을 받을 만하다 하더라도 선고를 받고 싶지 않을 것이다. 하지만 판사는 그런 상황에서 자신을 처벌하는 것이 공정하다는 점은 인정할 것이다. 그렇다면, 우리는 황금률을 '남이 자신을 대할 때 공정하기를 바라는 것처럼 남을 대하라'라고 재구성함으로써 이 반례를 피할 수 있다.

그렇다면 이제 잘못은 당신이 좋아하는 것 대신 공정한 것에 의해 결정된다. 문제는 그런 사례들에서 공정한 것이 무엇인지 미리 결정하지 않고서는 이런 황금율의 재구성이 그런 사례에 적용될 수 없다는 점이다. 그렇다면 어떻게 이 황금률이 도덕성의 기본 원리로 기능할 수 있는지 파악하기가 어려워진다.

반례가 논증이 의존하고 있는 전제에 의문을 제기한다는 것은 곧 논증이 결론에 대한 적절한 이유를 제시하는지에 대해 의문을 제기한다는 뜻이다. 결국 전제가 거짓이면 논증은 실패작이다. 이렇게 해서 전제들에 대한 반례는 논증을 반박할 수 있다. 그럼에도 결론은 여전히 참일 수 있다. 더구나 반례를 피하고 결론에 대한 충분히 강력한 이유를 제공하는 방식으로 재구성될 수 있다면 논증은 여전히 성공적일 것이다. 따라서 이런 형태의 반박은 다른 모든 반박과 마찬가지로 결정적인 것이 아니다. 따라서 이런 형태의 반박은 논의를 끝내는 것이 아니라 계속 진행시킨다.

이런 부조리는
무엇으로 만들어지는가

논증을 반박하는 두 번째 방법은 결론에 의구심을 제기하는 것이다. 반박을 통해 결론이 거짓으로 보일 수 있다면, 그 결론을 지지하는 논증에는 뭔가 잘못이 있는 것이다. 이런 종류의 반박은 논증에서 무엇이 잘못되었는지 구체적으로 드러내지는 못할 수 있지만 논증의 어딘가에 잘못이 있다는 걸 보여준다. 도랑에 빠진다면 어딘가에서 길을 잘못 들었다는 걸 알게 되는 것처럼 말이다.

이런 형태의 가장 강한 반박을 **귀류법**reductio ad absurdum(혹은 배리법)이라고 한다. 귀류법은 결론을 부조리, 즉 배리背理로 격하시킨다. 가장 명확한 부조리는 전면적인 모순이다. 누군가 중국이 최대의 인구를 가지고 있다고 믿을 만한 이유를 제시한다고 생각해보자. '그건 이상한데. 잠깐만 기다려봐. 중국의 인구는 더 많아질 거야. 중국의 인구가 한 명 더 늘어난다면, 인구가 더 많아지는 거잖아. 따라서 이전의 수치는 최대 인구가 될 수 없어.' 상대가 이렇게 대답한다면 어떻게 할까? 이것은 어떤 수를 최대치라고 말한 주장에 모순된다.

이런 귀류법은 분명히 오역으로 인한 것이다. 논자의 말은 중국의 인구수가 모든 숫자의 최대치라는 의미가 아니라 중국이 다른 어떤 나라보다 많은 인구를 가지고 있다는 뜻이다. 반박이 주장을 모순되게 보이게 하기 위해서 그걸 오역하는 것이다. 정확하게 해석할 경우 실제로는 모순이 없음에도 이런 반박은 자신이 없는 사람에게 공격이 된다. 이런 속임수에 대한 가장 좋은 대응은 '나는 그런 뜻으로 말한 게 아닌데'라고 답하는 것이다.

실제 사례는 좀 더 교묘하게 나타난다. 2017년 6월, 이스라엘 의회의 한 의원이 모든 교수가 토론을 원하는 모든 학생에게 어떤 입장이든 관계없이 동등한 시간을 할애하도록 하는 법안의 통과를 주장했다. 그의 목표는 논란이 있는 사안을 다룰 때 보수주의 학생들이 진보적인 교수들에게 보수의 편을 고려하도록 요구할 수 있게 하는 것이었다. 보수적인 학생들이 진보주의에 세뇌되지 않도록 말이다. 목표는 합리적으로 보일 수 있다. 하지만 이런 법은 곧 부조리로 이어진다.

뇌신경학 수업 시간을 상상해보라. 교수가 기억에서 해마가 하는 역할을 강조하고 있다. 한 학생이 기억이 측두엽극에 머무를 수 있지 않느냐고 주장한다. 다른 학생은 대상 피질일 수 있다고 제안한다. 세 번째 학생은 줄무늬체를 제안한다. 그런 식으로 대뇌의 모든 부분이 언급된다. 위에서 제안된 법에 따르자면 교수는 이 모든 가능성에 똑같은 시간을 할애해야 한다. 이는 두 가지 이유에서 불합리하다. 첫째, 기억을 대뇌의 다른 부분들과 연관시키는 데에는 증거가 거의 없다. 그렇다면 교수는 무엇에 대해 논의해야 할까? 둘째, 이 모든 가능성을 논의하려면 모든 수업 시간을 내주어야 할 것이다. 그렇다면 신경학에 대한 다른 주제로는 결코 넘어갈 수 없다. 이런 부조리를 '모든 학생의 의견은 동등하게 존중받을 가치가 있다, 따라서 모든 교수가 토론을 원하는 모든 학생에게 어떤 입장이든 관계없이 동등한 시간을 할애해야 한다'고 주장하는 사람의 말을 반박하는 데 이용할 수 있다.

이런 반박이 줏대가 없는 사람들에게 공격이 될까? 그것은 분명치 않다. 한편으로 이 법의 옹호자들은 뇌신경학보다는 정치적 입장을 염두에 두고 있을 것이다. 그렇다면, 그들은 이 법을 정치적 문제에 국한시켜 부조리를 피할 수 있을 것이다. 다른 한편으로, 어떤 사안이 정치적인지 아닌지가 항상 명확한 것은 아니다. 따라서 이

법의 옹호자들은 온실 효과나 생명과 지구의 기원, 고문의 효과, 특정한 전쟁의 원인 등과 같이 역사와 과학에서 정치적으로 논란이 있는 입장에 대한 토론을 염두에 두었을 수도 있다. 이 법이 이런 문제를 모두 다룬다면, 어떤 학생이든 그 문제들에 대해 아무것도 제안하지 않으면서(임박한 시험을 피하려는 학생의 욕구를 제외하고) 수없이 많은 대안적 견해를 옹호하는 것만으로 교수가 이런 문제들에 대해 논의하는 걸 중단시킬 수 있을 것이다. 이런 위험은 이 법이 교수가 그 범위 안에 드는 모든 주제를 논의하지 못하게 효과적으로 막을 수 있음을 보여준다. 불합리하지 않은가? 나는 그렇게 생각한다. 내가 교수이기 때문일 수도 있다. 그런 결과가 이 법의 옹호자들이 원하는 것이라면 그들은 그런 결과를 부조리하다고 보지 않을 것이다.

이 사례에서 얻을 수 있는 교훈은 부조리가 때로는 보는 사람의 눈에 좌우된다는 점이다. 완벽한 모순의 경우에는 그렇지 않지만 실제 상황에서는 종종 그렇다. 그렇다면 귀류법은 실제적인 논거로 반박할 수 없는 것일까? 그렇지 않다. 하지만 이는 그런 반박들이 효과를 내는 청중이 제한적이라는 점을 드러낸다. 이런 반박은 교수가 논란이 있는 사안에 대해 어느 것도 논의해선 안 된다고 생각하는 극단주의자들에게는 먹히지 않는다. 반면 교수들이 논란이 있는 사안에 대해 주요한 대안적 입장들을 논의해야 하는 것은 맞지만 굳이 이유를 불문하고 학생들이 제기하고자 하는 모든 가능성에 동일한 시간을 할애하는 방법을 택할 필요는 없다고 생각하는 중도파의 사람들에게는 효과가 있을 것이다. 이 경우는 내가 앞서 지적

THINK AGAIN

한 점, 즉 논증들이 확실성을 추구하는 사람을 비롯해 기준이 지나치게 높은 사람은 절대 만족시킬 수 없다는 점을 다시 한 번 드러내준다. 하지만 합리적인 목표를 가진 사람들에게라면 그런 논증들이 대단히 유용할 수 있다. 열린 마음을 가진 합리적인 중도파들에게 결론을 정당화시키는 경우가 그렇다.

전제와 결론의 관계는 얼마나 공고한가

논증을 반박하는 세 번째 방법은 전제들이 결론을 적절히 뒷받침한다는 점을 의심할 만한 타당한 이유를 제시하는 것이다. 이런 종류의 반박은 전제들과 결론 자체가 아닌 전제들과 결론 사이의 관계에 있는 결함을 표적으로 삼는다.

이미 오류에 대한 논의에서 여러 사례들을 살펴보았다. 애매성의 오류는 전제보다는 결론에 있는 단어가 다른 의미를 가질 때 일어난다. 인신공격과 권위에 대한 호소는 믿음에 대한 결론을 지지하기 위해 믿는 사람들에 대한 전제들을 사용했다. 전제들이 결론으로부터 독립적이지 않을 때, 즉 전제들과 결론이 지나치게 긴밀히 연결되어 있을 때, 이 논증은 논점 선취의 오류에 빠진다.

표준적인 오류 패턴에 맞지 않는 다른 논증들에서도 전제들과 결론 사이의 관계에 결함이 드러날 수 있다. 그 관계에 결함이 있는지 여부를 어떻게 알 수 있을까? 가장 직접적인 방법은 논증 자체를 면밀하게 살피고 타당성(연역적인 경우)이나 강도(귀납적인 경우)를 평가하는 것이다. 귀납적 강도가 전제로부터 주어진 결론의 조건부 확률이라는 것을 상기해보라. 그런 확률은 계산하거나 추정하기 어려운 때가 많다. 따라서 이 방법에는 한계가 있다.

또 다른 방법은 **병렬** 논증을 구성해보는 것으로, 이는 덜 직접적이지만 때로는 적용하기가 더 쉽다. 평가하는 논증과 동일한 형태를 갖추고 있으면서, 명백하게 참인 전제들과 명백하게 거짓인 결론을 가진 병렬 논증을 구성해보도록 하라. 반대자들이 이 병렬 논증의 전제들이 참이고 결론이 거짓이라는 것을 인정한다면, 이 병렬 논증은 평가 중인 원래 논증의 전제들과 결론 사이의 관계에도 어떤 결함이 있음을 드러낼 수 있다. 달리 말해, 누군가 논증을 제시하면, 비판가들은 병렬 논증에 명백한 결함이 있을 때 '이런 병렬적 방식의 논증과 같다'고 대응한다. 그렇다면 원래의 논증은 같은 결함을 갖고 있지 않다는 점을 증명해야만 방어할 수 있다.

인권운동가 마틴 루터 킹은 '버밍햄 감옥으로부터의 편지Letter from Birmingham Jail'에서 이런 전략을 사용했다. 그는 인종적 평등과 시민권을 지지하는 가두 행진을 했다는 이유로 투옥되었다. 간수들과 비판가들은 이런 시위가 반대자들을 자극해 그와 다른 시위 참가자들에게 폭력적인 공격을 감행하게 했기 때문에 가두 행진을 하지 말았어야 한다고 주장했다. 킹은 이렇게 답했다. '당신들은 성명을 통해 우리의 행동은 평화로웠지만 폭력을 촉발했기 때문에 단죄되어야 한다고 주장했다. 하지만 그 논리에 따른다면 다음과 같은 주장도 가능하다. 돈을 가지고 있는 것이 강도라는 유해한 행동을 촉발시켰기 때문에 강도를 당한 사람에게 유죄 선고를 하는 것과 같지 않은가?' 킹의 비판자들은 '가두 행진을 한 사람들은 폭력을 촉발했다, 따라서 그들은 유죄이다'라고 주장하고 킹은 '그것은 강도를 당한 사람이 돈을 가지고 있었던 것이 강도를 유발했기 때문에 강도를 당한 사람이 유죄라고 주장하는 것과 다름없다'라고 대응한 것이다.

대단히 강력한 대응이지 않은가? 하지만 무슨 일이 일어나고 있는지 자세히 살펴보자. 킹은 가두 행진을 한 사람들이 폭력을 촉발했다는 전제가 참인 것은 부정하지 않는다. 킹은 결론이 거짓이라는 주장도 하지 않는다. 주제를 강도로 바꾸었기 때문에 결론이 거짓임을 보일 수는 없다. 실제로 킹의 답변은 엉뚱한 것처럼 보일 수 있다. 강도에 대해 이야기하는 것이 가두 행진에 대한 어떤 점을 보여줄 수 있을까? 열쇠는 논증의 형태에 있다. 비슷한 형태를 공유하고 있어서 하나가 형태에 결함이 있다면 다른 하나도 결함이 있는 것이다. 강도에 대한 병렬 논증은 강도를 당한 사람이 돈을 갖고 있었던 것이 강도를 촉발했다는 참인 전제에서 강도 피해자가 유죄라는 거짓인 결론으로 옮겨가도록 되어 있다. 이런 이동은 강도에 대한 논증에서 전제들과 결론 사이의 관계에 분명히 결함이 있음을 보여준다. 가두 행진에 대한 논증이 같은 형태를 띠고 있고 전제들과 결론 사이에 같은 관계를 보여준다면, 가두 행진에 대한 논증의 전제들과 결론 사이의 관계에도 결함이 있음에 틀림없다.

킹의 답변은 가두 행진에 대한 논증의 결론이 거짓임을 보이려는 시도를 하고 있지 않다. 가두 행진을 한 사람들이 유죄 선고를 받아야 한다는 점은 참일 수도 있다. 킹이 보여준 것은 이 한 개의 논증이 그 결론을 뒷받침하기에는 부족하다는 점이다. 그는 반대의 주장을 하지 않고 원래의 논증에 의심을 제기한다. 더구나 그는 약간의 의심만을 던진다. 결론이 실패했다는 것을 명확하게 증명하지 않는 것이다. 따라서 비판가들에게는 여전히 취할 수 있는 조치들이 남아 있다.

첫째, 킹의 비판가들은 강도를 당한 사람이 반드시 유죄 선고를 받아야 한다는 결론을 받아들일 수 있다. 그 결론이 참이라면 병렬 논증에는 전혀 결함이 없고, 따라서 이 반박은 원래 논증에 결함이 있다는 걸 드러내는 데 실패한다. 하지만 이런 대응은 받아들이기 어렵다.

둘째, 킹의 비판가들은 강도를 당한 사람이 돈을 가지고 있었다는 점이 강도를 촉발했다는 전제를 부정할 수 있다. 강도를 당한 사람이 대부분의 다른 사람들이 그러듯이 돈을 숨겨두었고, 강도가 상대에게 돈이 있는 것을 몰랐다면, 강도를 당한 사람에게 돈이 없었더라도 이 피해자에게 강도짓을 했을 것이다. 돈이 있어야만 강도를 당하는 것은 아니라서, 그가 돈을 가지고 있었다는 점은 강도를 유발하거나 촉발한 원인이 아닐 수도 있다. 이런 답변은 첫 번째 것보다 좀 더 그럴 듯하지만 여전히 문제를 안고 있다.

셋째, 킹의 비판가들은 이른바 병렬적이라는 논증들 사이에 존재하는 차이를 지적할 수 있다. 강도를 당한 사람은 자신이 강도를 당할 거라는 점을 몰랐지만 킹은 반대자들이 폭력적인 공격을 가할

THINK AGAIN

것이란 점을 알고 있었다. 강도를 당한 사람은 강도를 피하기 위해서 아마 돈을 숨겨두었을 테지만 킹은 공개적으로 가두 행진을 했고 아무것도 숨기지 않았다. 그는 대중의 관심을 원했다.

킹은 병렬적으로 보이는 두 논증 사이의 이런 차이를 부정할 수 없다. 하지만 그는 이런 차이가 차이를 만든다는 점을 부정할 수는 있다. 무엇이 차이를 만드는지 시험하는 한 가지 방법은 각 논증에 전제들을 추가하는 것이다. 킹의 비판가들은 이렇게 대답할 수 있다. '우리가 너무 서둘렀군. 하지만 요지는 그대로야. 가두 행진을 한 사람들은 고의로 그리고 공개적으로 폭력을 촉발했어. 따라서 그들은 유죄 선고를 받아야 해.' 이 수정된 논증을 반박하기 위해 킹은 이렇게 말해야 할 것이다. '그것은 강도를 당한 사람이 돈을 가지고 있었다는 것이 고의로 그리고 공개적으로 폭력을 촉발했다, 따라서 강도를 당한 사람은 유죄 선고를 받아야 한다고 주장하는 것과 같다.' 문제는 이 새로운 전제가 명백하게 거짓이고 따라서 이 새로운 논증이 참인 전제들에서 거짓인 결론으로 이동하지 않는다는 점이다. 결과적으로 이 새 논증은 이 전제와 결론 사이의 관계에서 어떤 결함도 드러낼 수 없다.

늘 그렇듯이, 논증은 계속 이어질 수 있다. 여기에서의 요점은 '그것은 ……라고 주장하는 것과 같다'는 말로 논증을 반박하려는 시도는 병렬적으로 보이는 논증이 참인 전제들과 거짓인 결론을 가졌을 때에만, 그리고 그 논증이 정말로 병렬적인 경우에만 효과가 있다는 것이다. 반박이 효과를 내려면 이 점이 입증되어야 한다. 정말로 비슷한 논증을 제시하지 않는 한 '그것은 다음과 같이 주장하는 것과 다름없다'는 말만으로는 충분치 않다. 이런 반박 방법을 적절하게 적용하면, 많은 종류의 오류를 드러낼 수 있다. 여기 강도를 달리하는 몇 가지 사례가 있다.

▶ 구성의 오류

논증: 한 사람의 소득이 두 배가 되면 그 사람은 잘살게 될 것이다. 따라서 모든 사람의 소득이 두 배가 되면 모두가 잘살게 될 것이다.

반박: 그것은 '콘서트에서 내가 서 있으면 더 잘 볼 수 있기 때문에 콘서트에서 모든 사람이 서 있으면 모두가 더 잘 볼 수 있다'고 주장하는 것과 같다.

교훈: 부분에 해당하는 것이 전체에는 해당하지 않을 수 있다.

▶ 분할의 오류

논증: 북한은 공격적인 국가이고 당신은 북한 출신이라서 분명히 공격적일 것이다.

반박: 그것은 '북한이 산이 많은 국가이고 당신은 북한 출신이라서 당신에게는 분명히 산이 많을 것이다'라고 주장하는 것과 같다.

교훈: 전체에 해당되는 것이 부분에는 해당하지 않을 수 있다.

▶ 잘못된 이분법

논증: 당신은 우리의 동지이거나 적이다. 그리고 당신은 아직 우

리의 대의에 완벽하게 헌신하고 있지 않다. 따라서 당신은 우리의 적임에 틀림없다.

반박: 그것은 '당신은 피지의 동지이거나 적이다, 그리고 당신은 아직 피지에 완벽하게 헌신하고 있지 않다, 따라서 당신은 피지의 적임에 틀림없다'라고 주장하는 것과 같다.

교훈: 사람들은 동지나 적이 아닌 중도적인 입장에 있을 수 있다.

▶ 기계적 중립성

논증: 이 정책의 채택을 지지하는 주장들이 있다. 이에 반대하고 다른 대안을 지지하는 주장들도 있다. 양측 모두 사리에 맞다. 따라서 어떤 것을 지지하고 다른 것에 반대하는 건 사리에 맞지 않는다.

반박: 그것은 '이 건물에서 뛰어내리는 데 찬성하는(얼마나 흥분되는가!) 주장들이 있다, 이에 반대하는(얼마나 위험한가!) 주장들도 있다, 두 선택 모두 사리에 맞는다, 따라서 어떤 것을 지지하고 다른 것에 반대하는 것은 사리에 맞지 않는다!'라고 주장하는 것과 같다.

교훈: 모든 논거와 이유들이 동등한 것은 아니다. 다른 것보다 나은 것이 있다. (양측 모두에 전문 지식을 갖춘 사람들이 있을 때도 마찬가지이다.)

▶ 무지에의 호소

논증: 당신은 이라크에 어떤 대량 살상 무기도 없다는 걸 증명할

수 없다. 따라서 이라크에는 틀림없이 대량 살상 무기가 있을 것이다.

반박: 그것은 '이 방에 어떤 거미도 없다는 것은 증명할 수 없다, 따라서 이 방에는 틀림없이 거미가 있을 것이다'라고 주장하는 것과 같다.

교훈: 우리가 보지 못하는 것들이 많이 있을 수도 있다. 실제로 있어도 찾기가 힘들기 때문이다.

▶ 거짓 원인의 오류(혹은 인과의 오류)

논증: 그가 대통령이 되자마자 우리나라 경제가 회복되었다. 따라서 그는 우리나라에 큰 도움이 되었다.

반박: 그것은 '내 딸이 태어나자마자 우리나라 경제가 회복되었다, 따라서 내 딸은 우리나라에 큰 도움이 되었다'라고 주장하는 것과 같다.

교훈: 시점은 우연일 수 있다. 일반적으로, 상관관계는 인과관계를 시사하지 않는다.

위의 어떤 반박도 결정적이지 않다. 각 경우, 논증을 옹호하는 사람들은 ① 반박의 전제가 거짓이라거나, ② 반박의 결론이 참이라거나, ③ 반박 논증이 원래의 논증과 일부 관점에서 동일하지 않아서 반박 논증이 원래의 논증과 실제로 병렬적이지는 않다고 주장할 수 있다.

하지만 이런 반박 시도는 증명의 부담을 원래의 논증을 옹호하는 사람에게로 이동시킨다. 따라서 결정적이지 않은 반박도 진전을 만들 수 있다. 이런 반박은 논쟁을 끝내지는 못한다. 하지만 그것은 진짜 목적이 아니다. 이런 반박의 목적은 단순한 실수들을 배제하는 것이고 실제로 그런 능력이 있다. 논자들이 병렬적 추론을 통한 반박으로부터 자신들의 논증을 옹호하려면, 대부분 자신들의 논증을 복잡하게 만들고 조건을 추가해야 한다. 이렇게 되면 반박은 조건이 붙지 않은 원래의 논증이 사안을 지나치게 단순화했다는 것을 보여줄 수 있다. 수정된 논증은 원래의 논증이 간과한 복잡성과 미묘함을 드러낸다. 이렇게 반박은 논쟁을 끝내지 않고 진전시킨다.

따라야 할 규칙

당신은 이제 왜 우리에게 논쟁과 논증이 필요한지, 논증이 무엇인지, 어떻게 논증을 분석하고 평가해야 하는지, 어떻게 오류를 발견해야 하는지 알게 되었다. 다음 단계는 무엇일까?

첫째, 한계를 인정하는 것이다. 이 짧은 책은 겨우 겉핥기만 했을 뿐이다. 당신은 논증의 몇 가지 목적, 논증에 관련된 몇 가지 단어, 타당한 논증의 몇 가지 형태, 귀납법의 몇 가지 종류와 몇 가지 오류를 알게 되었을 뿐이다. 꽤 많은 것을 다루기는 했지만 당신이 모두를 알고 있다고 생각해서는 안 된다. 그 누구도 모든 걸 알 수는 없다.

둘째, 더 많은 것을 배워야 한다. 평생이 걸려도 논증과 논거를 완전히 이해할 수는 없다. 더 많은 종류의 논증을 탐구하는 것 외에도 언어(공통의 소통 수단), 과학(심리학과 경제학을 비롯한), 수학(특히 통계와 확률), 철학(우리가 가진 기본적 가정과 가치를 탐구하는)에 대해서 더 많은 걸 알아야 한다. 배운 것보다는 앞으로 공부해야 할 것이 훨씬 더 많다.

셋째, 계속 연습해야 한다. 논증을 확인하고, 분석하고, 평가하고, 또한 논증과 논거에서 오류를 피하기 위해서는 연습하고, 연습하고, 또 연습해야 한다. 연습을 하는 가장 좋은 방법은 다른 사람과 함께 하는 것이고, 연습하기에 가장 좋은 상대는 당신에게 동의하지 않지만 진심으로 당신을 이해하길 원하고 당신이 자신을 이해하길 원하는 사람이다. 그런 상대를 찾을 수 있다면 행운을 잡은 것이다. 그들을 귀중하게 여기고 적극적으로 이용하라.

넷째, 직접 자기의 논증을 구성해보아야 한다. 중요한 사안에 대해서 생각해보고 싶을 때는 찬반의 양쪽 측면에서 당신이 만들 수 있는 최선의 논증을 구성해보라. (예를 들어 더 큰 차를 사야 할지 더 작은 차를 사야 할지 결정하고 싶다면, 큰 차의 편안함이나 작은 차의 환경적 양호함 같은 양측의 이유를 찾아내는 것이다. 투표를 할 때라면 당신에게 중요한 사안에 더 집중한다거나 어떤 일을 성사시킬 능력의 우위 등 각 후보자를 지지하는 이유와 반대하는 이유를 구체적으로 분석해본다.) 일단 이유들을 생각나는 대로 나열한 뒤에 자신의 논증을 면밀하고 깊이 있게 분석하고 타당성과 강도를 평가한다. 성실하고 정직하게 이 과정을 거치고 나면 자신의 신념, 가치, 자기 자신에 대해 보다 잘 이해하게 될 것이다. 이후 친구, 동료, 반대자들에게 당신의 논증을 분석하고 평가해달라고 부탁하고 당신도 그렇게 해준다. 이런 활동을 통해 서로를 더 잘 이해하게 될 것이다.

다섯째, 당신의 기량을 이용하라. 어디에서 하라는 것일까? 인터넷 대화, 정치 논쟁, 기타 양극화와 무례가 판치는 상황을 비롯한 일상생활 전반에서 가능하다. 당신이 무엇을 믿는지 선언하는 데에서 끝내서는 안 된다. 그에 대한 논거를 제시하라. 다른 사람들이 자신의 입장을 밝히는 데에서 끝내게 하지 마라. 그렇게 믿는 이유를 물어라. 말을 가로막지 마라. 대신 그들의 대답에 귀를 기울여라. 성급하게 상대를 공격하지 말고 너그러운 태도로 그들을 이해하라. 상대를 모욕하지 말고 예의를 갖추어 존중하라. 오류를 범하지 않도록 자신의 추론에 비판적인 태도를 가져라. 자신이 모든 답을 알고 있다고 생각하지 말며 겸손하라.

여섯째, 다른 사람들을 가르쳐라. 당신이 배운 기술들은 충분히 광범위하게 공유되고 있지 못하다. 그러니 그 기술들을 널리 공유하라. 정규적인 교육이나 논증에 대한 긴 토론도 방법이 될 수는 있지만, 그것이 유일한 방법은 아니다. 사람들이 일으키는 문제들을 지적하는 것으로도 다른 사람들을 가르칠 수 있다. 어떤 사람이 다른 사람의 말을 가로막으면 당신은 원 화자에게 '방해를 받기 전에 무슨 말씀을 하고 계셨죠?'라고 물을 수 있다. 누군가가 상대에게 미쳤다거나 멍청하다고 말할 때라면 '저는 당신이 미쳤다고 생각하지 않습니다, 다만 당신의 관점을 이해하고 싶습니다'라고 말할 수 있다. 화자가 나쁜 논증을 내놓으면 어떤 점이 나쁜지 구체적으로 밝힐 수 있다. 반대로 좋은 논증을 내놓는다면 왜 그것이 좋은지 말할 수 있다. 우리는 가르침을 줄 수 있는 이런 기회들을 너무 자주 흘려보낸다.

항상 이런 규칙들을 따를 수는 없다. 모든 문제에 대해서 논증을 구성하고 다른 논증들에 귀를 기울이려면 너무나 많은 시간이 필요하다. 그런 정도의 인내와 시간을 가진 사람은 없다. 더구나 모든 상

황이 가르침을 주는 데 적절한 것도 아니고 모든 청중이 배움에 수
용적인 것도 아니다. 심지어는 무례가 정당화되는 때도 있다. 그럼
에도 이런 규칙을 따르려고 노력한다면 큰 혜택을 얻을 수 있다. 그
러니 일단 시작해보자.

오랜 세월 저와 논쟁을 해준 모든 분들께 감사합니다. 저는 여러분 모두로부터 많은 배움을 얻었습니다. 특히 로버트 포저린으로부터 가장 많은 것을 배웠습니다. 그보다 더 영감을 불러일으키는 멘토, 조력자, 친구를 얻을 수는 없을 것입니다. 저를 끊임없이 격려하고 상세한 제안을 해준 연구 조교 애디슨 메리맨과 편집자들(펭귄 프레스의 카시아나 이오니타와 옥스퍼드대학출판의 피터 올린)께도 고마움을 표합니다.

레다 코스미데스, 몰리 크로켓, 알렉사 디트리히, 마이크 가자니가, 샨토 이옌가르, 론 카시미르, 마이클 린치, 다이애나 뮤츠, 네이트 퍼실리, 리즈 펠프스, 스티브 슬로만, 존 투비, 르네 웨버와 더불어 이 책에 등장하는 여러 주제에 대해 가진 토론은 매우 유익했습니다. 초고에 대해서 유용한 조언을 준 아론 안셀, 앨리스 암스트롱, 에스코 브러멀, 조디 카펜터, 카이라 엑스테로비치 루빈, 로즈 그레이브스, 샌드라 루크지크, J. J. 몬커스, 한나 리드, 새라 스컬코, 거스 스코버그, 발레리 순, 제시 서머스, 시몬느 탱 모두 고맙습니다.

THINK AGAIN

이 책의 출판 프로젝트는 듀크대학의 바스 커넥션, 사회과학연구위원회, 코네티컷대학의 사용 허가를 거친 존 템플턴 재단의 58942호 장학금으로부터 재정 지원을 받았습니다. 이 책의 내용에 대한 책임은 전적으로 제게 있으며 코네티컷대학이나 존 템플턴 재단 및 기타 어떤 자금 제공자의 공식적인 견해를 대변하는 것이 아님을 밝힙니다.

월터 시넛 암스트롱

THINK AGAIN

씽크 어게인 : 논쟁의 기술

초판 1쇄 2020년 3월 25일
초판 2쇄 2022년 3월 15일

지은이 월터 시넛 암스트롱
옮긴이 이영래
펴낸이 송영석

주간 이혜진
기획편집 박신애·최미혜·최예은·조아혜
외서기획편집 정혜경·송하린·양한나
디자인 박윤정·유보람
마케팅 이종우·김유종·한승민
관리 송우석·전지연·채경민

펴낸곳 ㈜해냄출판사
출판등록 제10-229호
등록일자 1988년 5월 11일(설립일자 1983년 6월 24일)

주소 (우 04042) 서울 마포구 잔다리로 30 해냄빌딩 5·6층
대표전화 326-1600 **팩스** 326-1624
홈페이지 www.hainaim.com

ISBN 978-89-6574-988-2 03170

**THINK
AGAIN**